指向核心素养的高中英语单元整体教学与实践

厉广海 ◎著

中国商务出版社
CHINA COMMERCE AND TRADE PRESS

图书在版编目（CIP）数据

指向核心素养的高中英语单元整体教学与实践 / 厉
广海著. -- 北京 : 中国商务出版社，2022.8
ISBN 978-7-5103-4349-0

Ⅰ．①指… Ⅱ．①厉… Ⅲ．①英语课－教学研究－高
中 Ⅳ．①G633.412

中国版本图书馆CIP数据核字(2022)第135746号

指向核心素养的高中英语单元整体教学与实践
ZHIXIANG HEXIN SUYANG DE GAOZHONG YINGYU DANYUAN ZHENGTI JIAOXUE YU SHIJIAN
厉广海　著

出　　版：	中国商务出版社
地　　址：	北京市东城区安外东后巷28号　　邮　编：　100710
责任部门：	教育事业部（010-64283818）
责任编辑：	刘姝辰
直销客服：	010-64283818
总 发 行：	中国商务出版社发行部　（010-64208388　64515150 ）
网购零售：	中国商务出版社淘宝店　（010-64286917）
网　　址：	http://www.cctpress.com
网　　店：	https://shop162373850.taobao.com
邮　　箱：	347675974@qq.com
印　　刷：	三河市金兆印刷装订有限公司
开　　本：	787毫米×1092毫米　1/16
印　　张：18	字　数：372千字
版　　次：2023年7月第1版	印　次：2024年7月第2次印刷
书　　号：	ISBN 978-7-5103-4349-0
定　　价：	56.00元

前言 PREAFACE

　　人生如同一本书，一部自传。不一样的人，书中的内容也是不一样的。书中可能有彩色的、黑白的图片；有繁华的、纯朴的文章；有欢乐的、痛苦的情绪，等等。

　　在书中，我们的经历就是那书中的书页，送走了旧的一天，页码就会相应地增加了一页；迎来了新一天的同时，一张空白的纸也在等着我们去填写。并且每本书的开头都标明目录，以方便我们去查找所需要的资料。那我们人生之书的目录又是什么呢？是我们的计划。出版社一般都是根据资料去制作目录，而我们的"书"则是根据目录去填写后面的资料。在不一样的时期，能够根据自我的计划去完成预定的目标。正所谓："凡事预则立，不预则废。"

　　想要自我人生之书资料变得丰富多彩就得先把目录写好。

核心素养理念指导下编写的《指向核心素养的高中英语单元整体教学与实践》一书更像是一套有指向标准的"百科全书"。教学中教师站在何种角度、利用什么方式向学生解读这套"百科全书",这些都值得广大教师探讨。笔者根据核心素养的精神,对目前高中英语新教材的特点进行解剖,通过相关单元整体的教学经验,尝试进行了核心素养下的高中英语单元整体教学与实践的解析与介绍,分析其内容,已取得了良好的教学效果,希望能为一线教师的教学带来帮助。

目　录

第四章　基于主题单元教学的国际理解素养培育理论

第五章　高中英语单元整体教学探索

第六章　高中英语阅读教学中整体语言教学法的应用

第七章　高中英语单元整体教学中的听说教学策略

第八章　高中英语单元整体教学中的阅读教学策略

第九章　高中英语单元整体教学中的写作教学策略

第十章　核心素养下高中生英语思维品质的培养

第十一章 核心素养下高中生英语学习能力的培养

第一章　　高中英语核心素养

第一节　高中英语核心素养概述

2003 年，教育部印发的普通高中课程方案和课程标准实验稿，指导了十余年的普通高中课程改革，通过实践，基本建立起适合我国国情、适应时代发展要求的普通高中课程体系。但是，面对经济、科技的迅猛发展和社会生活的深刻变化，面对新时代社会主要矛盾的转化，面对我国高中阶段教育基本普及的新形势，普通高中课程方案和课程标准实验稿还有一些不相适应和亟待改进之处。2013 年教育部启动了普通高中英语课程修订工作。本次修订凝练了学科核心素养，更新了教学内容，制定了学业质量标准，增强了指导性。而 2020 年颁布的《英语课标（修订版）》预示着英语学科教育教学迈入了一个新阶段、跨入了一个新时代。它以学生为中心，特别强调英语学科课程的学科育人目标，实现了普通高中课程改革的创新，将发展核心素养作为出发点和重要依据，从而引发了对各学科育人价值的思考与实践，同时课标的修订让普通高中的教学实践有了明确的路径。为了充分反映英语学科教育价值，在充分吸收核心素养理论在国内外研究的基础上，结合英语课程在国内基础教育的地位，《英语课标（修订版）》将英语学科核心素养分为四个方面：语言能力、文化意识、思维品质和学习能力。

语言能力指在社会情境中，以听、说、读、看、写等方式理解和表达意义的能力，以及在学习和使用语言的过程中形成的语言意识和语感。发展学生的语言能力不仅要求学生学习关于语言知识方面的语音、词汇、语法、语篇和语用学，还要求学生形成综合运用语言的能力和意识，通过学习形成的语言能力可以培养学生的语言交际能力。

文化意识指对中外文化的理解和对优秀文化的认同，是学生在全球化背景下表现出的跨文化认知、态度和行为取向。通过对文化意识的培养可以使学生增强外国文化与本国文化异同的敏感性，这也是跨文化交际意识的体现。更重要的是，可以分析、对比和思考在语篇中所反映的社会现象，在此基础上来理解中国文化和外来文化的不同，从而取其精华、去其糟粕，将文化知识内化于自己的文化角色中。

思维品质指思维在逻辑性、批判性、创新性等方面所表现的能力和水平。创新性是当前基础教育中经常提到的概念，学生具有逻辑批判的能力就可以对日常生活中的行为进行反思，增强独立意识，对问题进行质疑和验证。因此，在高中英语教学过程中，思维素质的培养应侧重于学生的逻辑思维、批判性思维和创造性思维。

学习能力指学生积极运用和主动调适英语学习策略、拓宽英语学习渠道、努力提升英语学习效率的意识和能力。它不仅要求学生采取有效的学习策略和方法，而且要求学生拥有积极的学习情绪和态度。学习能力的培养有助于学生在学习中进行自我调控、评价并促进学习的完成，有助于学生加强自我管理能力。

英语核心素养明确了未来的教育应该培养学生正确的价值观念、必备品格和关键能力，可以指导教师在日常教学中更好地贯彻落实党的教育方针和立德树人根本任务。另外，《英语课标（修订版）》可以更好地引导学生的学习。核心素养反映了未来社会发展的需求和期望，可以帮助学生明确未来的发展方向，更好地引导学生面向未来。

第二节　高中英语核心素养的内容

英语学科具有工具性和人文性的特点，对英语学科所具备的本质特征和潜在价值进行挖掘，能够使我们深刻认识到英语学科核心素养的内涵。

一、英语学科核心素养的内涵解读

为使英语学科的育人价值得以体现，参考我国基础教育的发展现状，《普通高中英语课程标准（2017 版）》中对英语学科核心素养的基本内涵进行概括，主要为：语言能力、文化意识、思维品质和学习能力。因此，充分理解并把握英语学科核心素养的内涵，并将培养学生的英语学科核心素养作为目标融入课程以及课堂教学中，变得尤为重要。笔者对英语学科核心素养四个方面的内涵进行了分析和解读。

（一）语言能力

语言能力指的是在特定情境中，利用语言的方式进行表达的能力，以及在使用语言过程中形成的语言意识和语感。发展语言运用能力是学习语言知识的目的。语言技能包括理解性技能和表达性技能。听、读、看是理解性技能，说和写是表达性技能。语言能力包括以下几个方面：第一，对英语的认识，包括对英语语言和学习英语的基本认识；第二，英语语言知识建构，学生在学习和使用语言的过程中形成的语言意识和语感；第三，理解英语口语和书面语篇中的语意和情感表达；第四，使用英语口语和书面语表达自己的想法，传递观点、想法和态度；第五，通过语言进行人际交往的能力，英语的特点之一就是工具性，语言能力中最重要的就是用语言与他人进行沟通和人际交往的能力。语言能力中语言知识的学习在建构和表达中有很重要的作用[1]。语言使用者如何使用词汇、语法等来表达意义是关注的重点。对语言知识进行细分，可以分为语音、词汇、语法、语篇、语用知识等大部分内容。前三者为基本的知识，语用知识能够帮助建构语言使用的空间场景，形成语言知识的立体结构。语篇能够表达含义，是高中英语教学部分的核心。在不同的语篇里，句子之间、段落之间，会包括语音、词汇和语法，也会有句意和段落之间的逻辑联系。所以，在学习英语时，应该熟悉语篇中的语言规则，并了解语篇的结构特点，并有自己的理解和思考。语用知识是指能够理解他人表达的意思，并且恰当地表达自己的想法。理解和表达是在学习中互相促进、互相进步的。语篇和语用是两大知识建构，而在教学语音、词汇和语法的时候，是语言、思维、语境的整合。学生通过大量的语言练习和实践活动，提高语言技能。语言运用能力的重要组成部分是语言技能，语言技能是指理解意义的技能。语言学习具有持续性和渐进性的特点，学生只有通过不断地开展语言实践活动，才能逐渐进步，实现目标。语言技能中新增的"看"部分，指的是利用多模态语篇中的图形、表格、动画、符合以及视频等理解意义的技能。这表示除了之前的文本阅读技能，还注重观察图表中的信息、理解符号和动画。

（二）文化意识

作为 21 世纪公民，跨文化认知和对优秀文化的认同，是必备的素养。英语是世界通用语言，学习英语可以为跨文化交流奠定坚实的基础。英语本身是一种语言工具，是用来与人沟通和交流的，而在学习英语的过程中，也可以使学生对说英语国家的文化形成深刻的认识。学生的情感态度和价值观发展至关重要。在学习英语的过程中，学生了解了英语国家的文化现象，这些不仅能开阔学生的眼界和视野，还能够使学生了解其他民族的情感态度以及价值观，增强国家认同感和家国情怀，树立文化自信。文化意识不仅指学生通过学习英语语篇，了解英语国家的文化现象，拓宽国际视野，还包括学生在了解文化现象的基础上，理解文化内涵，能够通过对比的方式了解文化上的差异，树立文化自信，形成正确的价值观和道德感情，成为有文明素养以及社会责任感的人。因此，文化意识的内涵不仅指跨文化意识和跨文化交际能力，还指学生通过学习优秀的文化，将其内化为自己的品行。而教师在开展教育活动时偏重于如何引导学生去思考自身所积累的信息，对不同的文化理念进行解读，从而使自身的知识系统得以丰富。

（三）思维品质

语言和思维存在紧密的联系。学习和使用语言能够使思维方式得以丰富，对于锻炼个人思维有积极作用。教育家们认为英语课程教育对于提升学生的思维品质有极大的帮助。程晓堂在分析英语学科特点的基础上，对英语学习可以锻炼的思维品质类型进行概括。核心素养中的思维品质，是指在逻辑性、批判性、创新性等方面的能力和水平，是与英语学习密切相关的。例如，思维品质的发展有助于提高学生分析和解决问题的能力，能够通过英语的学习，建立新的概念，拓宽自己的眼界，并且能够分析信息中存在的关联。参考英语中体现出的思想内涵，能够对这些知识点形成正确理解，做出自我表述。通过英语的学习，使学生具备多元思维的意识以及创新思维的能力。

（四）学习能力

　　培养学生的自主学习能力和终身学习的思想意识至关重要。目前，在我国的中小学阶段，由于学生学习任务比较重，又缺少良好的英语环境，使学生英语的学习效果并不理想。由此必须重视对学习习惯的培养，让学生在自主学习过程中逐渐寻找到适合自身的学习方法。使学生应用学习策略的能力得以提升，这对改善学生的学习水平有重要作用，也是核心素养的重要构成部分。英语学科核心素养中的学习能力，不仅指学习方法和学习策略，也包括积极主动的学习态度，通过养成良好的学习习惯，为自主学习创造有利条件，促进学生终身学习能力的发展。学生在学习和使用英语的过程中，常会使用元认知策略、认知策略、交际策略和情感策略等。而在英语的学习中，学生通过对不同策略的尝试，形成自我理解与经验，探索出适合自身的方法，为学生可持续发展奠定良好的基础。英语学科核心素养从英语学科的角度出发，定义了语言能力、文化意识、思维品质和学习能力四个核心素养的内涵。但要想把培养学生的核心素养，落实到课堂教学是有一定难度的。基于目前我国基础英语教育的现状，英语学科核心素养的提出对英语教学有一定的指导作用。

第三节　培养高中生英语核心素养的途径

　　《课标》中提出的课程内容包括主题语境、语篇类型、语言知识等大部分要素。主题语境涵盖了人与自我、人与社会、人与自然等大部分内容，为教科书的编写提供了基本话题参考。教师应在主题语境和语篇语用中，通过对语篇中语言和文化知识的分析、理解，对所学语言进行内化吸收，再思考，从而实现培养学生英语学科核心素养的目的。这要求教师要深入研读语篇，进一步优化教学方式，在课堂教学中，培养学生的学习能力，开阔思维方式，合理安排学习活动，利用现代信息技术，促进核心素养有效形成。而培养学生核心素养的基础是教科书，在众多培养核心素养的途径中占有重要地位。教科书不仅能帮助学生掌握英语学科的知识，还能培养学生的学习习惯，开阔思维方式，形成良好的文化鉴别能力。教师可以根据教科书的不同特点，设计课堂活动，激发和调动学生的学习兴趣，使学生通过学习学到知识，提升自己的文化意识，做到文化自信，具有优秀的文化鉴别能力。英语教科书不仅为正常的教学活动提供保障，对于学生核心素养的培养也发挥了积极的作用，能够使学生的语言能力、思维品质得到锻炼和发展，能够培养学生正确的世界观、人生观和价值观。综上所述，要想实现对学生英语学科核心素养的培养，学校教育必须发挥好教科书的实际价值，通过合理的培养方式提升学生的核心素养。

一、通过教科书的使用

教科书使用对学生核心素养的培养起着至关重要的作用，要保障教科书使用的灵活性，同时对学生的思维水平、心理特征等进行关注，实现科学、合理地使用。教科书的编写以培养学生的英语学科核心素养为目标。英语教科书中的词汇、语法、语篇、话题等，都会在培养核心素养的要求下制定。教科书是教育的载体，教师通过对教科书认真地分析后，了解编写者意图，挖掘教科书的内容和价值，将教科书的知识结构转化成学生的认知结构，教师可以根据课堂需求，更改教科书的讲授顺序，高中英语课堂应以学生为主体。教师应根据学生的实际情况，根据学生的认知特点和兴趣需要，对教科书进行合理的使用和讲解，从而达到课程改革所要求的最终目标。

二、通过教学方式的渗透

教师在课堂教学中，应根据学生实际情况，对教学内容进行扩展和丰富发挥自己的创造性，对教学内容和学习活动过程进行重新设计。比如开展课外阅读，补充教科书中不足的部分。从学生的兴趣、爱好和经验出发，设计出最适合学生的活动。根据培养学生核心素养的目的对教学活动进行设计，利用丰富的案例，组织开展丰富多彩的活动，通过小组合作和讨论的方式，关注学生主体的发展，注重学生核心素养的培养。将英语语言的学习与学生的身心发展结合在一起，设计出真正适合学生的教学模式，实现对英语语言的深度学习，达到培养学生英语学科核心素养的目的。

三、通过开发教学资源

英语教科书是英语课程资源的主要部分。开发英语教学资源，应在合理应用教科书的基础上，借用多媒体视频播放、音频、图片、网络信息等有利于发展学生综合语言能力的学习材料以及辅助设施。使学生利用尽可能多的方式搜集资源，在课堂上和同学们进行交流和学习，培养学生沟通合作能力。利用开放式的教学环境，开阔学生视野，激发学生学习兴趣，扩展学生思维方式。无论多优秀的教科书，在课堂教学中，都会有一定的局限性。教师应根据学生的实际水平和当地的实际条件，充分利用网络和影视资料，弥补教科书中的不足。

第二章

核心素养下的英语表达能力教学设计

第一节　高中英语教学设计的原则

高中英语教学设计原则既要体现教师的指导作用，又要强调以学习者为中心。教学过程中应侧重于学生分析问题、解决问题和创造性思维能力的培养。依据教育学、心理学理论，针对高中生身心发展特点，常须遵循如下原则：

一、以学生为主体的原则

学生是学习的主体，教学设计应该强调以学生为主体。课堂教学模式更加注重学生的主体地位。在这样的教学模式中，学生不再是被动的接受者，而是主动学习的能动者，教师是学生学习过程中的指导者与帮助者，而不是像传统课堂中自始而至的讲授者。因此，在课堂的教学设计中，教师应以学生为中心。

二、梯度性原则

在课堂的教学模式中，学生需要在课前观看视频，自学材料，也就是把传统课堂中教师对重点和难点知识的讲解放在课前，要想保证每一个学生在教学中都保持自信并且能学有所获，教师的设计就必须有梯度性，要针对不同层次的学生设计不同的教学活动。课前资料的选取和视频的难易程度、学习单上问题的设置应尽可能考虑到学生的认识水平和理解能力，由浅入深，让大多数学生能够体验到成功的喜悦，从而调动学生进一步探索的积极性。

三、互动性原则

交往教学论认为，教学活动是一个师生之间、学生之间的多边合作互动过程。在课堂的教学模式中，课前学生要根据视频和资料完成学习，课中学生要在小组内相互讨论解决问题，还要就疑难之处与教师交流寻求帮助，并且要展示自己的学习成果。每一个步骤都离不开交流互动，因此，教师的教学设计只有体现出了互动性原则才能使课堂实现目标。只有保证了交流互动的质量，才能保证教学的有效性。

四、探究性原则

探究性原则就是能使学生由一种好奇心理驱动，以所要解决的问题为基础，利用所学和将要学习的知识来投入内容丰富的学习中去。课堂教学模式中，学生在课中需要进行小组之间的合作，如果问题不具有探究性，就不能吸引学生的兴趣，小组合作就成了形式，因此，在课堂的教学设计中，教师一定要关注探究性原则。

五、系统性和连贯性原则

无论哪种教学方法，学生的学习都必须是系统的、连贯的。在课堂的设计和实施中，教师需要在知识的系统性与解决实际问题中所获知识的随机性之间保持一定的张力和平衡，基于整体课程与知识结构的系统性来设计制作视频和学习单。教师要认真研读教材和考纲要求，认真体会高中英语学科核心素养，注重学生学习知识的系统性，在处理教材时，要弄清知识的新旧联系，做到由旧知带动新知，由熟入生。同时，教师也应该注重对学生语言能力、思维品质、学习能力和文化品格的持续培养。

六、指导性原则

心理学家布鲁纳曾说："知识的获得是一个主动的过程，学习者不是信息的被动接受者，而是知识获取过程的主动参与者。"教师在设计自己的教学活动时，除了要将学生作为活动的主体外，还应注重培养学生的学习方法和自主学习能力，要帮助学生在学习过程中掌握自主获取知识的能力和方法，要让学生学会思考、学会探究、学会合作。

第二节　高中英语教学设计的模式

教学设计模式有"以教为中心""以学为中心"和"学教并重"三种基本模式。宋江录和郅琼（2007）认为目前在教学设计方面有三种误区：一是轻视教学设计甚至不编写教案；二是对教学参考书的完全照搬；三是教案"中心论"。根据教学设计的含义教学设计可以分为"前设计""中设计"和"后设计"三个阶段。

一、"前设计"阶段

教师在进行"前设计"时应首先全面领会新课程目标的理念：三维课程目标——知识与技能、过程与方法、情感、态度和价值观的实现（毕田增，2004）；树立跨文化交际的意识，提高综合人文素养；提倡"自主性学习""合作性学习"和"探究性学习"方式；充当课堂教学的设计者、研究者、组织者、促进者、协调者；立足从过去的传授知识为中心转为提高学生的英语交际能力、从教师的教为主转为学生的学为主、从教师的单向灌输转为师生间的平等对话等，恰当有效地采用多媒体等现代教育技术。教学"前设计"阶段备课的基本要素包括备学生、备教材和备教法。新课程理念教学倡导以人为本、以学生为本。教师备课首先应从学生出发，站在学生的角度考虑问题，了解他们在语言基础、学习兴趣、认知水平、个性心理特征、学习风格等方面的个体差异，这些是影响课堂教学中的变量因素。尽管新教材和教学参考书在很大程度上体现和反映了英语新课程理念，设置了许多教与学双边活动。但它是预设阶段，需要教师在"尊重教材，超越教材"的新理念背景下仔细地钻研教材，创造性地使用教材的能力，特别是要结合学生的实际从多种渠道获取资源的能力。"备教法"的实质是"备学法"。Hamer(1998)认为，最好的英语课堂是给学生最多实践机会。教学"前设计"阶段明显具有预设性的特点。

二、"中设计"阶段

"中设计"阶段是教师课堂教学最重要的环节。教学设计应贯穿课堂教学的全过程。"课堂教学不应当是一个封闭系统，也不应拘泥于预先设定的固定不变的程式。预设的目标在实施过程中需要开放地纳入直接经验、弹性灵活的成分以及始料未及的体验，要鼓励师生互动中的即兴创造超越目标预定的要求。人们无法预料教学所产生的成果的全部范围。没有预料不到的成果，教学也就不成为艺术了。"教案不应成为固定不变的"铁案""死案"而应随着教学情景的不断变化进行再选择、再决策、再设计。教师的"中设计"是临场发挥，需要的是隐性的实践知识与智慧。相比而言难度更大。"教学"中设计"一方面给教师的独创性提供了广阔的空间，同时，也对教师自身的专业能力及综合素质提出了更高的要求和挑战。它不仅体现了教师的教学艺术，而且也起着检测教师是否具有灵活多变的课堂教学机智的功能。

三、"后设计"阶段

"后设计"阶段具有反思性效应。它包括对教案的设计和课堂教学中的临时决策与执行的反思教师在一堂课结束后需要对自己的教学设计、教学行为、教学效果等进行反思，以便在下一节课时及时调整和补救。有人把教学设计又分为宏观设计（如课程设计）和微观设计（如一节课的设计）。宏观设计中的"前设计、中设计、后设计"与微观设计中的"前设计、中设计、后设计"之间必然是相互交错、相互影响的。如前者中的"后设计"可能会使教师对后者中的"前设计"做适当调整，从而给其"后设计"也提供了不同程度的借鉴和参考。教学设计尤其是"后设计"反思性不是仅仅存在于某一两节课里，而是存在于整个教学的整体行为当中，应当构成一个不断发展的连续体。每一个反思的教学环节都将构成教学连续体的不可分割的链条。

第三节　高中英语教学设计的方法

通过查阅相关文献资料、问卷调查和访谈分析，针对高中英语教学存在的问题，笔者受到了一些启发，对教师如何在教学设计中落实英语学科核心素养有了一些想法，并提出一些建议。接下来笔者将从教学目标设计、互动活动设计和作业设计三个方面来进行阐述，并给出了相应的案例。

一、教学目标设计策略

现在国内对于核心素养下的教学目标持有以下两种观点：①"双基"是教学目标的1.0版，"三维目标"是教学目标的2.0版，核心素养是教学目标的3.0版；②"核心素养"是对三维目标的整合，因为"三维目标"统一在教学过程中，不能分离。教学目标是指学生通过学习所要达到的要求。而发展学生的核心素养是教师教学的最终目的。基于核心素养的教学目标不是对知识传授的否定，而是应该一方面关注学生知识的学习，另一方面也关注学生思维品质、文化意识和学习能力的培育。核心素养是在"双基"和"三维目标"的基础上的融合与创新。

"教"是指实现教学目标的手段，也是对教学过程中教师的教学活动设计和教师的具体教学行为进行评价的手段；"学"主要指学生对所学知识的理解、使用情况及课堂行为表现的评价。因此教学目标必须具体化，能运用和落实到实际的教学中去。因此，互动目标要设计得合理，要求教师首先根据英语课程标准，把握好教学目标的方向，同时结合学生的学习情况，了解学生的学习兴趣等特点，清楚学生的实际知识水平和能力，从而设计具备可操作性的教学目标，从语言能力、思维品质、文化意识与学习能力来设计和确定教学目标；其次，在表述教学目标时，教师要注意教学目标的层次性，要以学生的学习所得为对象。教师应该把握好学生现阶段的学习特点，了解学生已有的知识水平，根据学生的实际情况来设计出合理的教学目标。

英语课程标准要求的教学目标的完成是教学设计的最终目的。教师在设计教学过程、教学活动时都必须以教学目标为纲领。教学结果是随着教学目标的变化而变化的。因此，要想培养综合素质高的学生，教师应该以英语核心素养为指导来设计教学目标。通过访谈法和文献资料查阅了解到，目前的英语教师已经习惯了通过"三维目标"来制定教学目标。大多数一线教师对英语核心素养的理解仍然停留在表面，并没有深层理解，对于四大英语核心素养与教学的关系不熟悉。因此本文将对指向核心素养的教学目标设计提出相应的策略。目前，大多数英语教师的教学设计中都是采用"三维目标"。那么，"三维目标"的表述是否指向核心素养呢？下面以某英语教师设计的教学目标为例来进行分析，知识目标：介绍学校生活这个主题；理解高中与初中校园生活的不同；理解不同国家的校园生活不同。能力目标：掌握一些关于校园生活主题的词汇；掌握阅读技能。情感目标：学会怎样进行对比；学会怎样合作。对于以上"三维目标"的陈述，多用"理解""掌握""学会"等术语，但是不同的人有不同的理解。例如，"掌握定语从句的概念"这一目标，有些学生的理解是只要能口头描述出来，而有些学生的理解则是要能运用定语从句来做题。这样的描述不够准确，不能准确地向学生传达教学目标的要求，也不利于学生综合素质的培养。对上述情况进行分析，目前英语教师对于"三维目标"的表述并没有明确指向核心素养，本文将对教学目标当中的教学对象、教学行为、教学目的、教学过程四个方面进行阐述，最终以"Home Alone"一课为例来进行指向核心素养的教学目标的表述。

确定教学内容与核心素养的联系。教师确定教学目标的首要任务是要先确定教学内容与英语核心素养之间的联系，要求教师经常思考一些问题：①通过知识的学习，学生能具备哪些能力与品格；②具体学习哪些知识；③指向哪一核心素养；④对学生的生活有什么作用。

以"Home Alone"为例：

①学生能具备的品格和能力：能培养学生的创新思维和批判性思维；提高学生的阅读能力和自主学习能力。

②具体学习哪些知识点：戏剧体裁；略读和寻读这两个阅读技巧；重点词汇和重点句型。

③指向的核心素养：语言能力、文化意识、学习能力、思维品质。

④对学生生活的影响：通过对文章中父母和孩子的矛盾分析，从而让学生能够反思和学习如何处理与父母之间的问题。

以学生为教学对象：制定互动式教学目标的重点不是给教师布置教学任务，而是想让学生在教师的指导下，通过互动的方式学到的知识和培养能力。因此制定教学目标时，应该从学生的需求出发，以学生为对象来进行表述。

以素养为教学目的传授学生知识并不是教学的唯一目的，教师还应该注重学生文化意识和思维能力的培养。因此，教师要以英语核心素养为准则来设计教学目标。

动词的表述要准确教师在陈述教学目标时，应该避免抽象概括的表述，例如，"理解""掌握"等，由于学生的个体差异，每个学生看待问题的角度不同，理解也不同。因此，在进行教学目标的表述时，教师应该尽可能地详细。例如，在学习"定语从句"

这一课时，通过猜谜语游戏和发现规律来掌握定语从句的结构形式。在进行目标表述时，我们可以这样陈述：通过猜谜语游戏这一教学活动，学生可以运用观察、讨论等方式来发现规律，从而用自己的话来总结规则。

以"Home Alone"为例，对指向核心素养的教学目标进行表述。

语言能力：通过互动，学生能够与朋友、同学互相讨论各自的成长烦恼，并可以给其建议。

学习能力：学生能对戏剧体裁有基本的了解，能够自己写戏剧体裁的作文；学生能熟练掌握略读和寻读的阅读技巧，并能运用于阅读理解练习中。

文化意识：学生能够对美国的家庭文化有所了解，能够说出美国家庭文化与中国家庭文化的不同。

思维品质：通过对课文的分析和作业，从而培养学生的批判性思维和创新思维。

二、教学活动设计策略

2017 版《普通高中英语课程标准》中指出："在以意义为主题的课堂上，教师通过创设与主题意义相关联的语境，充分挖掘特定主题背后所承载的文化信息和发展学生思维品质，达到培养学生的英语学科核心素养"①。因此教师要想在互动式教学中来培养学生的核心素养，提高学生的综合素质，应该创设一些有助于生生互动、师生互动的情境。情境教学是指教师通过对单元目标或者教学目标的理解来创设一个特定的情境，可以激发学生的学习兴趣，从而不断思考，与同学和老师进行讨论。

首先，教师在进行教学活动的设计时，应该遵循以下原则：（1）多样性原则。高中英语课程中，包含很多主题。因此，在互动式教学中，教师应该根据每个单元的主题来选择情境，丰富互动情境的类型，不让学生产生厌倦感。（2）趣味性原则。兴趣在学习中占据很重要的地位。如果学生对学习的内容没有兴趣，那么课堂教学也很难进行下去，因此教师应该在互动式教学的开始就要吸引学生的注意力。在设计情境时，教师可以从学生已有的认知水平出发，寻找一些贴近学生生活或者学生感兴趣的话题。例如，在进行模块一第二单元的英语教学时，教师可以用自己的照片或者学生喜欢的偶像的照片来进行导入，给出问题，从而引发学生的学习兴趣。（3）难度适中原则。教师在创设情境时应该考虑学生的实际情况。太难的问题不仅会影响教师的教学，而且会使学生失去学习的积极性。太容易的问题不能吸引学生的注意力。因此，教师要创设难度适中的情境，从书本出发。（4）针对性原则。在高中英语教材中，每个单元的主题不同，因此教师在创设情境时应该是从单元主题出发，设计不同的情境来培养学生的能力。

如何在互动活动中来培养学生的核心素养呢？笔者认为可以从以下两个方面来设计：

1.体现生活性。知识来源于生活。运用学生熟悉的人或者事物创设情境，一方面，可以吸引学生的注意力，引发学生的求知欲望；另一方面，也能培养学生在现实生活中的语言能力。因此教师可以通过模拟生活情景设计情境。但是，教师应该选择符合单元主题和大多数学生都熟悉的生活场景，从而引发学生的共鸣。例如：在进行模块一第三单元"Looking good, feeling good"的教学时，教师可以通过多媒体向学生展示生活中遇到的人的图片或者是学生熟悉的任课教师的前后对比图片。图片一：选择一张自己在中学时期的照片和一张现在的照片进行对比。图片二：选择某明星以前比较胖的一张照片和一张现在比较瘦的照片进行对比。教师让学生通过看照片来进行讨论并发表自己的观点。

2.体现趣味性。所谓寓教于乐是指让学生在游戏中体验到学习的乐趣。对于新奇事物，学生都有好奇心。因此，在英语教学中，教师可以通过组织趣味游戏来创设情境，学生能够体验到游戏的乐趣，继而达到激发学生的学习欲望的目的。趣味游戏的形式应该多元化。一方面，可以是学生与学生之间的活动，例如小组游戏；另一方面，也可以是教师与学生之间的活动，例如猜谜语游戏、歌曲游戏、魔术等，还可以是教师与全班同学之间的互动。例如，教师在讲解定语从句语法知识点时，可以口头描述某一个学生熟悉的事物或者人物的特征，让学生进行猜想；另外，可以让学生进行合作，学生自己来设计谜题。这样，既让学生的学习积极性瞬间提高，学习热情也会变得高涨，也让学生的语言能力得到提高。

三、课后作业设计策略

通过文献资料的分析和实际调查，我们可以总结出大多数英语教师布置英语家庭作业的方式，即抄写、背诵和记忆。这样的家庭作业往往都是注重学生对语法知识的掌握，有利于学生知识的巩固。然而，它也有弊端。一方面，这种作业往往比较机械，并不能激发学生的注意力，从而对英语学习的兴趣也降低；另一方面，也不能够很好地培养学生的综合素质。因此，在英语核心素养大背景下，英语教师应该从英语四大核心素养的角度出发，设计内容形式更多样化、主题更加鲜明、更有助于培养学生英语核心素养的家庭作业[2]。此外，随着多媒体技术和互联网的快速发展，家庭作业的类型应该进行相应的变化。例如：从过去单一的文本作业转变成以学生为主的口语作业。教师应该鼓励学生通过看、听、动等多种方式来积极探索知识，发现知识的乐趣。因此，我们可以通过以下的策略来布置作业，从而培养学生的核心素养。

1. 体现层次性

首先，学生个体之间存在差异。每个学生的学习基础、思维方式等都不同，因此，在进行作业设计的时候，不应"一刀切"。教师应该了解学生已有的知识水平，根据学生的能力来布置作业。一般来说，可以根据学生的情况分为 1、2、3 组，1 组是英语水平较好的，2 组是英语水平中等的，3 组是英语水平一般的。作业层次性体现在作业的难度和要求上。教师通过布置基础型作业，还应该相应地布置提高型作业。其次，教师可以通过组织同伴互评作业这一教学活动来培养学生批判性思维。一方面，学生可以在互评作业的过程中巩固已学的知识点；另一方面，学生还可以互相讨论，取长补短，从而培养自己的批判性思维。最后，教师可以选择通俗易懂的主题单元，给学生机会来进行再次创造，通过生生互动和师生互动，激发学生的想象力，从而培养学生的创新性思维。

2. 体现互动性

互动性不仅仅是指在课堂教学中，在作业中也应该体现。英语教师可以根据单元主题的难易程度，设计互动作业。具体可以表现为情景对话以及演讲等形式。

例如："Moudel unit2 阅读部分"的互动作业设计

Discuss the following questions with your partner.

Have your parents ever asked you to make an important decision?

What do you think is the biggest causes of problems between parents and teenagers?

What is your growing pain?

What do you usually do when you have a problem with your parents?

Have you any good advice to your partner with his problem?

此互动作业的设计与传统的作业相比，更加注重学生的语言输出能力以及与学生之间的交际与交流。不仅有利于教师检验学生书本知识的掌握能力，还体现出学生学以致用和语言能力。

3. 体现开放性

设计和布置具有开放性的作业，可以让学生更加地关注生活，让学生的视野开阔，学习的积极性提高。

例如：学习了模块二"Amazing people"这个单元之后，学生的词汇量和句型已经有了一定的基础。因此教师可以组织一场英语演讲比赛，演讲题目就是本单元的主题。

一方面，能够促使学生主动去巩固本单元的重点知识和难点；另一方面，学生可以根据现有的知识点去表达自己的观点，从而能够丰富学生的生活，培养学生的英语学习兴趣；在学习完模块一"Looking good, feeling good"这一单元之后，教师可以布置"健康与相貌哪个更重要"这个作业，让学生回家通过访谈的方式来汇总家长或朋友的观点，再在课堂上进行陈述，陈述完之后，表达自己的观点并说出理由。通过这样的作业，学生的语言能力会有明显的提升，也能让学生体会到自主学习的乐趣。

总之，要提升学生的核心素养，就必须通过实施教学设计来实现；而核心素养也是教师的教学设计的纲领。为了确保英语学科核心素养贯穿教学，那就要求教师把核心素养的培养和英语互动式教学设计紧紧结合在一起，在日常的教学中通过科学、合理的互动式教学设计去培养学生的核心素养。

第三章　　英语单元整体教学法理论分析

第一节　英语单元整体教学法

一、关于整体教学法

整体教学法的思想由来已久。该教学法的提出大约是在 20 世纪 80 年代初期。旧版《全日制中学英语教学大纲》指出："课文首先应作为一个整体来教。""在整体教学的基础上再进行分段教学。"在这种旧的整体教学思想指导下衍生出了很多的整体教学模式，其中较典型的有以下几种：

1.合一分一合教学模式或整体一分段一整体教学模式：第一个"合"指整体理解课文大意粗知课文内容熟悉教材。当中的"分"指将课文分段理解、讲解突破重难点。第二个"合"指整体归纳巩固。

2.LAS 教学模式：Information 整体信息输入了解课文概貌抓住大意。Comprehension 分段理解掌握段落之间的逻辑关系。Language 语言理解学习语言知识。Application 语言知识运用。Summary 整体归纳小结全文。以上步骤均以课文作为一个整体来教学，学生多次接触整篇课文。

3.总一分一综教学模式："总"即是把一篇课文作为一个整体进行教学过程整体设计。"分"即是分段学习课文，分散学习语言知识目的是深入学习理解课文，理清课文局部与整体的关系，让学生准确掌握课文中的语言知识；把课文分成逻辑上相对独立的若干部分，将每部分的大意和语言知识在课文的特定语境中进行教学。这样从课文的主干到课文的分支再从分支到主干，词不离句、句不离段、段不离文、重点突出。"综"即是紧紧围绕课文内容进行听说读写的综合训练和语言知识的综合考查。

4.六步六整体教学模式（双六式）：此模式将每篇课文的教学分六步，且一小步一个整体。这六步是：①预习整篇课文；②单词整体教学；③概述课文整体意义；④词组、句型整体教学；⑤课文分段教学强化课文整体意义；⑥练习整体教学。

以上各种整体教学模式都是在旧的教材之上提出的，都是针对某一篇阅读课文而言的，因为人教版旧教材每课都只有一篇课文，而不是以单元的形式出现的。稍做分析不难发现这些模式大同小异，教学思路基本一致，完全可以合并为一种教学模式。

二、关于英语单元整体教学法

英语单元整体教学法（Teaching the unit as a whole）是在人教版新教材使用后基于旧的整体教学法而提出的一种新的整体教学模式，是针对每单元的四个课型而言的。由于新教材每个单元均有四种课型，即 reading，language study，listening 和 writing，如何将四个课型作为一个整体来教，就成了单元整体教学要讨论的中心内容。

对于英语单元整体教学法，不同的教师可能有不同的理解，如有的教师将其理解为一个单元中单词的整体教学、对话的整体教学、课文理解的整体教学、词组的整体教学及练习的整体教学等几个部分之和。表面上看这种教学在环节上似乎都体现了"整体"二字，但忽视了各环节之间、各课型之间的有机联系，而这恰恰是单元整体教学的关键所在。

基于以上理解，我们将单元整体教学的概念定义为：以单元主题为线索贯穿每单元各个课型及其他相关活动，不断加深学生对各课型内容的理解与记忆，在此基础上全面发展学生的听、说、读、写能力，尤其是运用能力的一种教学模式。它包括以下几方面的要点：

1.每个课型都与本单元主题相联系。

2.每个课型都充分调动学生的各言语感官，尽量做到听说读写并重。

3.每个课型通过不同方式不断强化学生对关键语言知识尤其是新的语言知识的印象，使其对它们理解、掌握、感受直至欣赏。

4.单元结束后学生脑海中应留有本单元内容的完整印象，并能就本主题用所学的知识并结合从前的知识展开自由交谈及运用语言。

下图即是对单元整体教学的理解图示：

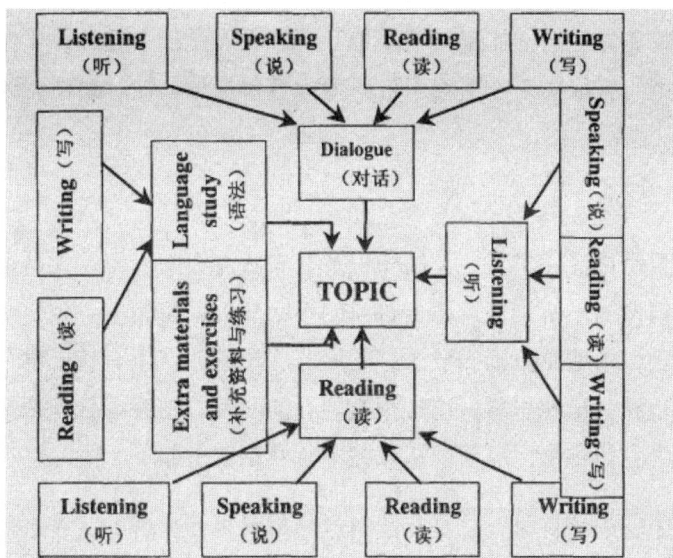

从以上图示可以看出，单元整体教学的宗旨是要充分利用课本资源综合发展学生的听说读写能力，使学生通过语言材料的不断复现将其内化为自己的语言能力。

三、英语单元整体教学法的主要理论基础

（一）格式塔（Gestalt）

心理学理论格式塔心理学理论在单元整体教学法中的运用主要体现在两个方面即"整体观念"和"顿悟"现分述如下：

1. 整体观念

格式塔心理学者认为：学习的基础是知觉。问题的解决类似于知觉。当我们在注视某一物体时，作为知觉者的任务是将视觉场中分离的成分排列为一个连贯的整体。作为问题的解决者我们的任务是心理上一次又一次重新结合问题中的成分直到获得一个稳定的图形或称格式塔。

知觉本身显示出一种整体性。这种整体性不仅是各个局部的总和，还要超过各个局部的总和。部分之间的关系及部分与整体的关系是其研究对象。知觉概念的习得总是趋向于完型（cloze）。根据格式塔的组织原则，人们在形成完整的知觉概念时封闭性和完型趋向起着重要作用。

由于教材内容以单元的形式出现，每单元中的四个课型由一个主题统领，而每个课型都由此主题牵引围绕此主题展开，因而学生在学完一个单元后应对此主题形成一个完整鲜明的印象。以后无论何时何地，在谈到该主题时学生就可形成对于该单元内容的整体印象。要达到这种效果则有赖于教师在教学中不断强化整体中的各个部分及其联系，其在学生头脑中的印象。这样如果把一个单元主题看作是一个整体，学生在学完本单元后能否对其"完型"就取决于学生对于各科型内容包括词、句、语法、练习等的熟悉程度了。

2. 顿悟

英语学习主要是接受性学习。英语知识及其实践能力的习得往往是通过顿悟而产生的，这种顿悟与情景的不断呈现及语言材料的不断复现紧密相关。英语学习的最终目的是交流，而要做到自由地交流则需要语感的培养，语感的产生有赖于学习者所习得的知识和技能，长期地和大量地积累，这种积累同当前学习的内容结合起来形成一个有机的整体引起对所学内容的顿悟，即新旧知识的不断联系就引起了顿悟。

在英语教学中新的语言材料总是与已学过的材料相伴呈现的，在进行单元整体教学时教师通过设置各种情景通过听说读写各环节的训练不断地将新旧语言知识相联系，促

进学生将新的语言知识理解、掌握直至能自由地将其运用于陌生的情景，至此就完成了一个完整的学习过程，同时又为更新的语言材料的学习奠定基础。学生理解与掌握语言知识的过程就是一个引起顿悟的过程，而将其运用于陌生情景的过程则是一个修正或确认自己的理解的过程。这一过程类似于母语的习得过程。

（二）建构主义学习理论

Fosnot指出建构主义（constructivism）是一种有关知识和学习的理论。建构主义以心理学、哲学和人类学为基础，认为知识是暂时的、发展的和非客观的，是经过学习者内心建构并受社会文化影响的。该理论认为，人的认知是与经验共同发展的知识，是经验的重组与重新构建，是一种连续不断的心理建构过程，是体验、发现和创造的过程。单元整体教学法正是为学习者提供了这种宝贵的体验过程。由于单元整体教学法强调整个单元整个话题甚至整个课本的联系，它必然容易激活学习者既有的知识结构和认知图式；促进学习者自身知识的"重组"与"构建"，促进摄入的新信息与学习者既有的认知图式之间的互动、连接、交融与整合。而且一旦学习者体验到参与活动的意义，感受到新知识构建的成功，他们会更加主动积极从而加速语言信息的内化。

建构主义同时主张要通过互动与合作建构知识，特别强调要通过社会的互动与合作进行学习，认为孤立的学习不能促进知识能力的增长，只有通过与周围的人进行互动、与同伴合作才能激活内在各种因素。正如Fosnot所强调的以建构主义为理据的教师要抛弃可以通过符号灌输给学生的思想，抛弃学生可以精确拷贝教师的知识为己所用的观点，抛弃完整的概念可以分离以及知识可以脱离语境（经验）进行传授的观点，以建构主义为理念的教学应为学生提供机会，让他们参与真实自然和有交际意义的活动，由他们去寻找知识提出问题建构自己的模式、概念和策略。这种模式下的课堂可视为一个小型社会（mini-society），学习者可以在那里参与活动、构建语篇和进行反思。

单元整体教学法通过设计多种与话题相关的情景，为学生提供了多层面的互动，正好可以满足这些要求。

（三）吕叔湘的外语教学思想

吕叔湘先生在其《吕叔湘语文论集》中对语文（外语）教学有精彩的论述，其中很多论述对单元整体教学法有很好的启发作用。

1. 关于"自觉"与"直觉"的关系

所谓"自觉"在外语教学法文献中有两层意思，其一使用语言（或更准确地说是进行语言活动）时无论是表达还是理解行为主体的注意力，主要集中在话语的语言形式上

（how），而话语的内容反倒被放在次要地位。更准确地说，话语的语言形式方面受到行为主体的意识的监控。其二，无论是理解还是表达都是在语言理论或事先所学的种种理性"规则"的指导下有意识地进行。

所谓"直觉"（或不自觉）也有两层意思。其一，进行言语活动时，行为主体的注意力主要集中在话语的内容上（what），而不大考虑（或根本不考虑）话语的语言形式方面。更准确地说，话语受行为主体意识监控的主要是它的内容方面，而其语言形式方面则不受或不大受监控。其二，无论是理解还是表达都无须借助语言理论知识，言语行为的语言形式方面是在无意识的条件下完成的。在"直觉"阶段，语言理论实际上已经在行为者心中得到内化。

从"自觉"与"直觉"的关系可以看出人们只有达到了直觉掌握的程度才算上是真正掌握语言，只有这时言语行为的速度才能满足交际的需要；反之，如果只是停留在自觉掌握水平上，则语言就不能胜任交际的任务，语言只有当它成为自己习惯的一部分时才有实用价值。而习惯即是直觉，直觉掌握语言是建立在自动化的熟巧的基础上的即习惯成自然。英语单元整体教学的目的就是要通过对每单元的学习，加深对重点内容的整体印象，及其在本单元内容中的相互联系，以便在需要时随时提取实现运用语言由"自觉"到"直觉"的飞跃。

2.关于"创造"与"模仿"的关系

外语学习的最终目的是创造性地使用语言，而为了达到这一目的模仿是不可缺少的。模仿是根本的，而创造是在模仿的基础上进行的。学习语言的一般过程是模仿—变化—创造。模仿的过程即前面所谓的"自觉"的语言学习过程，而一旦达到了语言学习的"自觉"阶段就实现了语言的创造。因此，在语言教学中要特别注意模仿的重要性。

英语单元整体教学充分利用了这一思想，通过新的语言材料在听说读写过程中的不断复现，对语言进行不断的模仿，不断加深学生理解与熟练程度，从而实现对语言创造性的运用。这也就是我们常说的"熟能生巧"。

（四）克拉申的语言"学习"与"习得"理论和监控理论

美国语言学家克拉申（Stephen D.Krashen）在 20 世纪 70 年代提出了语言"学习"和"习得"理论。该理论认为人们掌握某一种语言的方式主要有两种：一种是"学习"（learning）；另外一种是"习得"（acquisition）。所谓"学习"是指有意识地研究且以理智的方式来理解某种语言（一般指母语之外的第二语言）的过程（knowing about how to form a knowledge of a language）。所谓"习得"是指学习者通过与外界的交际实际无意识地吸收到该语言，并能在无意识的情况下流利正确地使用该语言。由此可以看出"习得"

方式是获得语言能力的最自然方式。通过习得而掌握某种语言的人能够轻松流利地使用该语言进行交流；而通过"学习"而掌握该语言的人只能运用该语言的规则进行交流。很明显，这种交流的效果是要大打折扣的。但是在没有语言"习得"条件即自然语境缺乏的情况下外语能力的获得主要靠"学习"。

对于外语教学中信息的输入，克拉申又提出第二语言监控模式。此模式建立在"习得"与"学习"假设、输入假设、监控假设等理论之上。其中，输入假设（可理解性语言输入）是此模式的核心。根据此假设语言输入话语不能太难也不能太简单。学习者只要获得可理解性语言输入，只要能听懂对方的话语语言即可习得。克拉申把学习者现有的第二水平定为"i"，把学习者要达到的高一级水平定为"i+1"，则两者之间的差距就是学习者学习的动力所在。语言输入材料的难度要稍高于学习者现有的水平"i"。"i+1"学习者为了听懂新输入的语言材料，会求助于以前的知识经验或利用语境、上下文等进行判断，进而理解语言输入中"难以理解"的成分从而使语言习得取得进步。克拉申的输入假设重视学习者理解输入材料时所获得的较高一级的语言形式在头脑中留下的印象。

英语单元整体教学法就是暗合了这些理论。通过联系整个单元及整本书的内容，教师将新的语言知识和语言功能通过适当的情景巧妙地设计到课堂中，使学生不断地用已学知识去理解新的内容，在旧有的知识体系中构建出新的知识体系，同时保持学生学习的热情。另外，尽管我们目前还不能给学生提供完全的自然语境，但我们要尽可能地朝这个方向去做。

第二节　英语单元整体教学法的优势与要求

一、英语单元整体教学法的优势分析

从以上我们对英语单元整体教学法的分析来看相对于其他的教学法英语单元整体教学法更强调的是如何处理教材而不是具体的课堂教授方法。在结构层次上它明显地高于其他教学法。因此笔者认为它具有如下优势：

1.它将语言教学的"教""学""环境"诸要素有机地结合起来。①语言学家 Ellis 认为要促成第二语言习得的发生（在下意识的情况下学好外语）应具备两个条件：为学习者输入所需要的信息；学习者须具有内在的可加工语言信息的资料。只有学习者输入足够量的语言信息才能促成学习者进行自然的交流。也就是说应当给学习者尽量多的、尽可能真实的、与自己的生活密切相关的语言环境。英语单元整体教学法强调根据教材需要，通过模拟自然语境为学习者创设各种情景如求职、购物、导游等练习运用语言素材。此外，本教学法还充分利用多媒体技术，使学生无论在课内还是在课外都能尽量多地去接触真实语境，使自己浸润于真实语境，培养用英语思维的能力，促进对语言知识的理解和语用能力的提高。

2.它能融汇现行的各种教学法并使之发挥有效的作用。每单元有不同的课型，每个课型都有其具体的任务，每个任务要用到不同的教学法。如听说课可使用听说法、交际法；语法课可使用语法——翻译法、交际法等；阅读课可使用情景法、语法——翻译法等。这样根据不同的任务需要使用不同的教学方式可使各种教学法协同作用使课堂达到最优效果。

3.它有助于学生构建知识体系。由于课堂内容是围绕某一话题展开的，单元间各部分又是有机联系的，学生的听、说、读、写都是围绕着一个中心进行。新的语汇通过这些练习会很快为学习者所熟悉并将之自然地纳入已有的知识系统中去，在此基础上再对相关话题进行扩展补充，那就会使学生视野开阔，则学生灵活运用该单元所学内容的能力将大大增强。

4.它能依教材的变化灵活运用。尽管单元整体教学法是针对以话题为单元且一单元内又有不同课型的教材而提出的，但其宗旨在于通过整体把握教材使学生在学习一篇材料后对该类材料有一个整体的全面认识和掌握。做到"见树亦见林"（对其中的语言知识有了了解又熟悉理解了材料本身），从而在以后碰到类似材料时能用已学的知识去理解和进行口笔头的表达。不论教材的编写是何种结构，都可以单元教学法的形式对其进行类似的处理，以综合培养学生的各种语言技能。因此它是可以灵活运用的。这种处理教材的方式既顺应语言教学的要求也符合语言教学的规律。

5.它能较好地培养学生的学习能力，符合新课程标准的教学理念。英语单元整体教学法通过教学情景和教学任务的设置促进学生主动学习，体现了"以学生为中心"的教学理念，有助于培养学生良好的学习习惯和学习能力，为学生的终身学习奠定良好的基础。以语法教学为例，使用单元整体教学法我们不是给学生灌输语法规律，而是联系教材将课本中已出现的相关语法材料先呈现给学生，让他们通过观察和理解自己悟出语法规律，然后根据自己的理解以造句等方式使用，告诉学生不要怕犯错误。这样不但提高了学生学外语的兴趣更有助于培养学生的语感及语用能力。

二、英语单元整体教学法的要求

鉴于现行中学英语课本以单元形式推进（实际上目前市面上的绝大部分教材包括进口教材都是这种编排方式），每个单元一个话题统率单元内的功能和结构内容，因此学生在学完一个单元后应掌握本单元内的话题语言材料、功能项目和语法内容并能在该单元范围和水平上进行听、说、读、写的语言运用。以话题为纲，以功能结构和运用任务为目标，着重培养学生运用英语的能力是单元整体教学的基本思想。在单元教学中的某一课时可突出语言知识的某一方面或功能或结构或话题讨论。言语技能训练也是如此，不同课型可以突出训练某一方面的内容或听或说或读或写。但突出并不排他，而是多方结合协同作用，使单元教学最优化实现单元教学的整体目标。

基于以上分析，我们认为在进行单元整体教学时应做到如下几点：

1.备课时教师应将整个单元的内容浏览一遍，预先整理出本单元的重点内容如词、句、语法甚至包括练习。唯有如此，才能在教学中有效地重复重点内容，做到有的放矢，使学生尽快掌握本单元的重点并加强新旧知识之间的联系，提高课堂效率。

2.单元教学前对单元话题（Topic）要进行课前讨论。讨论过程中学生必然会遇到想表达又表达不出的意思，此时教师要给学生以提示；或由教师对课文内容进行介绍（Introduce the topic）并适当地设问以激活学生的思维；或向学生介绍有关本话题的必要的背景知识为理解教材奠定基础。在此过程中教师应抓住时机将整个单元的重点内容如新的词汇、句型等穿插进去预先进行提示。等到学生接触课文时教师预先提示过的东西会在他们听读到的同时立刻被激活、这就比单独直接从课文中获得语言信息要有效得多、印象深刻得多。

3.教师在对整个单元整体把握的基础上尽可能地将听、说、读、写贯穿四个课型，不断提高本单元重点内容的复现率。比如，对于对话课教师可以在听读之后让学生复述对话内容而后让学生改写对话为短文；对于阅读课教师可以在传统的理解—答问的基础上增加讨论或模拟采访的内容等。

4.基础练习和巩固性练习。基础练习仍以课文为中心，通过对课文加以适当的改编，设计关于本单元的填空、完型、改错等题型。练习的形式要多样化但强调要突出重点。巩固性练习应选择与本单元内容相关的语篇作为课文内容的延伸，其目的是扩充学生关于本单元话题的知识，延伸本单元话题的范围，扩大学生的视野，为以后就有关该话题的交流打下良好的基础，同时也巩固学生对本单元内容的理解与掌握。

5.教师在教学中除将整个单元作为一个整体对待外，还应尽可能地将整个中学阶段内容作为一个整体来考虑，因为日常交际所使用的词汇、句型、语法等在整个中学阶段基本都会出现。如果教师对整个中学阶段的内容都能做到心中有数，则学生学过的内容可经常得到复习，而学过的内容也可预先呈现，其目的也是提高语言知识的复现率。这既利于学生应试更利于学生的交际。当然要做到这一点是需要一个过程的。

6.尽量为学生补充与本单元话题内容相关的课外材料。学生接触到的与某一话题相关的材料越多就越能接近自然语境，所学内容就越易理解记忆也就越深刻。尽管话题相同但不同的材料提供的语汇不同，学生能学到更多的内容。这样一来他们就越能构建起一个相对完整的话题信息网，以后无论是听、说、读或写都有大量的新鲜语汇可供使用，运用起来也就更灵活。同时由于是自己所熟悉的话题，学习起来更容易也就更能激发学习兴趣增强成就感。

第三节　基于主题单元教学的国际理解素养培育

一、国际理解素养的历史演变

教育中渗透国际理解教育理念的教育形式包括"国际教育""和平教育""多元文化教育""全球教育"等多种类型。两次世界大战彻底改变了各国之间的关系。美苏争霸，冷战背景下国际局势紧张。联合国教科文组织倡导通过教育实现不同国家和地区之间的理解，促进不同文化群体之间的合作。自 20 世纪 40 年代起至今，国际理解教育的发展大致经过了三个阶段，呈现出三种不同的侧重点：关注和平与人权、强调公民身份、追求文化多样性及社会公正。三个阶段的国际理解教育理念虽然相互交织，但是各有侧重。

（一）关注和平与人权

20 世纪 40 年代，国际理解教育处于萌芽阶段。这一时期，国际理解教育主要包括人权教育、和平教育等方面，关注国际理解、国际合作，强调国与国之间和平相处，追求世界大同。

和平教育体现了联合国教科文组织针对国际理解教育的初步构想。1946 年，联合国教科文组织第一届大会正式提出了"国际理解教育"一词。次年，联合国教科文组织举办了一次研讨会，将国际理解的核心观念界定为：理解重大的国际问题；尊重联合国组织和各国之间的关系；消除国际冲突根源；培养对其他国家的友好印象。关于国际理解素养的思考反映了人类在第二次世界大战之后处理国与国之间关系的新姿态。

各国民众对和平的向往使得这一阶段的国际理解教育理论研究更加强调和平与合作。1948 年，联合国教科文组织召开第 11 届教育大会，发表《关于青年国际理解的培育和国际组织教学的建议》（*The Recommendation of the Development of International Understanding Among Young people and Teaching about International oraganizations*）一文，进一步阐述了国际理解教育的目的。该文件建议国际理解教育以和平教育为重心，帮助学生理解世界和平的必要性，了解国际团结的重要意义，在认识国际组织的过程中树立责任感。

除了理论研究的进展，国际理解素养的实践活动也取得了一系列成果。1953 年，联合国教科文组织实施了"教科文组织联系学校项目网络"（U N E S C O A ssociated SchoolsP rojectN etw ork,A S P N et）。该项目将"国际理解教育"作为主题，把消除政治偏见和敌视、促进友好与合作作为目标和结果。参加项目网络的学校采取了一系列具有示范性的改革举措。计划伊始，33 所学校建立联合关系。截至 2019 年 10 月，项目学校已经拓展到 11,000 所学校，分布在 180 多个国家和地区。这些学校如同星星之火，传递着国际理解教育的理念。

"教科文组织联系学校项目网络"重视人文教育、伦理教育、文化教育和国际教育，主张在学校教育中实现联合国教科文组织的国际理解教育理念。除了地方学校研究项目外，"教科文组织联系学校项目网络"还协调并支持国际级、国家级和地区级的项目、会议和竞赛，以促进成员学校之间的合作与交流。

为了进一步推动成员学校建立密切关系，联合国教科文组织鼓励学校跨越空间距离，开展多渠道合作，分享开展国际理解教育的成功经验。由于地理位置相邻的国家历史文化背景相似程度高，有利于经验的转化与采用，同一大陆或同一流域国家的学校有更多的机会开展区域合作，共建地区性项目，开展国际留学项目，举办国际研讨会。目前，"教科文组织联系学校项目网络"已开发大西洋奴隶贸易（T ransatlantic S lave T rade）、伏尔加河流域（G reatV olga R iverR oute）、环波罗的海（B altic Sea）、加勒比海（C aribbean Sea）等区域实验项目。

除了"教科文组织联系学校项目网络"的推广，联合国教科文组织尝试将国际理解教育与学科教学相融合，在教科书编写、学科研讨活动和教师培训中渗透国际理解教育理念。国际理解素养的内涵在学校教育实践中不断得到丰富。最初与国际理解素养融合的学科是地理。联合国教科文组织希望学生在学习本国与其他国家、地区的地理知识的过程中，形成热爱祖国与尊重差异的品格。外语学科教育是发展国际理解素养的另一条重要途径。联合国教科文组织指出学生通过学习他国语言和文化知识，能够推动跨文化交际，减少冲突与矛盾，促进不同民族间的团结与协作。

随着国际理解素养含义的日益丰富，其他学科与国际理解教育理念融合的可能性逐渐显露。联合国教科文组织第 31 届会议提出《作为学校课程和生活之组成部分的国际理解教育》，该文件不仅指出国际理解和尊重人权等精神在国际理解教育中具有宝贵价值，而且讨论了不同学科培育国际理解素养的可能性。语文、数学、历史、政治、科学、艺术与体育等学科都应该承担教育责任，培育国际理解素养。受政治局势的影响，该时期的国际理解教育侧重在学科教学中融入和平精神，要求学生在了解本民族与其他民族的基础上，尊重差异，珍视和平。

世界各国的国际理解教育在联合国教科文组织的推动下逐步走向实践。1948 年，全美教育协会（National Education Association，NEA）发表题为《美国学校中的国际理解教育》的报告，提出和平精神是国际理解教育的首要目标。埃及国际理解教育的主要内容包括人权与民主教育、宽容与和平教育。

这一时期，不少国家响应联合国教科文组织号召，纷纷提出国际理解教育的口号，但是这些国家未必真正重视和平。例如，两极争霸中的美国将外语教育作为国防教育的一部分，关注提高国民的科技素养，以赶超苏联成就为目标大力开展教育改革。这一时期，美国不仅没有弘扬国际理解教育中的和平精神，其行为更加剧了冷战期间两极对峙的紧张气氛。

与美国不同，日本与韩国是真正响应联合国教科文组织号召开展国际理解教育的国家。日本在第二次世界大战中付出了惨痛的代价，和平教育是其前期国际理解教育的重点。广岛原子弹为日本民族带来了无法磨灭的创伤和挥之不去的阴影。因此，二战结束后，日本民众反思战争的残酷，真诚地祈求和平。1953 年，日本的 6 所学校参加"教科文组织联系学校项目网络"。这一时期，日本的国际理解教育积极响应联合国号召，旨在推动不同民族的沟通与交流，希望不同国家相互理解，共创和平盛世。日本作为战败国，在推动国际理解教育的过程中反思，和平的价值与战争的残酷。

韩国作为大国利益角逐的名利场，饱受战争的摧残，以积极的姿态参与联合国活动，发展国际理解教育。尚未从二战中复原的韩国，在朝鲜战争中再次遭受战火的摧残。韩国民众苦不堪言，更加珍惜来之不易的和平。即使受到两极格局的牵制，韩国依然在冷战环境中艰难发展国际理解教育。截至 1961 年，韩国有 4 所学校加入"教科文组织联系学校项目网络"。

联合国教科文组织是以和平与人权为核心的国际理解教育的引领者。联合国是第二次世界大战后成立的国际组织，深知世界和平的重要意义，致力于通过多种渠道维持和平、保护人权。国际理解教育是其在教育领域追求和平的具体表现。因此，联合国教科文组织关于国际理解教育的文件更专注其和平意义，反对所有殖民主义、种族主义、法西斯主义、霸权主义和强权政治下的战争行为和武力冲突，强调每个个体维护世界和平的重要责任。"教科文组织联系学校项目网络"与各国的学校教育实践更加强调以增加国际理解、增进世界和平为目的。

（二）强调公民身份

自 20 世纪 50 年代开始，国际理解教育逐步进入形成期。公民身份逐渐取代和平与人权，成为国际理解教育的核心要义。这一阶段，国际理解教育在全球公民身份和国家公民身份两个重心之间反复摇摆。摇摆的根源在于天平两端不可协调的矛盾：一端是民族国家的界限意识，另一端是全球化背景下的跨国界趋势。

对公民身份的关注与联合国教育理念的变化关系密切。联合国教科文组织在1950年和1952年先后将国际理解教育命名为"世界公民教育"（Education for World Citizenship）和"世界共存教育"（Education for Living in the World Community）。"国际理解""世界公民"等概念在研究中经常被交替使用。

20世纪60年代，亚非拉殖民地国家陆续获得了独立，开始重建国家各项事业。全球化趋势为各国的发展带来了机遇与挑战。一方面，全球化背景下的政治、经济、社会问题日益突出。贫富差距悬殊，国际竞争激烈，恐怖主义肆虐，局部冲突不断；另一方面，全球化趋势加强了各国之间的联系，推动了国际合作的发展。在如此背景下，仅仅强调和平教育与人权教育并不能为国际理解与合作提供充分保障，培育具有全球视野的公民成为各国应对全球化浪潮的重要武器。

20世纪60年代至70年代，国际理解教育中"全球公民"的理念并未受到各国的重视。各国国际理解教育的目的与联合国教科文组织培育全球公民的原则背道而驰，更加关注公民身份的培育。这一时期，日本慢慢从二战的创伤中恢复，经济腾飞。1966年，日本推行教育改革，通过教育政策强化爱国精神和民族精神的重要意义。

日本的国际理解教育开始转向重塑国际形象、树立民族自信，民族主义苗头初现；与此同时，朝鲜半岛上的韩国面对日益严峻的冷战格局，怀疑联合国教科文组织的国际理解教育理念太过理想化，未将培养全球公民作为教育目标。美国作为两极争霸的重要一极，受其政治态度的影响，国际理解教育以提高公民科技素质为主要目标。

自20世纪70年代开始，全球视野成为国际理解教育的核心理念。根据联合国教科文组织1974年的建议，这一时期各国的国际理解教育将培育具有国际视野和全球意识的公民作为各级各类教育的重要原则，希望学生通过国际理解教育为解决地区性问题和全球性议题做准备。对"全球公民"这一目标的质疑随着全球化的进程逐渐消解。全球化浪潮席卷世界，对教育领域也造成了影响，国际理解教育的内涵越来越丰富。

各国在培育国际理解素养的教育实践中日益重视全球公民素养，力图培育能够适应国际社会的公民。荷兰教育文化科学大臣赫尔曼斯（Loek Hemans）在一封题为《知识：平等交换——荷兰国际化教育》的公开信中肯定了将培育公民国际素质作为教育目标的重要价值，把培养公民的"国际素质"作为重要的教育目标，要求通过教育使荷兰公民适应国际化复杂环境，在欧洲乃至全球都能以合格公民的身份生活。澳大利亚关注公民课程的开发，旨在通过国际理解教育来提高公民素养，培育能够解决全球性问题的公民。面对全球化的挑战，日本经济发展的泡沫破裂。国际理解教育重新在日本受到重视。这一时期日本的教育目标逐渐转向培育公民适应国际竞争的能力。美国重新审视全球化背景下的国际关系，意识到培养公民全球视野是一项十分必要且非常迫切的任务，开始着力推动国际理解教育。美国联邦政府为国际理解教育的课程开发和教师培训提供资金支持，各级各类学校积极开展形式多样的国际理解教育。1985 年美国教育改革白皮书指出，美国作为一个多元民族共存的大国，在国际理解教育领域扮演着重要的角色。20 世纪80 年代末期，美国州长联合会议发表题为《美国在变迁：走向世界的边缘》的报告。这份报告中，美国对学校、教师、学生和社区落实国际理解教育的途径做出了明确规定，强调美国学生必须广泛地了解世界知识并且掌握外语以进行跨文化交际。美国全球教育咨询小组规定，从幼儿园到中学都将"全球教育课"纳入学校课程体系，培育全球视野。美国的全球教育包括五个中心概念、四个基本领域。这一时期的美国国际理解教育强调对不同民族文化的理解与对世界性问题的思考。

公民身份的天平随着全球化进程的加速来回摇摆。全球化进程中，随着国际间频繁的人口流动，大批移民涌入世界各国，国际移民与本国居民的冲突加剧，国际社会掀起了反全球化浪潮。面对移民潮所带来的一系列问题，国际理解教育纳入民族认同的原则，希望移民通过国际理解教育了解所在国家的民族文化，融入当地生活。认识和尊重其他民族文化的前提是理解与传承本民族文化。针对全球化对各国民族认同和传统文化的冲击，国际理解教育将培育合格国家公民与世界公民的目标相结合。1981 年，联合国教科文组织重新制定国际理解教育的目标，其中"培养认识自己国家和具有国民自觉意识的人"和"认识国际相互依存关系与全球共同存在的问题，形成全世界的连带意识"等内容体现了国际理解教育对国民素养的重视。澳大利亚作为一个移民国家，多种民族文化交织。因此，澳大利亚政府推行多元文化政策，鼓励国民了解本民族和其他民族的文化传统，提高民族自信，培育全球视野。

联合国教科文组织教育目标的转变与各国国际理解教育的推行方向不谋而合。改革开放以来，我国与世界各国的交往日益密切，培育国际化人才成为教育必须承担的责任。1983 年，邓小平提出"教育要面向现代化，面向世界，面向未来"。"三个面向"成为我国教育发展的战略方向，从教育政策的高度确定了我国国际理解教育的方向。在教育现代化方针的指引下，我国的国际理解教育日益关注学生全球视野与开放意识的培育。

日本在培育国际理解素养时强调：培养公民的全球意识之前，应该率先发展本国公民意识。20 世纪80 年代，日本将国际理解教育作为第三次教育改革的基本原则之一。教育改革会议上不仅反复强调国际理解素养的重要性，而且提出了实施国际理解教育的具体对策。《日本面向 21 世纪的教育对策》提出要培养"面向世界的日本人"，将国际理解素养的内涵分解为：对本民族的广泛认识与介绍本民族历史文化的能力；跨文化交际的语言能力与国际礼仪；处理国际事务的广阔视野与问题解决能力。报告呼吁日本举全国之力，推进国际化进程。1988 年 6 月，文部省发表《教育国际化白皮书》，指出学校开展国际理解教育过程中，必须将尊重他国文化和珍惜本国文化两个目标相结合。日本发布《发展国际间的理解和合作——通过各种教育、科学、文化和体育活动》，阐述在不同学科教学中渗透国际理解教育理念的途径，以政策文本的形式将国际理解教育确定下来，为日本中小学国际理解教育的实践提供指导方针。1996 年 7 月，日本中央教育审议会第一次报告书提出发展国际理解教育的三个原则：理解与尊重不同民族文化的态度，认可本民族与个人立场的意识，尊重他人立场的同时表明个人观点的能力。这一阶段，日本的国际理解教育将传承本民族文化、树立民族认同、了解其他民族文化、理解国际社会依存关系等内容进行整合，既重视国家公民身份，又认可世界公民身份。

无独有偶，韩国将全球公民解释为"在确立国民意识前提下的全球公民"。因此，从 20 世纪 80 年代开始，韩国更加活跃地推行国际理解教育。1997 年，韩国教育部部长向联合国教科文组织提议，建立亚太地区国际理解教育研究院（Asia-Pacific Centre of Education for International Understanding，简称 APCEIU）。2000 年，韩国政府与联合国教科文组织正式签署设立该研究院，韩国迅速发展为亚太地区国际理解教育的主力军。截至 2003 年，韩国一共有 79 所中小学和高等院校参加教科文组织联系学校项目网络，在联合国教科文组织的引导下稳步推进国际理解教育。和美国、日本不同，韩国将国际理解教育作为国家事业来大力推进，难免存在明显的国家色彩，但是韩国又以培育全球公民作为国际理解教育的目标，两者之间存在一定冲突。

各国根据本国的教育政策，在各级各类学校开展国际理解教育，提高学生的公民素养。荷兰教育文化部将渗透国际理解教育理念的内容纳入中小学课程，成为学校教育体系的一部分。1998 年，日本新一轮课程改革强调加强国际理解教育的重要性。文部省参考修改中小学课程标准的审议报告，颁布了全新的《学习指导要领》。该要领规定：三年级以上学生每周至少分配两课时以上的"综合学习时间"，重点开展国际理解教育。此外，日本学校须开设特色综合课程增进国际理解。此外，日本为了推进国际理解教育增设"综合学习州司"等特殊部门。2002 年，韩国教育人力资源部出台了提高国际竞争力的新举措，决定在国内选择 10 所"国际理解教育示范学校"进行试点，提高学生对国际社会的理解。同时要求各市、道教育厅积极开发"国际理解教育课程"，并制订具体实施方案。我国学校课程设计与实施的过程中，融合了国际经济、国际政治、世界历史、世界地理等内容，促进学生了解世界的发展与变化。我国北京、上海、深圳、浙江等地一些学校对于国际理解教育进行了专门的实践探索。

国际理解教育的价值冲突在全球化与反全球化的浪潮下显露无遗。全球公民和国家公民之间的对立隐含着保守派与改革派之间的矛盾。保守派持悲观态度，认为全球化只是提供了更加广阔的竞争平台，冲突是难以避免的。他们批评国际理解教育过于理想化，认为培育尊重民族国家的价值、培育合格公民是应有之举。改革派持积极态度，相信通过教育促进和平的可能性和必要性。他们认为全球化为国家间的合作提供了舞台，强调克服狭隘的民族主义，倡导培育全球公民。每个国家与国际组织的教育目标也随着矛盾的演变而不断调整。全球化进程中，多元文化交流碰撞，关注本民族自身特色，树立民族自信是理解其他民族的基础。所以，民族认同教育必须纳入国际理解教育的范畴。文明冲突是威胁当今世界和平与发展的重要因素之一，促进各民族之间的沟通与理解有利于维护世界和平。所以，国际理解教育必然包含全球教育。这一时期的国际理解教育以公民的双重身份为核心价值，强调在全球视野下审视本民族与其他民族的问题。当今社会，教育要培养全球公民还是国家公民，依然是一个具有争议的问题。

（三）追求文化多样性及社会公正

20世纪90年代，国际理解教育进入高速发展时期，越来越关注文化多样性及社会公正。冷战结束后，不同国家、民族之间的交往日益频繁。全球化时代，随着科学技术的发展，经济迅速增长，人民的生活水平日益提高。然而，全球化加剧了国家之间与一国内部的贫富差距。一方面，各国的发展水平存在着巨大差异，这种差异还有扩大化趋势。部分大国依靠强权政治利用全球合作关系攫取暴利，发展中国家则承担了全球化的负面影响。另一方面，国家在享受全球化红利的同时，面临着国内贫富差距悬殊的挑战。美国0.1%的超级富有家庭的财富相当于90%的普通家庭的财富总和。研究表明，将全球主要国家从1988年到2008年的家庭收入数据汇总，绘制成形似大象的收入曲线。大象曲线显示，只有部分国家和人群从全球化中受益，顶端15%的富人是全球化中收入增长最快的群体。无论是全球范围的贫富差距还是主权国家自身的收入分配不均，都严重威胁着国际社会的可持续发展。

贫富差距悬殊的全球化时代，真正能在国际间穿梭的大多是精英阶层。外商直接投资是经济发展的引擎。全球化背景下，外商直接投资扩大了居民的收入分配差距。从事国际贸易的精英阶层是国际理解教育的主要受益者。国际理解教育的开展主要发生在国际学校和外国语学校，国际理解素养甚至被视作精英的特有属性。上述现象背离了国际理解教育的初衷。面对全球化浪潮所带来的挑战，平衡发展理念与可持续发展理念对于国际理解教育的内涵提出了新要求。国际理解教育领域的研究重心逐渐转向对文化多样性及社会公正的追求。其实文化多样性及社会公正目标素来是国际理解教育的目标之一。1974年联合国教科文组织在巴黎研讨会上要求会员国通过国家政策的形式维护社会公平、公正，消除偏见、误解与不平等。教育公平一直以来是世界各国关注的热点话题。当今社会，研究者开始关注国际理解教育背后权力关系的各种模式，试图从根本上分析当代社会的全球化趋势对知识分配的影响。当前不公正、不平等的国际关系导致公民获得不平等的教育机会。以色列的一项调查研究显示,国际理解教育与学生社会经济地位之间存在关系,这种关系甚至会影响到教师对学生国际理解素养的培育。在思考社会公平与教育公平的关系时,研究者不仅要关注社会变革对教育基础带来的影响,而且须考虑教育对社会所承担的责任。人们总是强调教育要为社会服务,强调如何使教育在社会转型与发展中发挥更大的价值,却忽略了社会如何为教育提供更好的服务。全球化大背景下,财富分配不均直接动摇了知识权力的划分,从根本上影响了国际理解教育的性质。除了经济不平等之外,民族与种族间的不平等是国际理解教育需要正视的另一难题。民族主义的狂热导致国家之间关系紧张,甚至呈现对立姿态。自20世纪80年代开始,欧洲乃至世界上大多数国家将多元文化主义作为解决民族与种族问题的主要政策。但是九一一事件、西班牙马德里爆炸案、巴黎恐怖袭击,一系列的恐怖主义袭击打击了各国开展多元文化教育的信心。不可否认的是,欧洲国家早期制定的多元文化主义政策存在两大弊病:一是无差别对待不同种族,忽视不同族群之间的差异性;二是存在历史局限,无力应对全球化进程中的移民问题。由此可见,面对新时期的挑战,多元文化教育应该侧重不同民族的差异,关注移民群体的文化多样性,各美其美,美美与共,天下大同。

因此,这一阶段的国际理解教育反思全球化进程中的不公正、不平等现象,更加强调尊重并理解文化多样性和差异性,关注社会公平公正。伴随反全球化浪潮的呼声,国际组织和一些国家重新审视本国国际理解教育的目的与性质。联合国开发"为了开发的教育"课程,将"相互依存、象征与认识、社会正义"等概念作为国际理解教育的目标。日本将"公正"与"共生"作为国际理解教育的新方向。加拿大、澳大利亚等国家作为多元文化聚集地,在国际理解素养的研究中取得了显著成果。美国全球教育咨询小组甚至从国际贸易的角度要求从幼儿园到中学都开设"全球教育课",并把它列入学校的总课程之中,旨在帮助学生减少偏见,理解文化多样性。韩国试图通过外语课程切实提高学生国际理解素养,自2003年起聘请大量外籍教师,邀请他们为中小学生讲解其母国的风土人情与社会习俗。这一创造性举措让学生在与外籍教师的直接接触中,深入了解外国社会文化,尊重多元文化,提高跨文化交际能力。在民粹主义回潮的影响下,尊重文化多样性和促进社会公平成为国际理解素养的关键内容。

目前,学界对于文化多样性及社会公正取向下的国际理解教育关注不足,相关的教育实践较少。然而,面对强权政治、民粹主义、恐怖主义等反全球化浪潮的冲击,对多元文化的理解越发重要。因此,本研究侧重以文化多样性及社会公正为核心的国际理解教育研究,关注文化的多样性和平等性,解读全球化时代国际理解素养新内涵。

二、作为课程目标的国际理解素养

在联合国教科文组织的倡导下，国际理解教育蓬勃发展，相关的政策文件随着社会的发展持续更新。国际理解素养的内涵经历了关注和平与人权、强调公民身份、追求文化多样性及社会公正等不同阶段。国际理解教育的理论研究与实践活动也如火如荼地在世界范围内开展。多个国家在课程改革过程中，将国际理解素养作为课程目标，以期通过学校课程培育学生国际理解素养。本章对比澳大利亚、美国、日本、韩国和我国的课程政策，分析亚洲协会（Asia Society）的全球教育相关手册，阐明国际理解素养作为课程目标的内容与意义。在分析我国外语课程中国际理解素养目标的基础上，研究者结合国际经验与我国国情，试图建立本土化的国际理解素养课程目标概念框架。

（一）各国国际理解素养课程目标的比较研究

澳大利亚采用全球教育指称国际理解教育。让青年参与构建更加美好的世界，是澳大利亚全球教育的核心理念。2008 年，澳大利亚发表《关于澳大利亚年轻人教育目标的墨尔本宣言》。宣言中提出，澳大利亚人需要培养对社会多样性、文化多样性和宗教多样性的欣赏和尊重，以及全球公民意识。澳大利亚的全球教育强调人类社会的团结和相互依存，培养自我意识和对文化多样性的欣赏，肯定社会公正和人权，在不同的时间和地点为可持续的未来建设和平并采取行动。其教育目标可以分解为知识与理解、技能与过程、价值观与态度和行动与参与四个维度。四个维度从不同的方面说明了澳大利亚对国民全球素养提出的严格要求与热切期待。《全球视野：澳大利亚学校的全球教育框架》指出全球教育在四位一体的目标体系基础上，构建了相互依存和全球化、身份和文化多样性、社会正义与人权、追求和平与解决冲突及可持续的未来五个学习重点（如图 3-1所示）。全球教育的四维目标与各级各类课程的学科目标融合，生成与学习重点相匹配的素养目标：批判思维和创造力、道德理解、个人和社会素养以及跨文化理解能力。每个素养被分为六个等级，与学段匹配。一般而言，学前班（Foundation year）毕业后达到 1 级，2 年级结束后达到 2 级，4 年级结束后达到 3 级，6 年级结束后达到 4 级，8 年级结束后达到 5 级，10 年级结束后达到 6 级。六个水平依次递进，呈现从简单到复杂的上升趋势。四个核心素养为全球教育理念在不同学习重点及各级各类学校课程的发展提供了方向。澳大利亚已经初步建立了完整的国际理解教育课程体系。从小学至中学，国际理解教育理念基本渗透至所有学科的教学中，包括艺术、英语、健康与体育、外语、数学、科学、技术、社会与环境等。例如，澳大利亚的外语课程（除英语之外）要求学生加深对语言和文化之间的概念和联系的理解；加深对传统文化和当代文化的理解；将文化理解为一个多层次、多变化的动态结构；在特定文化中探索最适切的文化方式，以采取社会正义和人权行动；探索解决文化冲突的常见模式，找到舒适的互动方式；描述我们是如何运用语言和文化建构对过去、现在和未来的思考；使用外语与他人就全球问题进行交流，与其他国家的人进行口头和书面的交流。

图 3-1 澳大利亚国际理解素养目标

美国的国际理解教育包括全球教育、多元文化教育、人权教育等内容。国际理解教育经历了三次浪潮。21世纪至今，面对全球化的挑战，全球教育成为国际理解教育的同义词，全球素养成为国际理解素养的近亲。关于全球素养的内涵，美国全球卓越领导力公司（Global Leadership Excellence）曾提出全球素养模型，将全球素养分为知识、态度和技能三个维度，囊括自我意识、开放思维、冒险、关注多样、历史视角、全球意识、跨文化能力、跨文化合作等素养。该模型注重以由内而外、循序渐进的方式培育素养。美国的国际理解素养目标以适应全球化为基本诉求，肯定了公民参与全球化进程的重大意义。美国各州的学校在《共同核心州立标准》的指引下，将国际理解教育融合在核心课程中。加利福尼亚州几乎在所有的学科课程中增加了国际理解教育的内容，外语课程备受重视。2016年的加州国际理解教育报告要求学校提供更多学习外语的机会，规定学生至少熟练掌握两门语言。

日本自1956年开始追随联合国教科文组织的步伐，实施国际理解教育。1991年，日本成立国际理解教育学会，以促进日本国际教育，应对全球化挑战为宗旨。该学会认为，21世纪是国际理解教育发展的新时期。冷战结束，世界开始构建新秩序。各国之间的交流日益频繁。与此同时，民族、文化、传统、信仰的差异加剧了国家间的误解与摩擦。2005年，文部科学省发布了"促进中小学国际教育研究组的报告"，以"国际教育"代替了传统的"国际理解教育"一词。近年来，全球教育、可持续发展教育等也逐渐成为日本国际理解教育的同义词。追求和平，发展全球视野，增进不同民族间的理解成为日本国际理解教育的新方向。在政府引导和学会支持下，日本逐步建立以理解为核心的国际课程，强调通过文化理解，达成自我理解——他人理解——全人类理解的目标。日本国际理解教育学会将国际理解课程目标分为四个维度：体验、知识与理解、能力和态度。四个维度的目标相互关联，塑造出全球化时代日本公民的理想形象。基于国际理解教育的课程目标，日本国际理解教育学会构建了学习内容框架，包括多元文化、全球化社会、地球课题和未来选择四个方面。层层递进的学习内容聚焦四位一体的课程目标，呈现了日本国际理解教育发展的新态势。日本中小学积极导入国际文凭课程项目，开发国际理解教育教材，与高等院校合作举办国际理解教育活动，推广海外研修和留学项目，通过多种形式的实践活动培育国际理解素养。与其他国家相同，日本中小学开展国际理解教育的基本途径依然是将国际理解课程与学科教学相整合。日本文部科学省于 2017 年发布中小学学习指导要领，要求外语、道德、社会和综合实践等学科在日常教学中渗透国际理解教育理念。以外语为例，从增加英语课程学习时间，到降低英语课程开设的起始年级，日本中小学积极通过外语教育加深学生对语言和文化的体验，培育国际理解素养。日本的英语课程要求学生理解英语国家文化，认可他人视角，使用英语开展沟通等。课程内容随着学段的提高步步深入，高中英语课程的主题涉及社会生活的方方面面，学生需要在阅读新闻资讯的过程中，了解本国与英语国家的社会问题，表达个人观点。综合学习时间是日本学校开展国际理解教育实践的重点活动。在中学阶段，30% 以上的综合学习时间必须用于国际理解教育体验活动。

韩国是东亚国家中开展国际理解教育的典范。2000 年，韩国在联合国教科文组织的支持下建立亚太地区国际理解教育中心，旨在推动亚太地区国际理解教育发展，维护地区和平。教育中心将国际理解素养分为五个领域：文化多样性、全球化、人权、和平与可持续发展。文化多样性是指学生在了解文化的基础上，理解文化多样性，为民族文化和人类文化发展做贡献。全球化是指学生理解全球性化的影响，以积极的姿态参与国际交流。尊重人权是指学生摈除歧视、偏见，平等看待不同群体，共生共建。和平是指学生理解冲突与战争的原因与后果，维护和平。可持续发展是指学生保护环境、节约资源，促进社会可持续发展。韩国国际理解素养目标的内涵源于联合国教科文组织，又在本土化过程中不断更新。韩国中小学在亚太地区国际理解教育中心的引导下，开设了专门的国际理解教育课程。该课程包括文化多样性、可持续发展、全球化、和平与人权等主题。国际研究课程是韩国培育国际理解素养的重要途径，包括了解本国与世界等内容。韩国的中小学道德课程融合了国际理解教育理念，强调民族自豪感与和平精神的培育。外语课程在韩国基础教育领域居于重要位置，小学阶段，学生需要学习英语和汉语。中学阶段，学生需要学习两门外语。学校聘请外籍教师教授外语课程，以浸润式教学培育学生的国际理解素养。

我国正在推进人类命运共同体建设，鼓励公民以平等的姿态参与国际竞争。我国国际理解教育的原则受我国外交政策影响，以和平共处为出发点与落脚点。新中国成立初期，受国际环境影响，我国开展国际交流的机会较少。改革开放后，我国以开放、积极的姿态开展国际理解教育。2010 年，教育部出台《国家中长期教育改革和发展规划纲要（2010—2020 年）》，"国际理解教育"第一次正式出现在国家政策文本中。《中国学生发展核心素养》中将国际理解素养定义为具有全球意识和开放的心态，了解人类文明进程和世界发展动态；能尊重世界多元文化的多样性和差异性，积极参与跨文化交流；关注人类面临的全球性挑战，理解人类命运共同体的内涵与价值等。核心素养是一个整体概念，代表个体在特定情境中为了解决复杂问题所需要的关键能力，是不同学科中必须具备的重要素养。因此，国际理解素养目标在我国的课程语境中可以分解为多个方面，与全球化进程中不同的真实情境相结合，包括增进文化理解、提高民族自信、提升跨文化交际能力、构建人类命运共同体等内容。

亚洲协会一直以来关注全球素养教育。亚洲协会和美国首席教育官员理事会（CCSSO）联合组成全球素养工作小组，构建全球素养概念框架。该框架将全球素养目标体系分为四个方面：调查世界、多元视角、跨文化交际和行动参与，要求学生以本地、区域和全球的重要议题为研究背景，从不同的视角分析问题，使用恰当的语言和非语言行为表达自己的观点、倾听他人的看法，通过个人探究或团队合作的方式参与解决不同层级的问题。亚洲协会基于国际理解素养的目标体系，构建了英语、数学、科学、社会科学、外语等学科课程与国际理解素养培育的匹配框架。外语课程目标与国际理解素养目标相契合的范例如表 3-1 所示。

通过比较澳、美、日、韩和我国的教育政策与课程方案以及亚洲协会的全球教育手册，研究者发现各国课程体系选择不同的术语指称国际理解素养。术语的区别隐含了各国国际理解教育目标的内涵差异。纵览各国的国际理解素养目标，我们可以发现三个特点。首先，国际理解素养是一个多维度的综合性概念，常常被分解为不同的维度或方面，澳大利亚、日本和我国的目标划分基于单一素养，美国、韩国则从综合素养的角度细化目标；其次，国际理解素养的目标包含全球视野、文化多样性等共同要素；最后，国际理解素养的目标隐含了各国的国际理解教育在国民主义和国际主义的冲突中发展。

国际理解素养的内涵与外延不断变化。为了更清晰地阐明国际理解素养目标，部分国家划分了国际理解素养水平。将每个维度的国际理解素养目标进行纵向划分，在课程的情境中对学生的阶段性素养做出明确要求。各国虽将国际理解素养作为重要素养目标融合在学校课程中，但是较少有国家建构完整的国际理解素养水平划分体系。

表 3-1 亚洲协会外语课程目标与国际理解素养整合

调查世界	承认视角	沟通想法	采取行动
利用语言和文化知识提出当地、区域性或全球性的可研究问题	认识并表达自己对世界的看法和理解，理解语言和文化如何塑造这些观点	承认并说明不同母语的人会从同样的评语和非言语行为中解读出不同的含义，理解此事对沟通和合作的影响	使用母语和外语的言知识、文化知识来识别和创造个人或集体行动的机会，改善条件

续表：

使用目标语言的国内外资源来识别和比较相关证据，以解决重大全球性的可研究问题	了解其他个人、团体或思想流派的观点，理解语言和文化如何影响这些观点	将目标语言用于人际交往、解释和表达，使用适当的话语和非言语行为与目标文化进行交流	使用语言和文化知识来评估选择方案并计划执行，同时考虑先前的方法，不同的观点和潜在的后果
考虑到文化和语言环境，分析、整合证据，以构建适合于重大全球性问题的解决方案	解释文化和语言的相互作用如何影响事件、问题、思想、语言以及知识的发展	选择并使用适当的技术和媒体与目标语言的母语使用者建立联系，展示全球性信息、概念或想法，和或在目标语言内开发创意产品	使用母语和外语的语言知识以及跨文化知识，以创造性和首先的方式采取行动，为可持续发展做出贡献，评估行动的影响
基于对语言和文化的了解，归纳证据，提出论点，得出关于重大全球性问题的合理结论	探索并描述不同水平的语言、知识、技术和资源如何影响个人和社会的发展机会和生活质量	反思如何运用多种语言和知识促进与不同文化互动，实现有效沟通，达成理解，开展合作	思考外语如何提高参与当地的、区域内的或全球范围内议题的能力

（资料来源：Mansilla V,Jackson A.Education for global competence:Preparing our youth to engage world[R].New York:Asia Society,2012:108.）

表 3-2 各国和国际组织国际理解素养课程目标比较

国家	名称	内涵	水平	课程
澳大利亚	全球素养	可分为知识与理解、技能与过程、价值观与态度和行动与参与四个维度，包括指着性思维和创造性思维、道德理解、个人能力与社会能力、跨文化理解等综合素养	根据学段划分	外语、艺术、健康与体育、英语、技术、科学、数学（F-10）；人文与社会科学（F-6/7）；历史、地理、经济、公民（7-10）；工作研究（9-10）
美国	全球素养	理解和处理全球性问题的能力和态度	未划分	英语、外语、社会科学、科学与环境、职业技术、艺术（加利福尼亚州）
日本	国际理解素养	分为体验、知识与理解、能力和态度四个维度，包括多元文化、全球化社会、地球课题和未来选择等主题	未划分	外语、地理、历史、公民课、综合学习时间
韩国	国际理解素养	分为文化多样性、全球化、人权、和平与可持续发展五个领域	未划分	外语、国际研究、道德课等；国际理解素养课程
中国	国际理解素养	具有全球意识和开放的心态，了解人类文明进程和世界发展动态；尊重世界文化的多样性和差异性，积极参与跨文化郊游 关注人类面临的全球性挑战，理解人类命运共同体的内涵与价值等	未划分	外语、德育、世界历史、世界地理、国际经济、国际政治、环境科学等；国际理解素养课程
亚洲协会	全球素养	分为调查世界、多元视角、跨文化郊游与行动参与等维度	划分为四级	外语、英语、数学、艺术、科学、社会科学

国际理解素养的培育并不意味着必须开设专门的国际理解素养课程。在必修课程中融入国际理解教育理念是各国中小学的普遍选择。每一门学科都可以承担培育国际理解素养的任务，不同国家根据其国情与经验选择了不同的课程。概览上述各国中小学国际理解教育课程开发的方式，我们发现了一些共性。其一，外语课程是每个国家培育国际理解素养的基本方式。学生可以选择多门外语课程，减少跨文化交际中的语言障碍，以流利的外语开展国际交流，体验语言与文化的意义。其二，公民课程是各国渗透国际理解教育理念的常见方式。澳大利亚和日本的公民课程、韩国的道德课程、我国的德育活动，都将培育民族自信和全球视野列为课程目标之一[3]。不可否认，各国的国际理解课程具有共性的同时有其个性。韩国中小学广泛开设专门的国际理解教育，我国部分学校也在做类似的尝试。

（二）我国外语课程中的国际理解素养目标

外语课程是落实国际理解素养目标的重要途径。各国开展国际理解教育实践活动过程中，无一例外地选择了外语课程作为抓手。外语课程包括语言文化、社会风俗、历史地理、经济政治等主题，是打破语言壁垒，了解他国国情，认识不同民族文化，实现跨文化理解的基础。我国的国际理解教育重视外语教育的特殊价值，在课程标准层面明确规定了外语学科教学融合国际理解素养目标的具体内容。我国高中英、日、俄、法、德、西六门外语课程都将文化意识作为学科核心素养（如表 3-3 所示）。由于文化意识与国际理解素养概念的相似性，我们不妨将文化意识作为我国国际理解素养在外语课程情境中的本土化表达。

我国外语课程阐明文化意识的内涵，将其进行横向维度分解和纵向水平划分展现了我国国际理解教育与外语课程融合的可能性。一直以来，我国中小学外语教学存在重视语法讲解、轻视口语交际，重视语言知识、轻视文化知识等不平衡发展的问题。在外语课程中渗透国际理解教育理念，是我们摆脱失衡状态，提高外语教学质量的机遇。下面表格从学科核心素养内涵、课程目标和学业质量水平三个方面比较六门外语关于文化意识的表述，发现三个特点。

表 3-3 我国高中外语课程标准文化意识分析

语种	内涵	课程目标	学业质量水平
英语	对中外文化的理解和对优秀文化的认同，包括跨文化认知、态度和行为	获得文化知识，理解文化内涵，比较文化异同，汲取文化精华，形成正确的价值观，坚定文化自信，形成自尊、自信、自强的良好品格，具备一定的跨文化沟通和传播中华文化的能力	高中分为三级，每级14条

续表：

语种	内涵	课程目标	学业质量水平
西班牙语	中外跨文化交际的意识，包括文化认知、文化态度和文化认同	能够形成跨文化交际意识，并具备视频的跨文化交际能力，尤其是中国和西班牙国家间跨文化交际的能力	高中可分为三级
法语	在认同中国文化的基础上，对法语国家与地区文化的感知、认知和理解	引导学生通过法语学习发现中法和其他国家与地区的独特文化元素，拓宽文化视野，了解、评价和批判性地接受法语国家与地区文化；引导学生在全球化背景下形成自身的文化品格和人文修养，增强对中华文化价值观的认同感和文化自信，失去中华优秀传统文化、社会主义先进文化、法语国家与地区优秀文化乃至全球多元文化的交流	高中分为三级，分为听力、口语、阅读与朗读、写作思想内容，未涉及文化意识
德语	在认识中华文化的基础上，理解、掌握德语国家和地区文化及其交际特点，有效进行跨文化郊游，包含文化认知文化态度和文化认同	熟悉德语国家基本的社会文化和历史文化并了解其交际特点，能讨论并评价德语国家文化与中华文化的异同，可以初步分析跨文化交际中出现的问题，具备多元文化背景下的中华文化主体意识和文化自信，在跨文化交际活动中积极主动传播中华文化	高中分为五级
日语	对多元文化的感知、认识和理解。包括感知与比较、尊重与包容、认同与传播	能从所接触的语篇或现象中发现中日及其他国家的文化元素，了解期特点，拓宽文化视野，增强对中华文化价值观的认同感，尝试用适合对象国的方式讲好中国故事	高中分为三级
语种	内涵	课程目标	学业质量水平
俄语	对文化的多元性、重要性和影响力的认识及对文化对话能力	具有传播中华优秀传统文化的意识，坚守中华文化立场，乐于了解俄罗斯民族文化，理解凭证所蕴含的民族文化特点，能讨论和评价中俄文化的异同，形成开阔的国际视野和跨文化交际能力，促进中华文化影响力的提升	高中分为三级

[资料来源：普通高中英语、西班牙语、法语、德语、日语、俄语课程标准（2017年版）]

　　首先，六门外语课程关于文化意识内涵的表述具有相似性：其一，关注文化多样性，每个语种都代表了一个乃至多个民族的文化；其二，分解素养目标，使得文化意识的内涵具体化、结构化；其三，强调人类命运共同体意识，彰显育人价值。关注文化多样性。课程标准肯定了每个民族的文化价值。英语、俄语、法语、西班牙语作为联合国通用语言，被广泛使用。许多英联邦的成员国和昔日的殖民地区将英语作为官方语言。亚、非、拉地区，不少国家以法语和西班牙语为母语。前苏联地区的成员国广泛使用俄语作为第一语言。日语和德语历史悠久，学习人数与日俱增。这些语言各有特色，展示着不同民族的文化语言之美，百花齐放。分解素养目标。课程标准将文化意识分解为三个维度，或为文化感知、文化认识与文化理解，或为文化认知、文化态度和文化认同。文化意识的发展是循序渐进、由浅入深的。三个维度的差异蕴含了从体验了解到浸入判断再到交往互动的层次变动。学习者既要感受本民族的文化魅力，又要尊重对象国文化、认同优秀文化，强调人类命运共同体意识。文化意识是推进人类命运共同体构建进程中必须具备的核心品质。人类命运共同体理念是国际理解素养与外语课程融合的有力武器，与联合国教科文组织的可持续发展理念一脉相承，是国际理解教育在我国的本土化成果。

其次，六门外语课程的素养目标具有一致性。大部分语种以获得对象国家文化知识、传播中华优秀传统文化、提升跨文化交际能力为文化意识目标。积累文化知识是开展跨文化交际的前提，坚持中华文化立场是开展平等国际交流的基础，跨文化交际是传播我国先进文化的途径，是习得其他国家文化知识的桥梁，代表着语言工具性与人文性的统一。

最后，六门外语课程的学业质量水平具有共通性。高中学业质量水平反映学生不同阶段的学习成就，刻画学生的核心素养水平。素养分条叙写，包含文化感受、文化认同和文化理解等方面。英语、西班牙语、德语、日语、俄语都将文化意识划分为三个层级。三个层级层层递进，每个层级以更具体的指标呈现分水平素养。以具有文化内涵的熟语为例，学生需要实现从了解到理解、再到掌握的阶梯式目标。

（三）国际理解素养课程目标的概念框架

随着全球化进程的加快，各国公民的交往范围不断扩大，交流深度不断增加，交际频率不断提高，对其他民族文化的误解、偏见却阻碍了跨文化交际的顺利开展。面对这样的难题，培育国际理解素养迫在眉睫，了解其他民族的社会文化、风俗习惯、历史渊源意义更加深远。国际理解素养从产生到现在，其内涵与外延随着时代发展不断变化、充实、丰富。对国际理解素养进行准确、全面、适切的定义并非易事。我们需要用发展的眼光看待国际理解素养的含义。

澳、美、日、韩等国开展国际理解教育的经验为我们构建国际理解素养概念框架奠定了基础。本研究在我国外语课程核心素养研究的基础上，尝试整合国际经验，将国际理解素养定义为既能认同本民族文化，又能以平等、宽容、尊重的态度与别国跨文化交际和共同行动的综合素养，包括认知发展、社会情感能力和公民学习等多方面内容。具有国际理解素养的学生能够与本地区、以及其他国家和地区的公民进行面对面的成功交流，能够提出并努力解决在地区性和全球性的重要问题。

具体而言，国际理解素养包括四个相对独立同时交叉重叠的维度。其一，多元视角，即能够审视贫困、贸易、移民、不平等、环境、冲突、文化差异和刻板印象等问题的能力；其二，尊重差异，即能够理解和欣赏不同观点的能力；其三，跨文化交流，即能够与不同性别、民族、社会、族裔和宗教背景的人进行积极互动；其四，在前三点的基础上，愿意采取建设性行动来解决可持续性发展问题，谋求人类共同福祉。

四个维度都是国际理解素养的目标，是一个核心概念的四个方面。多元视角是国际理解素养的出发点，尊重差异是国际理解素养的内核，跨文化交流是国际理解素养的动力系统，行动参与是国际理解素养的归宿。四者构成一个整体，不可割裂。（如图 3-2）

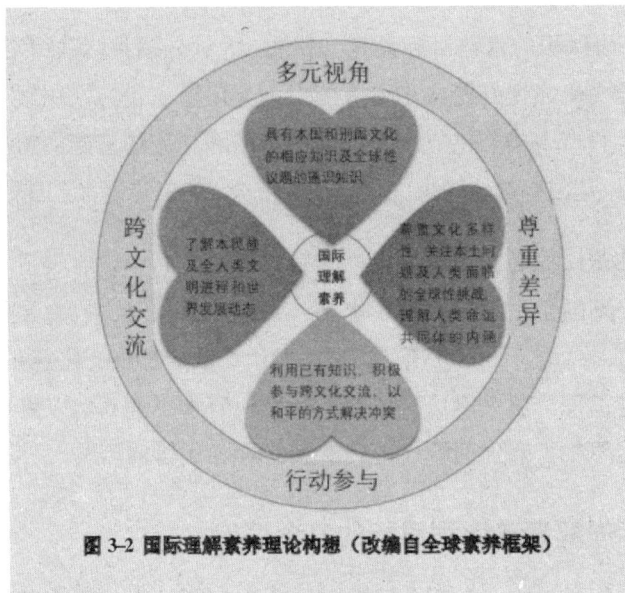

图 3-2 国际理解素养理论构想（改编自全球素养框架）

审视国际理解素养的内容框架，我们发现国际理解教育具有如下特点：

1. 注重文化对话

在国际理解教育中，外语是富有价值的沟通媒介。然而，文化对话不是纯粹地学习语言知识，而是将外语作为承载文化内涵的载体，开展真正的文化对话。渗透国际理解教育理念的外语课程不仅需要培养听说读写的技能，而且要求学生尊重与理解多元文化，运用语言知识进行跨文化交际，促进世界和平与社会和谐。国际理解教育重要的是为学生提供多种机会，探究不同文化相遇的无限可能。具有国际理解素养的学生能够定义并解释他们自己的世界观和文化传统，能够认识到这些是如何影响他们的日常选择和互动的。他们能够结合文化、地理、宗教等因素站在他人的角度，开展真正的文化对话。他们在教师引导下能够比较分析不同文化，从而加深对一个国家的历史背景和当代特征的理解。

2. 聚焦动态理解

国际理解素养本身是一个发展中的概念。不同国家和地区的社会文化随着时代的变迁而不断更新。静止的文化理解意味着脱离情境的刻板印象。因此，对于多元文化的了解必须结合社会情境，实现动态理解。国际理解教育要求学生运用发展的眼光看待本民族和其他民族的社会文化。一方面，在跨文化交际中理解多元文化语境和其他国家历史传统；另一方面，通过他人的视角来反思本民族文化和自己的世界观。

3. 树立文化自信

我国的国际理解教育建立在民族文化身份认同之上。国际理解素养概念框架要求学生获得本国文化知识，认识本民族文明进程，了解当地问题。因此，树立文化自信是参与国际交流的前提。

4. 关注人类命运共同体

当今社会经济、文化、科技、环境都显露出全球化趋势，这样的国际形势召唤着能够积极参与国内外事务并且能够高效解决全球性问题的新一代。面对全球化浪潮所带来的移民大潮、经济危机、环境问题等，国际理解教育必须关注可持续发展。培育国际理解素养并不是仅仅社会学科或公民课程教师的责任，需要艺术、数学、科学、语文、外语等不同学科教师合作，更新课程理念，关注人类命运共同体。

第四章　基于主题单元教学的国际理解素养培育理论

单元是课程的基本单位，核心素养具有整体性、情境性、具身性和累积性，主题单元教学是培育学生核心素养的关键路径。国际理解素养是我国学生核心素养体系中的重要基本点。本章拟对主题单元教学的内涵进行审视，探索主题单元教学与国际理解素养的关系，寻求依托主题单元教学培育国际素养的可行路径。

第一节　主题单元教学的内涵

在单元教学研究推进的过程中，出现了一些关于单元教学概念的争议。常见的观点有两种：一是教材单元，以学科逻辑为基础的知识模块；二是经验单元，依据学习者的思维结构和生活经验进行组合的学习模块 [4]。对单元教学概念的认识不清直接影响了主题单元教学和国际理解素养培育之间关系的认识深入。因此，两者关系的界定，必须建立在阐明主题单元教学概念的基础上。本节将从建筑单元的视角厘清单元教学的内涵，归纳单元教学的特征，提炼单元教学的要素。

一、主题单元教学的特征

单元教学具有悠久的历史。19 世纪末 20 世纪初，欧美开展了轰轰烈烈的"新教育运动"，单元教学的理论研究与实践活动就此展开。"新教育运动"旨在建立与旧式传统学校在教育目的、内容、方法上完全不同的新学校。比利时教育家德克乐利（Ovide Decroly）作为新教育运动的领导人，在布鲁塞尔创立了名为"生活学校"的新型小学。他提倡单元整体化教学，包括观察、联想和表达等活动。教师制定单元主题后根据主题组织学习材料，在一段时间内进行单元教学，培养学生整体能力和合作精神。美国教育家克伯屈（W.H.Kilpatrick）在杜威（John Dewey）教育思想的影响下，提出单元教学法，也被称为设计教学法。后来莫里逊（Henry C.Morrison）提出的单元教学法也体现了单元教学思想。

欧美新教育运动倡导的"单元教学"思想对我国教育有着深远的影响。五四运动前夕，杜威访华，传播实用主义哲学，单元教学思想随之传入中国，推动相关的理论研究和实践活动。夏丏尊和叶圣陶将单元设计的思想应用于教材编排，启发了许多教材专家。虽然许多教材在编写时采用单元设计形式，但是教师在教学中依然遵循传统的单篇教学。新课程改革以来，单元教学与新时期的教育理念相契合，重新引起一线教师的关注。越来越多的教师不再"教教材"，开始尝试"用教材教"，以单元为单位重组教材，"单元教学"也因此再次成为热点话题。近年来，我国单元教学的理论研究的深度和广度持续拓展。单元教学的实践活动更加多元与丰富。一线教师将教学与科研相结合，依托课题研究和地区教学改革推进单元教学的发展。2015 年，上海市普陀区在核心素养理念指导下开展单元教学设计的教学改革。

单元教学是课程与教学领域的永恒主题。国内外关于单元教学的理论研究与实践活动从未停止。本研究从建筑单元的视角审视单元教学的本质。课程与建筑一直以来有着关联。课程理论的经典著作《课程》（*The Curriculum*）的作者博比特（F.Bobbitt）认为，复杂的人类生活种类是由各项专门活动组合完成的。他按照这样的思路，创造了活动分析法，这是一门以科学方法编制课程的学问。博比特经常引用建筑的例子来类比课程。例如，他曾以砌砖泥水匠的例子回答如何制定课程目标的问题：在确定目标前，必须了解一个熟练的泥水匠一天能砌几块砖，随后分解为每小时能砌几块砖，如此才能确定泥水匠的培训目标。

在英语世界，当课程刚刚从教育领域分离出来成为一个独立的分支学科时，人们经常用 curriculum-making、curriculum-building 来指称课程编制或建设，课程专家查特斯（W.W.Charters）曾以 *Curriculum Construction*（《课程建设》）作为书名出版专著。还有课程规划（plan）、设计（design）等词都与建筑领域的术语具有关联性。

所以，为了明晰"单元"的内涵，不妨借用建筑中的"单元"词义来类比课程建设中的"单元"。单元的本意是指样本中自为一体或自成系统的独立成分，单元无法再分，否则就改变了事物的性质。或者说，单元是由组件或零件、分组件装配在一起，通常在各种不同的环境中能够独立工作的组合体。从建筑学上看，单元是指具有相对独立性的完整空间，是单元式住宅的基本单位。

表 4-1 建筑单元与课程单元类比表

性质	建筑单元	课程单元
目的性	满足住户需求	满足学生素养发展的要求
整体性	是房子、建筑，而不是建筑材料	是学习、课程，而不是孤立的内容
独立性	以楼梯或电梯来组织水泥、钢筋、门、窗等建筑材料，成为一个相对独立或完整的建筑	以大问题、大任务等来组织目标、情境、知识点、活动、评价等要素，成为一个相对独立或完整的学习单位
进阶性	由楼梯或电梯来组织并实现进阶	由大问题、大任务、大观念、大项目等来组织并实现进阶
组合性	一幢单元式住宅需要有两个以上的单元	一个学期的课程需要有两个以上的单元

建筑单元具有五个特性：其一，单元具有目的性。单元设计需要满足住户的需求。其二，单元具有整体性。单元不是指混凝土、砖、钢筋等建筑材料，而是按照某种意图将这些材料以某种特定方式组合成的一个整体，准确地说，单元不是建筑材料，而是建

筑本身。其三，单元具有相对独立性。虽然单元之间存在差异，但是遵循统一设计规范；通过重复构成整体建筑，呈现统一的建筑风格。其四，单元具有进阶性。单元总是用电梯或楼梯来组织的，具有内在的进阶通道；没有进阶，单元也就不复存在了。其五，单元具有组合性。一幢只有一个单元的房子叫作塔式建筑，至少有两个单元才能被称为单元式住宅。建筑单元与课程单元在本质上是相同的。因此，基于以上分析，可以推演出课程单元的要素，进一步厘清单元的内涵。

二、主题单元教学的要素

依据建筑单元与课程单元的类比表，可以提炼出课程单元的要素。将单元置于课程的情境中来思考，单元作为一个相对独立的学习单位，常常会涉及如下问题：为什么学、学会什么、何以学会、是否学会、学到什么程度。如果从教学的视角看，可以将它提炼成六个要素。

单元名称与课时。回答"有多少时间学或做什么"的问题。单元名称以简洁明了的表述阐明本单元要解决的问题、要理解的主题或要完成的任务、项目等。课程是有目的、有计划的专业实践，必须有明确的时间要求。因此每个单元都需要明确课时数，意指用多少时间达到学习要求。

单元目标。回答"期望学生学会什么"的问题，这是课程单元的起点和终点。如果将学习比作旅游，目标就是目的地或旅游景点。目的地决定交通工具的选择、路线的设计和行李的准备，而单元目标也决定了评价的设计、内容的选择和教学的组织。

评价任务。回答"可以知道学生是否学会、学会了多少"的问题。课程之所以能够从教育领域中独立出来，正是因为强调评价。因此，从某种意义上说，没有评价，就没有课程。评价任务旨在检测目标达成情况，介于单元目标与学习过程之间，发挥承上启下的衔接作用，这也是单元设计的关键。

学习过程。回答"学生可以分步骤学会或达成目标"的问题，包括学生可以从哪里获得学习支持、课前如何预习和课中如何学习等内容。学习支持包括资源与建议，为学生提供学法指导。课前预习包括预习教材、查阅资料、提出问题等任务，为新课开展做准备。课中学习涉及目标导向的学习活动和评价活动的设计，呈现学生真实学习的经历。学习过程如同建筑单元中的楼梯或电梯，是实现学习进阶的路径，是单元设计的难点。

作业与检测。回答"可以巩固或检测学习结果"的问题，包括课前、课中、课后作业的一体化设计。课前作业建立新旧知识或经验与课程之间的联系，为学习单元内容做铺垫。课中练习及时检测学习结果，为过程评价提供依据。课后作业为巩固、拓展与目标完成检测提供支持。

学后反思。回答"反思与分享什么"的问题，提供从双基到素养的反思支架。从某种意义上说，核心素养不是教师直接教会的，而是学生主体自己"悟"到的。学生可以根据反思提示，回顾学习过程，归纳所学内容，总结学习策略，分享学习心得。由此可见，反思是单元教学的重要步骤。

课程单元整合了上述六要素，组成一个相对独立而完整的学习事件，代表教育教学的专业实践。课程单元标志着教学专业逻辑起点的转变：从知识、技能上升到素养，从内容、经验聚焦到课程。课程单元强调以学生为主体，避免分散课时教学的局限性，是落实学科核心素养、实现学科育人的重要路径。六个要素涵盖了主题单元教学的关键内容，环环紧扣，共同搭建素养落地的阶梯。

第二节　主题单元教学与国际理解素养的关系

要明确主题单元教学与国际理解素养的关系，我们不仅需要界定主题单元的内涵，更要关注国际理解素养的特征。国际理解素养作为一种核心素养，被赋予素养共同的特征。鉴于国际理解素养在课程领域的研究尚处于初步探索阶段，我们不妨从核心素养的相关研究中提炼国际理解素养的特性，探求主题单元教学培育国际理解素养的可能性。

核心素养是 21 世纪教育领域的热门话题，是我国新一轮课程改革的基本理念。自 20 世纪 90 年代起，核心素养引起各国与国际组织的高度关注。联合国教科文组织、欧盟、经合组织等国际性组织都相继采用核心素养体系设计学校课程。我国教育部门一方面组建专家团队，出台《中国学生发展核心素养框架》；另一方面组建课程标准修订专家组，编制以核心素养为纲的新版课程标准。指向核心素养的单元设计在理论研究和教学实践中取得了阶段性成果。

一、素养的整体性要求主题单元教学

核心素养是综合了知识目标、能力目标、情感态度与价值观目标的整体概念，具有整体性。同理，国际理解素养也是一个综合的整体概念。国际理解素养的四个方面并非统属关系或并列关系，而是相互交织、彼此影响的关系。多元视角自然涉及其他三个方面，反之亦然。四个方面地位平等，缺一不可。国际理解素养不只是文化知识的累积、跨文化交际能力的总和，或多元视角的相加，国际理解素养必然包括参与全球化问题解决的行为。因此，国际理解素养的培育必须关注其整体内涵。

碎片化的课时教学与素养的整体性相背离，难以承载培育国际理解素养的责任。长期以来，我国的课堂教学以课时为单位，打破学科自身逻辑，学生"只见树木，不见森林"。这样的做法大大削弱了学习效果，与新课程改革的价值追求背道而驰。学科知识不是知识点的简单堆砌，而是相互联系的知识结构网络。课时教学难以构建由点到线、由线到面、点—线—面结合的知识网络，新旧知识的联系也受到了阻隔。知识是核心素养的关键方面。碎片化的课时教学导致知识学习浅表化，难以形成高阶的核心素养。传统的课时教学没有充分发挥评价的价值，往往采取单一的纸笔测试检测知识点的识记情况，轻视甚至忽视素养目标的其他几个方面。

主题单元教学在本质上是一个系统，能够凸显国际理解素养的整体性。单元是连接课时与学期的桥梁，主题单元教学的六个系统要素相对独立，在以下几方面弥补了碎片化课时教学的缺陷。其一，单元目标体系是一个有机整体。单元目标是教师在理解、分解课程标准，分析、整合教学材料，判断、评价学生情况的基础上，三维叙写的综合性教学目标。不是一味追求知识点识记的知识目标，也不是单纯强调能力培育的能力目标，而是将情感、态度与价值观目标嵌入其中的整体目标。其二，主题单元教学的评价体系涵盖学习过程与学习结果，关注知情意行等多个方面。评价任务嵌入学习过程中，为素养的检测提供真实而丰富的证据。其三，主题单元教学的学习活动不是孤立的，学习过程环环相扣，指向单元目标。学习活动由大问题、大任务、大观念、大项目等逻辑来组织并实现进阶。其四，主题单元教学注重教—学—评一致性，六个要素相互连接。单元目标统率学习活动，指导评价活动。学习活动和评价活动指向单元目标。评价活动为学习活动的调整提供方向。由此可见，主题单元教学符合国际理解素养的整体性要求。

二、素养的情境性呼唤主题单元教学

核心素养是指在真实情境中综合运用资源解决复杂问题的关键能力，具有情境性。国内外关于核心素养的研究普遍强调情境对素养培育的支撑作用。国际理解素养作为一种核心素养，是能够适应不同情境的、可以迁移的能力。不同的情境既包括纷繁复杂的国际社会局势，也包括生动具体的个人生活场景。学生面对不同的情境，需要适应情境、迁移素养。情境的多样性与复杂性是素养形成与发展的基础。国际理解素养的发展必须依托真实情境。

在知识本位的课程与教学中，教师习惯于侧重知识点教学，关注学生对知识符号的记忆，忽略意义的探究，学生的学习停留在浅层。死记硬背的浅层学习屡见不鲜。知识本位的教学将知识从情境中抽离出来，知识丧失了生命力。学科知识不是知识点的简单排列记忆，脱离情境的知识是呆板的、缺少生机与活力的。知识必须在情境中生长，在过程中生成。情境不单单是知识生成的前提，更是知识转化为核心素养的桥梁。一味强调知识点识记的教学搁置了学生的个人经验，割裂了教育与社会的关系，造成学生的学习搁浅，难以迈上深度学习的阶梯。主题单元教学强调嵌入真实情境的深度学习，体现了课堂教学从知识本位到素养本位的转变，有利于培育国际理解素养。

主题单元教学的学习过程需要情境的支撑。个体在与情境的互动中，才能脱离浅层学习的泥淖，转向深度学习。主题单元教学以经验为逻辑起点，选择反映真实生活的复杂情境，培育学生解决真实问题的能力。知识仅仅是素养的一个方面，其转化为核心素养的关键路径是情境。特定情境下的知识不再是抽象的符号，而是培育核心素养的媒介。情境的建构有力冲击了知识符号化现象，促使知识转化为核心素养。主题单元教学的评价任务往往嵌入真实情境中，检测学生在特定情境中迁移知识、解决问题的综合能力。评价任务与现实生活情境相匹配，学生将新的知识与原有的知识结构、个人经验相结合，迁移到新的情境中，在完成任务的过程中体现素养的发展。主题单元教学的反思学习同样需要依托情境。反思是指反思学习的完整经历，包括学习目标、学习过程、学习结果。脱离情境的学习是没有意义的。学习的完整经历必须与情境相结合。因此，对学习经历的思考意味着在学科知识与学习情境之间建立联系。构建在真实情境中开展反思的认知路径，是提高元认知能力、培育核心素养的必然要求。学生国际理解素养的发展寓于真实情境之中，主题单元教学的各个环节与情境紧密相关，符合国际理解素养的情境性要求。

三、素养的具身性亟需主题单元教学

素养的形成与发展强调身心共同参与，具有具身性。具身认知理论认为，学生不仅要运用头脑思考，而且要灵活运用自己的各种感官，通过视觉、听觉、触觉等活动，经历学习的过程。当身体与思维都充分浸入学习，才能理解知识的真实意义，在快乐学习中建构意义，发展核心素养。

在教师本位的观念影响下，传统的课堂一味强调教师中心，重教轻学，以教定学。师生地位失衡，教师轻视学生的主体性。学生被动学习、虚假学习、游离学习的现象大量存在。具体问题可分为如下四点：其一，从教学过程看，教师本位的课堂模式以学科知识与教师个人经验为起点，以信息单向传递甚至知识灌输为过程，致使学生低效学习。其二，从教学手段看，教师本位的课堂模式以教师的教授活动为核心。教师滔滔不绝，学生奋笔疾书，双方都付出大量的时间与精力。教师教了，学生学了，却未必学会了。其三，从学习方式看，教师本位的课堂模式具有离身性，依赖单一感官，脱离经验基础，缺乏情感体验，以枯燥的操练与反复的记忆为手段。传统身心二元论观念认为身体与心灵是相互独立的。受这类观念的影响，课堂教学将身体与心灵割裂开来，以知识点的识记为目的，片面关注心智的发展，忽视了教育的本质。其四，从评价标准看，教师本位的课堂模式评价方法单一，关注整体学习结果，轻视个体之间的差异。

主题单元教学促使课堂教学从教师本位转向学生本位，强调学生的主体性，以具身学习为基本学习方式，有利于国际理解素养的培育。从教学过程看，主题单元教学关注学生的经验、兴趣、知识结构、心理状态，以课程标准、教材和学情为起点，关注学生的认知结构和已有经验；以信息的转换为学习过程，强调学生对信息的精加工；以学生学会为结果，追求学生核心素养的形成与发展。从教学手段看，主题单元教学以师生的互动探究为重心，师生在民主平等的氛围中对话。教师深入解读教材，自主调整教学内容，将教材转化为学材，有计划地组织教学活动。学生提出问题，在教师的专业指导下自主探究，解决问题。从学习方式看，主题单元教学嵌套了行动—反思的具身学习模式。行动是指学生运用眼睛、耳朵、头脑和双手等身体部位参与课堂学习活动。反思是指学生运用心智，反向思考学习的目标、过程和效果，并据此调节下一步行动。孔子说过："学而不思则罔，思而不学则殆。"行动与反思的良性循环为学生全身心投入学习，实现深度学习，发展国际理解素养奠定了基础。主题单元教学的目的不仅仅是促进学生学科知识的学习或更好地理解全球化的议题，更是试图鼓励学生参与社会行动，成为具有"中国心、世界眼"的合格公民。从评价标准看，主题单元教学重视学生的学习，包括学习过程与学习结果。评价的内容包括心智的增长和身体的参与。主题单元教学的教—学—评活动皆将学生作为学习的主体，从教师本位转向知识本位，从无身学习转向具身学习，符合国际理解素养的具身性要求。

四、素养的累积性需要主题单元教学

核心素养不是一蹴而就的，须通过连续的学习活动才可能形成，表现出累积性。建构主义理论视角下，学习是一个意义建构的过程。学生累积知识，将新知识纳入旧的知识结构，在重建知识结构的过程中体验新知识的价值。学生在完成任务的过程中累积能力，将一般能力迁移到不同的复杂情境中。学生通过不同的学习活动累积情感体验，感受教育的意义。素养的形成与发展是一个不断建构的逐渐累积的过程。学科本位主导的课堂教学存在知识管理零散化、碎片化的问题。面对高考的压力，部分教师的日常教学中存在急功近利倾向。从教学的方法和手段看，知识的单向传递是学生获得知识的主要路径，学生以被动的姿态接受大量零散的知识点。

学科本位的课堂教学过分强调知识体系，学生的知识管理面临碎片化风险，具体表现为以下三个方面：其一，学科本位的课堂教学仅仅将书本知识作为学习的内容，忽视知识与生活的关系；其二，学科本位的课堂教学的唯一目标是习得知识，忽视素养的整体内涵，割裂了知识与能力、情意的关系；其三，学科本位的课堂教学侧重单一学科的逻辑构建，忽视学科之间的关系，大大降低了跨学科培育核心素养的可能性。知识是核心素养的一个方面，知识的管理是培育素养的重要环节。

主题单元教学关注知识的累积，是培育国际理解素养的必要选择。罗伯特·加涅（Robert Gagne）的累积学习理论指出：学习是累积性的，能够纵向迁移和横向迁移。主题单元教学充分利用了学习迁移规律。从纵向角度看，单元是微型课程，学生可以根据一个单元的内容建构知识网络，梳理知识的结构，思考学科的逻辑。将课时的经验迁移至单元，将单元的知识网络拓展为学期乃至学年的知识网络。从横向角度看，单元是融合学科知识的场域。主题单元教学能够以跨学科的方式整合同一主题的学习内容，实现学生核心素养的培育。在素养本位的课程教学中，知识目标只是单元目标体系的一个部分。主题单元教学清晰界定知识目标，让学生能够循序渐进地累积知识。在单元目标的指引下，学生不仅需要管理知识结合个人经验，更要挖掘知识背后的能力与情意，实现核心素养的持续发展。主题单元教学包含以大问题、大任务、大项目等为逻辑组织的一系列学习活动，学生在解决问题串或任务链的过程中累积学习，实现进阶，发展素养。目标体系完整、注重过程参与的主题单元教学符合国际理解素养的累积性。

第三节　主题单元教学培育国际理解素养的策略

融合国际理解教育的课堂教学目标是服务于学生的发展。单元教学方案的设计必须基于学生的生活经验或已有知识，既要重视学科知识的教学，又要发展学生的国际理解素养。教学设计的背后体现了课程设计的逻辑与取向。探求主题单元教学具体策略之前，必须先了解单元设计的思路和组织方式。

一、单元设计思路

单元设计源于基础教育领域对学生学习过程和结果的关注，有关的研究包括单元学习、单元教学、整体教学、主题式学习等。在实践中，国内外专家学者总结经验与教训，回应社会与教育变革诉求，不断丰实相关理论研究。国外有关单元设计的研究已经具有一定水平，提出了逆向设计模式、三元教学与评估设计、论证式教学设计和建构学习设计。国内关于单元设计的思路考察刚刚起步，钟启泉将单元设计看作撬动课堂转型的支点，提出两种单元设计思路。分析、对比国内外关于单元设计的理论研究，目前单元设计的思路大致可分为三类：教育技术学设计思路、建构主义学习设计思路、整合的思路。

其一，教育技术学设计思路，以泰勒的目标模式为依据，包含目标、教学、评价三个要素。运用该思路设计单元学习的关键是解决教—学—评一致性的问题，具体而言可分解为三个问题：从支援学生怎样学习的角度来明确教学的意图何在；如何通过教与学的活动实现单元总体目标；怎样评价目标达成的程度。这三个问题直接引申出单元学习的整体设计中需要考虑的三个重点：目标的设计、方法的设计与评价的设计。

该设计思路指导下，研究者展开了诸多探索。针对教师只关注教学内容、忽视课程目标与评价的现象，威金斯（G.Wiggins）与麦格泰（J.McTighe）提出"逆向设计"（backward design）模式：确定预期目标，确定如何实现预期目标的计划，确定评价预期目标是否实现的规则。教师在运用逆向设计模式时，需要思考三个问题：第一，去哪里？即学习目标是什么；第二，怎么去？即如何组织学习活动；第三，到了吗？即设计评价学习结果的规则。逆向设计的具体思路包括以下三个阶段：

第一阶段为确定学习目标。教师需要基于课程标准，确定单元教学目标。在这个阶段，教师需要思考：本单元有哪些值得学习的内容？通过本单元的学习，学生能够掌握哪些大观念？为了掌握这些大观念，学生需要知道、理解、领会哪些内容？即教师以大观念为核心，确定学生不同层次的学习目标，创设问题链，贯穿整个单元教学。这个阶段是逆向设计单元教学方案的起点，是第二阶段和第三阶段的设计依据。

第二阶段为制定评价任务。在这个阶段，教师需要思考：如何知道学生已经掌握了大观念？如何判断学生已经实现了学习目标？即教师根据学习目标，制定多种形式的单元评价任务，收集学习证据，评价单元学习结果。

第三阶段为设计学习过程。在这个阶段，教师需要思考：如何让学生知道单元学习目标？如何帮助学生体验大观念？如何创造学生反思和修正认识与理解的机会？如何鼓励学生开展自我评价？如何分层教学、因材施教？如何组织有效的学习活动？即教师需要根据学习目标，运用有效的教学策略，帮助学生掌握本单元的大观念。

逆向设计的三部曲可以简称为：确定学习目标、设计评价活动、制订学习计划。此类单元设计关注教、学、评一致性。在设计过程中，评价规则的设计先于教学活动的组织。逆向设计的单元教案不仅在北美风靡一时，也受到了我国中小学教师的欢迎。不同学科教师结合本学科大观念特点，在教学实践中尝试逆向设计法。例如，邓亚庆和苗若楠利用逆向设计法设计英语单元教学方案，实现了语言学习工具性与人文性的统一，发挥了单元教学的有效性。

其二，建构主义学习设计思路。该设计思路强调的是思考"学习"的设计，包含六个要素：基于学科素养，把握目标、话题和评价，创设具有教育价值的真实情境；进行学生分组，调动学生积极性；将学生的既有知识可视化，创造共同话语；围绕核心任务，设置不同层次的小任务，鼓励学生思考；学生展示并说明学习成果；学生反思学习的过程。该设计思路衍生出多种新型课程设计模式。

表 4-2　建构主义学习设计思路下的不同模式

模式	特点
基于项目的学习 (Project-based learning)	强调以学科为中心,制作成果并展示。学生在教师的指导下在真实情境下充分利用资源开展探究活动,深入学习,并在一定时间内解决一系列相互关联的问题。
基于问题的学习 (Problem-based learning)	以问题解决为核心,利用学生感兴趣的真实生活问题引起学习,强调过程而非内容,目的是帮助学生在面对问题时界定并提出解决策略。有利于学生的未来职业发展。 三种变式: "在社会情境下积极思考"(Thinking Actively in a Social Context) "在积极的问题解决中真实参与"(Real Engagement in Active Problem Solving) 多维课程模型(The Multidimensional Curriculum Model)
基于设计的学习 (Design-based learning)	指向一种自下而上的学习,包括任务、情境、活动和成果等要素。侧重设计,强调系统性。关注小组合作、展示交流、评价反思和循环迭代,对教师的专业素养要求高。在 STEM 教育中发挥了重要作用。
主题单元设计 (Thematic units)	强调学科之间的相互关联。 特征:1.具备来自不同学习领域的多种学习结果,这些学习领域要与有待研究的中心主题相关(跨学科);2.具有多种适合学生年龄的学习体验;3.具有多种适合个人学习和小组学习的课堂活动。 要素:议定的主题、动机、项目管理、参与、教学框架、活动选择、课程整合七个方面。

其中,基于问题的学习(Problem-based learning,以下简称 PBL)单元设计模式模型包含许多变式,指向学生的问题解决能力。具体介绍如下:

变式 1:TASC 模型

"在社会情境下积极思考"(Thinking Actively in a Social Context,以下简称 TASC)问题解决框架是在量化和质性研究的基础上建立起来的,旨在促进儿童问题解决和思考技能的发展。该模型的建立借鉴了三种关于学习的理论:

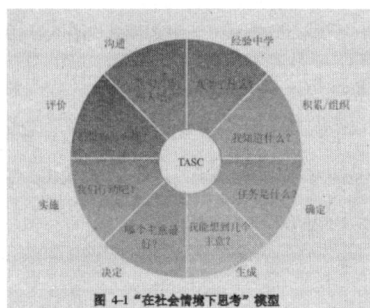

图 4-1 "在社会情境下思考" 模型

第一，斯滕伯格的成功智力三元理论，即智力活动是使用分析、创造、实践的技能去适应、改造和选择真实环境的过程。第二，维果茨基的相关理论。他的理论帮助回答了学生怎样才能学得更好的问题：通过有指导的课堂对话、学生互动以及民主分享观点促进语言的发展；让学习者基于他们自己的经验知识来协商意义和理解，能激发学习者的学习动机；学习之初教师提供支架（scaffolding）是必要的，这是学习者逐渐获得独立自主能力的必经之路。第三，班杜拉和达马西奥（Antonio Damasio）的理论。基于班杜拉的社会学习理论，作者Wallacetasc认为思考行为也是一样，教师需要塑造并表达他们的思考行为，从而使得学生通过实践反思，生成思考能力。同时，完成任务需要的动机和积极的自我概念也是直接相关的。达马西奥的神经生物学研究证明了认知和情感的紧密联系，强调了积极的自我概念在成功学习中的关键作用。基于这两点，教师怎样评价学习者的作品、怎样给予反馈的问题就随之而来。

变式2：REAPS模型

"在积极的问题解决中真实参与"模型（Real Engagement in Active Problem Solving，以下简称REAPS）整合了"在社会情境中积极思考"（TASC）、Discover与"基于问题的学习"（Problem-based Learning）三种理论。该模型旨在促进教师与学生合作参与，通过解决真实而重要的问题，收获学习体验，掌握知识技能，但与TASC不同的是，它更强调面向文化多样性和个体差异。

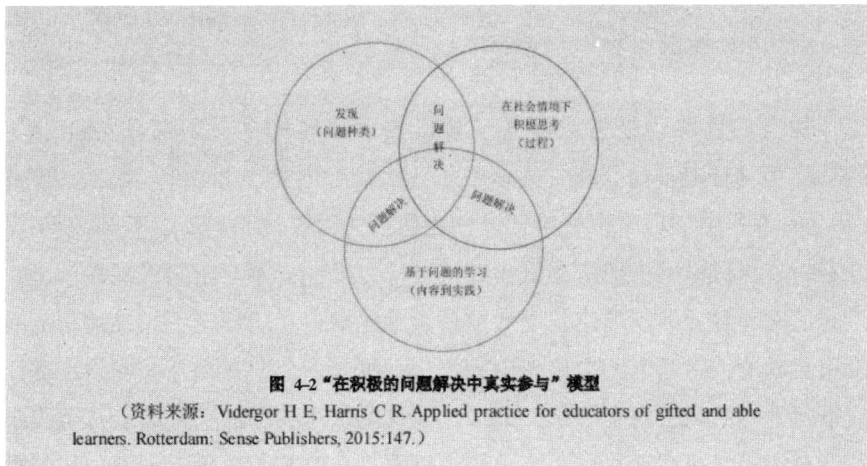

图 4-2 "在积极的问题解决中真实参与" 模型
（资料来源：Vidergor H E, Harris C R. Applied practice for educators of gifted and able learners. Rotterdam: Sense Publishers, 2015:147.）

变式3：MdCM模型

多维课程模型（the Multidimensional Curriculum Model，以下简称MdCM）强调未来性，目的在于培养学生发展未来生活所需的技能以及学生个人的自律自主性。其理论基础包括建构主义理论、Trilling和Fadel提出的21世纪技能、Passig提出的未来教学模型，并整合了几种其他的课程模型，如平行课程模型（the Parallel Curriculum Model）、未来问题解决项目（the Future Problem Solving Program）、六步问题解决模型（the Six-step Problem Solving Model）等。该模型的单元设计过程具体可细分为以下 13 个要素：主要目标；内容（关键概念/议题/主题）；水平与节奏；估计需要花费在该单元上的时间；导入和结束活动；各种教学方法；学习环境和资源；分解为不同课时的学习活动；各种评价方式（自评/同伴互评/教师评价）；小组安排（灵活的/基于兴趣/基于能力）；象征新的学习产生的独创性成果；为热衷于此的学习者设计的额外活动；为更卓越的学生设计的修正活动。

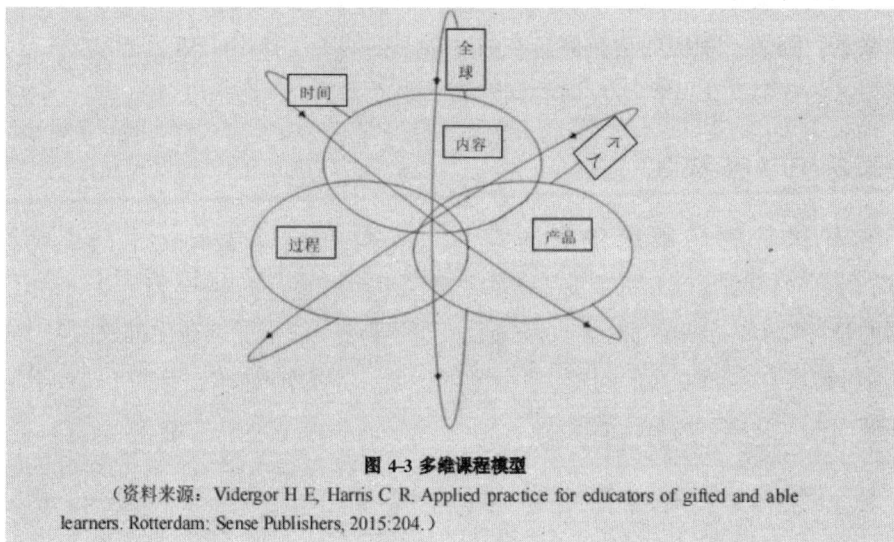

图 4-3 多维课程模型

（资料来源：Vidergor H E, Harris C R. Applied practice for educators of gifted and able learners. Rotterdam: Sense Publishers, 2015:204.）

其三，整合的思路。该思路整合了教育技术和建构主义的部分特征，以下将以综合课程模型（Integrated Curriculum Mode，以下简称 ICM）以及 IB（International Baccalaureate）课程中学项目中的单元设计为例进行简要说明。ICM 于 1986 年被提出，旨在整合不同的课程模型，把所有重要的特征打包设计，不至于陷入混乱。ICM 强调对学科体系的正确理解，但其理论基础则更多参考建构主义的理论，如维果茨基的最近发展区理论和互动论，以及多元文化理论等。ICM 包含三个内在相互关联的维度：第一，强调构成不同学科的高级内容知识；第二，提供高阶思维和加工；第三，组织跟事件、主题及观点有关的学习活动，这些主题和观点要符合对某个学科的理解，并能提供学科之间的联系。实证研究表明，ICM 与单元设计的结合有利于促进学业成就、创造力和批判性思维的提高。

IB 课程即国际文凭组织（International Baccalaureate Organization，简称 IBO）广泛吸收主流课程体系优点后，为 3～19 岁学生综合设计的课程体系。IB 课程中的单元设计以"逆向计划"作为基础，其设计思路为：确定单元教学目标；说明借助探究开展教学和学习的程序；反思探究的计划、过程和影响。但是由于它强调通过探究展开教与学，因而这种单元设计也是整合式的[5]。

本研究所指的主题单元教学，从建构主义学习设计思路出发，思考学习的设计，关注如何在单元教学中培育国际理解素养。一个学期由多个单元组成，单元的规划主要有三项依据：一是课程标准。教师可以采用顺向、逆向两种思路分解课程标准，前者是指将课程标准具体化为学习目标，并基于目标设计评价方案，组织学习内容与活动，后者是指先根据学生经验与课程资源拟定单元主题，再分解课程标准，建立两者的关联；二是教材。老师要学会"像教材编写专家一样思考"，依据学科核心素养，分析教材逻辑，梳理教材内容，划分教学单元；三是学生的心理特征和认知准备情况。综合三项依据，教师在充分研究课程标准、教材、学情后，再来分析可得到的课程资源、课时等因素，将一个学期的课程按照某种逻辑划分为几个单元，便于学生学习。

二、单元组织方式

类比房屋建造，房屋可以采用泥土、石头、木材、水泥钢筋、钢架等不同建材来组织。就目前的情况看，主题单元的组织方式主要有大观念、大任务、大问题和大项目等。

一是基于大观念的单元。与一般教学目标相比，大观念作为学科核心概念具有高度概括性、理论抽象性等性质，集中反映学科逻辑与基本结构。基于大观念的单元设计能够促进学生实现深度学习。单元的组织包括确定目标、提炼大观念、构建目标体系、制订评价方案、设计学习活动五个环节。

二是基于大任务的单元。单元包括一个真实情境下的中心任务、目标、子任务、活动过程和成果评价等要素。基于大任务的单元设计强调系统性，关注小组合作、展示交流、评价反思和循环迭代。中心任务统领子任务，以任务串的形式推动单元学习进程。

三是基于大问题的单元。单元以一个核心问题为主线，类似基于问题的学习。这种学习模式源于美国医学教育，包括划分小组、创设情境、明确问题、收集信息、展示策略、评价反思等步骤。核心问题来自真实世界的复杂情境，统率问题链，组织单元要素。学生以小组协作的方式提出问题、分析问题并解决问题，通过反复理解和不断运用学科知识，实现深度学习。

四是基于大项目的单元。单元围绕一个项目展开，即项目学习。此类学习源于美国知名教育家克伯屈的设计教学法，包括问题、探究、学生的意见与选择、反馈、评论与修改、作品展示等要素。大项目单元以项目为进阶通道，学生在项目化学习中持续探究驱动性问题，重新建构核心知识，灵活迁移思维方式，合作创造项目成果。

三、单元学习设计

类比建筑单元，设计师确定房屋大致构想后，需要具体设计一个单元的屋顶、楼层、门窗、楼梯等各个建筑要素。教师在确定单元组织方式后需要设计一份完整的单元学习方案，清晰地回答单元设计的六个问题。

一是如何确定单元名称与课时。为了便于对单元的认知与交流，以及整体规划学期或学科课程，每个单元最好有自己标志性的名称。素养本位的单元名称不再局限于教材单元主题名称，而是选择与素养有关的概括性短语，以大观念、大任务、大问题、大项目命名，指向明确。从课程视角来看，单元目标与学习都是有时间条件的，因此，每个单元必须有明确的课时要求，意指在多少时间内达成何种目标或完成何种任务。

二是如何确定单元学习目标。教师钻研课程标准，剖析教材，分析学情，整合课程资源，确定目标体系。以往的三维目标破坏了学习目标的整体性，实际教学过程中知识与技能、过程与方法、情感态度与价值观是不可分割的。课程单元目标需要教师以学生为行为主体，三维叙写3～5条，即说明学生在本单元通过什么途径，期望学会什么，学到何种程度。目标必须是可观察、可测评的，一个单元的目标至少要落实一个学科核心素养。

三是如何设计评价任务？有目标，必须有评价；没有评价的目标，是没有任何意义的。评价任务旨在检测目标是否完成，但不需要与目标一一对应。教师须结合学生经验，创设隐含多个知识点的真实情境，将真实世界作为课程资源，引起学生兴趣。教师需提供明确指令，便于学生在故事中将知识转化为实践、将经验升级为策略。

四是如何设计学习过程。教师设计学习过程时需要思考三个问题：如何基于单元学习目标规划课时教学活动？如何让学生真实经历学习过程？如何检测阶段性学习成果？因此，教师需要基于单元整体架构，设计课时教案；遵循学生立场，根据学生的学习结果与及时反馈，以循序渐进的方式开展学习活动，实现学习进阶；关注教－学－评一致性，嵌入评价任务，收集学习证据，检测学习成果，实现有效教学。

五是如何设计作业与检测。单元作业必须根据目标与内容进行课前、课中与课后一体化设计。按照功能，可以将作业划分为检测类、巩固类与拓展或提高类。检测类作业相当于正式或非正式的"统测"，全面了解学生目标达成情况；巩固类作业指向技能学习，必须辅以配套训练；拓展或提高类作业是选择性、分层性作业，主要是为学生提供更大或更高的挑战。

六是如何设计学后反思。反思是从知识与技能通向核心素养的必然路径，也是人类学习与动物学习的区别所在。教师必须在单元学习结束后，为学生设计反思的路径或支架，引导学生养成反思习惯，自主管理学习。同时，教师也可以从学生反思的结果中发现问题，提供精准的辅导或建议。

国际理解素养与我国普通高中新课程标准中所提倡的"中国心，国际眼"有着相同之处，是当代学生的必备品格与关键能力。本研究中指向国际理解素养的单元设计，实际上是从大观念的视角讨论单元设计。大观念主要指学科背后的核心能力。

指向国际理解素养的单元设计程序可以分为规划单元、组织单元和设计单元三部曲。这意味着教师在确定指向国际理解素养的单元教学方案时，必须率先思考三个问题：首先，根据国际理解素养内涵、学科课程标准、现有教材以及学生情况等其他课程资源，本学期课程可以划分为几个单元？其次，每个单元依靠何种逻辑设计？是大任务视角还是大观念视角？基于大问题还是大项目？单元名称是什么？包含几个课时？最后，每个单元指向国际理解素养的哪个或哪些维度？

指向国际理解素养的单元规划以课程标准、国际理解素养内涵、教材、学情等为主要依据，与一般的课程单元划分原则一致，在此不做赘述。国际理解素养在不同历史发展阶段侧重点不同，本研究关注追求文化多样性及社会公正取向的国际理解素养，强调文化多样性及公平公正等文化意识层面的更新。因此单元的组织以大观念为主要逻辑。

本研究重点探究以大观念为组织框架的单元设计。首先，根据学科核心素养、课程内容标准和国际理解素养内涵，确定大观念。由于我国尚未开发国际理解素养课程标准，以及学校课时紧张等问题，本研究主张将国际理解教育理念与学科核心素养相融合，在学校课程实施时培育国际理解素养。因此，单元设计的第一步是建立学科课程标准与国际理解素养的关联，在此基础上提炼本单元的大观念。确定大观念后，单元设计的具体流程如下：

（一）确定与国际理解素养相关的单元主题

国际理解教育涵盖个人社会生活议题和全球化议题。外语课程、公民课程、历史课程、地理课程等学科主题中都包含与国际理解素养培育相契合的主题。由于目前我国本土化的国际理解课程教材紧缺，教师需要挖掘学科教材中涉及国际理解教育的主题。在理解课程目标、分析学情、解读教材的基础上，可以选择与学生生活经验密切相关的主题。确定单元主题后，结合学情与教材设计单元名称与课时数。大观念可以作为单元名称的关键词。课程是有计划的教育活动，在综合考虑教材、学情的基础上，必须明确单元的课时数，保证学期课程方案的落实。

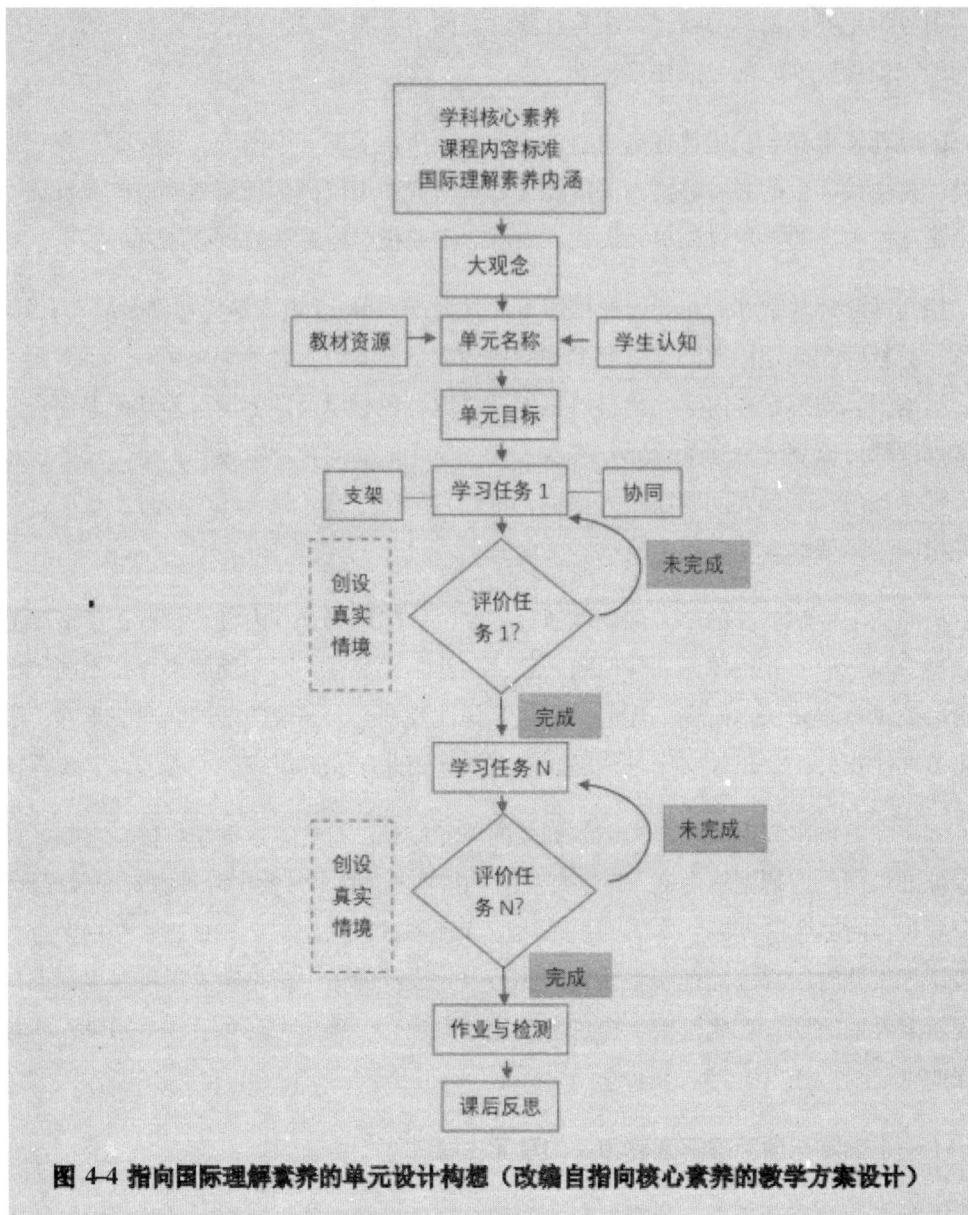

图 4-4 指向国际理解素养的单元设计构想（改编自指向核心素养的教学方案设计）

（二）构建指向国际理解素养的单元目标体系

国际理解素养作为课程目标可分解为多元视角、尊重差异、跨文化交际、行动参与四个维度。学科的课程标准中说明了该门学科的核心素养与课程目标。教师需要综合考虑国际理解素养与学科核心素养的契合点，确定单元目标体系，随后将单元目标分解为课时目标。本单元设计框架着眼于融入国际理解教育理念的学校课程，单元大观念是学科核心素养与国际理解素养交织的产物。因此，虽然单元目标指向国际理解素养，但是课时目标可以参照学科核心素养的具体要求。

（三）基于单元目标设计评价方案

国际理解素养作为核心素养，检测难度大，需要创设真实情境。国际理解素养的评价可以借鉴PISA测试。PISA采用两种形式测试全球素养：认知评价与调查问卷。认知评价不是基于知识的测验，不会询问学生过去30年来全球气温的确切变化或特定土著群体使用的语言，而是检测学生如何利用他们关于全球性议题和文化差异的常识和经验来理解嵌入真实情境的具体案例。问卷旨在获取学生的态度、知识和技能信息，即要求学生阐明他们对气候变化、贫困、贸易和移民等全球问题的熟悉程度，说明自己的语言能力和沟通技巧，展现自己对全球性重要议题的态度。问卷调查学生在学校里学习其他文化、了解全球性问题的机会；参加庆祝文化多样性的校内外活动的情况。

亚洲协会提出四条评价原则。其一，指向国际理解素养。一个单元包含多个目标，教师在评价学生时，要重视国际理解素养。评价学生国际理解素养的内容包括了解学生如何通过学科研究来调查世界，询问学生对全球性议题的观点，观察学生交流观点的姿态，考核学生采取行动的意愿与能力；其二，过程评价与结果评价相结合。由于发展国际理解素养是一项艰巨的任务，需要更高层次的思维，因此，教师必须不断监控并且支持学生的发展。因此，评价伴随单元学习过程的最初阶段开始，保持教－学－评一致性；其三，提供有效反馈。评价的目的是改进教学，培育国际理解素养。明确的评价规则和有效的反馈可以帮助教师和学生反思教学，指导进一步学习。因此，教师必须提供有效反馈，让学生明确自己的成就以及需要进一步发展的方向；其四，评价主体多元化。评价可以由教师、学生、家长、国际理解教育专家等利益相关者进行。教师是评价工作的主要责任人，为学生的下一步发展提供指导。学生能够从自我评价中受益。因此借助评价规则进行同伴评估，可以帮助学生养成对自己的工作进行反思的习惯。家长、国际理解教育专家等可以超越年级、学校等局限，从不同的视角评价学生的国际理解素养。

（四）围绕单元目标组织学习活动

融入国际理解教育理念的学科教育具有双重目标。国家课程包含课程标准、学科核心素养等具体要求。学习活动的组织需要以实现学科教学目标为前提。为了实现培育国际理解素养这一隐性目标。教师需要提炼学科主题，找寻学科教育与国际理解教育的结合点。学习活动的组织可以借助真实情境与不同视角。学习任务的推进以评价任务的完成为依据，评价任务往往嵌入真实情境。为了学习的连贯性，学习活动也可以创设真实情境。

（五）根据单元目标设计一体化作业

国际理解素养的评价需要持续性。因此，指向国际理解素养的单元必须包括课前、课中、课后作业一体化设计。作业设计需要遵循整体性原则，作业之间环环相扣，指向单元目标；作业设计需要遵循针对性原则。每个课时的作业指向课时学习目标；作业设计需要遵循分层性原则，学生的认知发展存在差异性，除了所有学生需要完成的基础性作业以外，还需要设计形式多样的分层作业，满足部分学生拓展提高的需求；作业设计需要遵循诊断性原则，帮助学生诊断学习过程中存在的问题。

（六）以单元目标为线索引导学后反思

国际理解素养内涵丰富，是一个高阶学习目标，需要提供反思支架，引导学生反思自己的学习行为。国际理解素养的培育是一个循序渐进的过程，每个课时、每个单元乃至每个学期的学习任务结束后，学生都需要回顾自己的学习过程，判断自己的学习状态，发展自己的学习策略。

第四节　案例研究：中拉文化中的生死观

上一节对于运用主题单元教学培育国际理解素养的策略进行了学理上的探讨。实践是检验真理的唯一标准，如何在学校课程中运用指向国际理解素养的单元教学方案，还需要实践的检验。

本节需要从实践的角度回应第四个研究子问题：主题单元教学怎样能够培育国际理解素养？本节将采用案例研究的方法，通过三个步骤回答指向国际理解素养的单元设计如何应用于学校课程的问题。首先，介绍案例的设计与编制，即详细说明案例的选择、单元主题的确定以及资料收集和数据分析的设计；其次，呈现一个西班牙语主题单元教学案例，详细描述单元设计与实施的过程；最后，归纳并分析收集到的数据，揭示主题单元在培育国际理解素养过程中的设计过程和实施效果，从反思的角度归纳指向国际理解素养的单元设计策略。

一、案例背景

（一）研究情境

本研究采用目的性抽样（purposeful sampling）。目的性抽样实质性研究是最常用的取样方法。研究者根据研究问题与研究目标选择样本，以获得最大化信息为选择标准。本研究关注如何通过主题单元教学培育国际理解素养。本案例编制的目的是，选择一个学科，设计一个指向国际理解素养的单元教学方案，检验教学效果。

1. 学科的选择

在基础教育阶段，外语课程是培育国际理解素养的主要途径。《斐德塔卡帕人月刊》（*Phi Delta Kappan*）杂志 2007 年的调查结果显示，85% 的参与者认为学习外语是非常重要的。美国外语教学委员会提出语言学习的五大目标，认识并理解其他文化是其中的一个重要部分。委员会指出教师应该提供广泛的学习机会，帮助学生了解不同话语、产品、行为、规则和传统所蕴含的文化内涵。由此可见，外语课程是学生掌握其他国家语言、了解不同社会文化、发展全球视野的重要路径。

英语课程是世界上多个国家的外语课程。在全球化时代的国际理解教育中日研讨会上，岭井明子提出当前日本的国际理解教育被狭隘地理解为英语教育的风险。随着全球化进程的加快，社会对掌握不同外语的人才需要急剧增加，多个语种被纳入学校课程体系。其中，西班牙语作为热门语种，广受各国教育界青睐。美国多个州的中小学也将西班牙语作为外语课程，为美国不同族裔之间的文化理解提供有效途径。澳大利亚、新加坡、韩国等国也为中小学生提供选修西班牙语课程的机会。为加强多语种课程建设，我国教育部研制并颁发了普通高中西班牙语课程标准，明确中学西班牙语课程的建设方向。因此，本研究将西班牙语课程作为外语课程的范例，探索培育国际理解素养的经验。

在西班牙语课程中培育国际理解素养具有得天独厚的优势。以西班牙语为母语的使用人口仅次于汉语，居于全世界第二位。西班牙语是 21 个国家和地区的官方语言，也是非盟、欧盟和联合国的工作语言之一。在某种程度上，使用某种语言的人越多，这门语言的学习价值越大。西班牙语国家数量多，文化璀璨，学习西班牙语语言文化是与西班牙语国家居民友好交往的前提保障。近年来，随着"一带一路"倡议的推进，我国与西班牙和拉丁美洲各国的交流日益密切，需要大量西班牙语人才。往返于浙江义乌和西班牙马德里的"义新欧"中欧班列是"一带一路"倡议的重点，加强了我国与西班牙的联系。拉美地区是 21 世纪海上丝绸之路的自然延伸，我国与智利、哥斯达黎加和秘鲁等拉美国家签订自由贸易协定，合作成果丰硕。我国急需大量具有国际理解素养、能够与西班牙语世界人民交往的人才。由于地理位置、历史传统、宗教信仰等因素的影响，中西语言、文化差异显著。西班牙语课程是学生了解西班牙语文化的必然选择，是达成跨文化理解的必经之路。

我国教育部参考英语、日语、俄语课程标准，借鉴其他国家西班牙语课程方案，出台首个高中西班牙语课程标准。课程标准将西班牙语学科核心素养分为语言能力、文化意识、思维品质和学习能力，与国际理解素养具有共通之处。例如文化意识强调"中外跨文化交际的意识"，与国际理解素养关注跨文化交际的能力相契合。根据核心素养和课程标准的要求，通过西班牙语课程的学习，学生不仅能够掌握西班牙语语言本体知识，提升西班牙语沟通能力和多语思维能力，而且能够认可本民族文化，了解西班牙语国家文化与中华民族文化的差异，尊重文化多样性，并与西班牙语国家的人民跨文化交际。

西班牙语课程成为我国高考外语科目，虽然提高了该课程在学校教育中的地位，但是国际理解素养的培育仍面临不少挑战。受传统应试教育的影响，教师在西班牙语教学过程中，往往习惯于根据语法知识设计分课时的碎片化教学，关注西班牙语语言知识的传递，轻视文化知识的学习，甚至忽视跨文化交际能力和多元文化意识的培养。其他外语教学也面临相似的问题。因此，本案例研究选择西班牙语学科为依托，希望能够发挥西班牙语学科培育国际理解素养的天然优势，同时也为其他外语学科培育国际理解素养提供参考。

明确主题单元的学科情境后，研究者将案例研究的问题具体分解为两个子问题：（1）西班牙语教学中，指向国际理解素养的单元教学方案如何设计与实施？（2）西班牙语教学中，运用主题单元教学培育国际理解素养的学习结果如何？

2. 学校的选择

本案例研究旨在探究如何通过西班牙语主题单元教学培育国际理解素养。基于对个案典型性和数据收集便利性的考虑，研究者选择 S 市 G 中学作为研究对象。首先，我国开展国际理解教育的学校多为国际学校和外国语学校。G 中学是一所公办外国语学校，开设了英、日、德、法、西等外语课程作为第一外语。学校重视国际教育，配有专门的外语中心[6]。因此，该学校在外语教育领域经验丰富，具有一定的代表性；其次，G 中学近年来稳步推进课程改革，开设国际理解课程，积极支持研究者工作，为本研究的开展创造了有利的环境。另一个重要原因是研究者在 G 中学担任西班牙语实习教师，能够自然进入课堂，深入了解西班牙语教学的真实情况，为获取最大化信息提供了保障。

G 中学建于 1954 年，采用初高中一贯制，共有 43 个班级。学校有 1600 名学生，包括约 70 名外国学生，200 名教职工，包括 8 名外籍教师。学校设有零基础西班牙语班，分为三年制和七年制，即高中零基础班和初中零基础班。

3. 合作教师的选择

本研究的合作教师 Z 老师是 G 中学的西班牙语教师，教学经验丰富。Z 老师曾就读于国内某大学西班牙语专业。大学期间，她在培训机构实习，参与西班牙语教学工作。大学毕业后她曾在某高校教授西班牙语，长达六年。工作期间，她取得西班牙某大学硕士学位。2014 年，她来到 G 中学担任西班牙语教师。一方面，Z 老师作为西班牙语学科教研组组长，除了教授高三年级学生西班牙语课程，还负责组内教研、联系海外大学等工作；另一方面，Z 教师对于主题单元教学了解较少。在访谈中，Z 老师指出本学期的课程目标就是应对高考，日常的西班牙语课程以复习为主。因此，她选择作为课堂观察者参与研究，本单元教学由研究者本人实施。

4. 班级和学生的选择

研究者实施单元设计的班级是 Z 老师所教的高三西班牙语班，该班级人数为 10 人。高中是学生世界观、人生观和价值观逐渐形成的重要时期，在高中课程中渗透国际理解教育理念有利于培养学生的公民意识。根据皮亚杰的理论，文化学习可以分为四个阶段。其中，15¯18 岁的学生在对待文化上不再受族群中心的限制，能够在教师引导下平等对待不同的文化。国际理解教育关注学生的多元文化意识。因此，高三年级学生比初中生更适合参与本研究。案例的选择需要最大限度地穷尽研究对象的价值，克服重复个案的局限。本研究以"中拉文化中的生死观"单元为例，完整呈现新手教师（研究者本人）和专家型教师（合作教师）设计并实施西班牙语单元教学方案的过程，从实践反思的角度为指向国际理解素养的单元设计提供策略。单元设计的服务对象同样遵循目的最大化原则。

本研究根据目的最大化原则选取了四名学生作为研究对象，希望发挥个案的最大价值。四名学生从高一开始学习西班牙语，个人基本信息如表 4-3 所示。选取他们作为研究对象主要出于三个方面的考虑：其一，研究对象具有代表性。据研究者调查，中学和大学的西班牙语班级规模普遍较小，女生多于男生。案例学校共有五个西班牙语班级，每个班级只有十余人，男生通常不超过三人。研究者所就读的大学西班牙语专业，班级结构与之类似。研究所选取的四名学生包括三名女生和一名男生，性别比例与真实西班牙语班级相似，为获取有效数据提供了支持。其二，研究对象具有差异性。四名学生的西班牙语学习成绩差异显著：Elena 的西班牙语水平接近 C1（精通），Julia 的西班牙语水平接近 B2（流利），Ema 和 Mario 的西班牙语水平接近 B1（熟练）。处于不同西班牙语水平的高三年级学生参与研究，有利于克服重复个案的缺陷，最大限度地了解研究对象的各个方面。其三，研究对象自愿参与。四名学生都准备在高中毕业后赴海外留学，具有开阔国际视野的愿望，学习动机强烈，更愿意参与本研究。他们一边准备高考，一边准备西班牙语水平考试（Diplomas de Español Como Lengua Extranjera，简称 DELE）。学校为他们特别设置了西班牙语学习辅导时间，为单元教学的展开提供了课时。研究对象的支持与配合为获取真实数据提供了保障。

表 4-3 学生基本情况

姓名	性别	西班牙语水平
Elena	女	C1
Ema	女	B1
Julia	女	B2
Mario	男	B1

5. 教学资源介绍

本单元教学实施的教室是配备了多媒体设备的小教室，能够播放音频、视频、图片和 PPT。没有黑板，不利于教师进行现场板书。与 2017 版高中西班牙语课程标准匹配的西班牙语教材尚未全部投入使用，已出版的教材存在问题。本单元的教学是基于课程标准设计的，因此，研究者整合各类教材与网络资源，与合作教师讨论，自主设计并组织单元教学主题并组织单元教学内容。

6. 研究者本人的角色

研究者在研究中扮演重要角色。研究的信度和效度在很大程度上取决于研究者的伦理规范。研究者对数据的解读、分析不可避免地存在主观性。除了为读者提供清晰的概念界定之外，关于研究者身份的必要解释也是需要关注的。研究者承认本研究受到个人经历的影响，因此研究者愿意把个人经历呈现给读者看，帮助其更好地理解本研究。

研究者在本案例研究中担任双重角色。一是西班牙语授课教师。一方面，研究者扎实掌握西班牙语专业知识。研究者本科就读于某高校西班牙语专业，曾在一个拉丁美洲国家留学一年，具有西班牙语专业八级证书，熟练掌握西班牙语听说读写技能，对西班牙和拉丁美洲各国的社会文化有一定的了解。另一方面，研究者在课程教学理论与实践领域积极探索。研究生阶段认真学习专业课程，参加学术会议，加强理论学习。研究者在参与科研项目的过程中进入中小学进行课堂观察，深入了解课堂教学，在实践中深化对课程教学理论的认识。2018 年，研究者在某中学担任西班牙语代课教师，通过一个学期的教学，初步接触中学西班牙语教学工作。2019 年，研究者在某初中代课时实施了一个西班牙语单元教案。这些经历为本人设计和实施西班牙语主题单元教学提供了支持。不可否认的是，作为一名新手教师，研究者的教学工作仍存在一些问题。

研究者承担的另一个角色是案例研究者。对研究者经历的解释可以延伸到对研究者行为的交代。研究期间，本人作为实习教师在 G 中学实习，与合作教师、学生联系密切，能够采用内部视角观察案例单元的教学。单元教学实施后，研究者反复观看课堂教学实录视频，通过外部视角反思单元教学。为了减少研究者个人经历对研究结果的影响，本人悬置自己的前见，让研究参与者充分表达，并尽可能详尽地描述现象与活动。在收集和分析数据的阶段，本人通过三角论证、同伴检查、研究者反思、呈现完整而丰富的数据等方式提高研究的信效度，减少研究者个人因素对本研究结果造成过多影响。

（二）研究主题

1. 作为目标的国际理解素养

中国学生发展核心素养包括 18 个基本点。本单元案例选择国际理解素养作为教学的主要目标。国际理解素养分为多元视角、尊重差异、跨文化交流与行动参与四个方面。本单元教学目标的设计主要基于三个原因：一是国际理解素养作为核心素养的重要部分，是学生认识并解决真实情景问题，应对全球化挑战的关键能力与必备品格；二是主题单元教学是核心素养培育的重要路径，单元设计符合国际理解素养整体性、具身性、情境性和累积性的要求；三是西班牙语学科核心素养中的文化意识与国际理解素养具有共通之处，是国际理解素养在外语学科中的特殊表达。普通高中西班牙语课程标准细致呈现了文化意识的内涵和表现形式，包括文化多样性、文化自信、跨文化交流和比较文化异同四个方面。从文化意识的不同水平看，水平 1 至水平 5 层层递进，学生对西班牙语国家及其文化从认识到尊重，从感性的了解到理性的思考，逐步提升跨文化交际的意愿与能力。国际理解素养的提升是一个循序渐进的过程，文化意识的改变是一个潜移默化的过程。主题单元教学为素养的累积生成提供了螺旋上升的途径，有利于国际理解素养的提升（如表 4-4 所示）

表 4-4　西班牙语核心素养之文化意识学业质量水平划分表

水平	文化意识
水平 1	能够了解西班牙语国家的基本国情，初步认识这些国家文化的多样性，对中国与这些国家间的文化差异有初步的感性认识。
水平 2	能够通过学习历史与文化知识，培养正确的历史观和文化观，初步形成公正、客观的认知取向。
水平 3	能够形成尊重、包容他国文化的意识，认识到跨文化交际的必要性，初步具备跨文化交际的意愿和能力。
水平 4	能够在理解跨文化交际意义的基础上，观察并思考中国与西班牙语国家间文化的异同，在比较中增强文化自信。
水平 5	能够在跨文化交际中保持开放、自信的心态，理性地思考、判断和评价较复杂的文化现象。

（资料来源：中华人民共和国教育部. 普通高中西班牙语课程标准（2017 年版）[M]. 北京：人民教育出版社，2018: 40-41.）

2. 单元主题

单元学习主题与单元话题不同，是基于学情，参考核心素养，有机选择教材内容后确定的核心概念。单元主题的选择，需要从如下三个方面判断：一是主题与国际理解素养的关系，是否具有典型性与代表性；二是主题与学科核心素养、课程目标、课程内容的关系；三是主题与学情的匹配度。该学段的学生是否对该主题感兴趣，能否借助支架对该主题产生更深刻的理解。

首先，国际理解素养包括个人、地区性及全球性议题。生命与死亡的话题与每个公民息息相关。但是，我国中学的生命教育尚未成熟。面对涉及生死观的话题，家长和教师往往讳莫如深，避而不谈。清明节作为我国传统节日之一，渗透着我国古代先民的生死观，传递着华夏民族对生命与死亡的哲学思考。2017 年，迪士尼动画电影《寻梦环游记》（Coco）风靡世界，为观众呈现了一个美丽的神奇大陆。这部影片像加西亚·马尔克斯的《百年孤独》（*Cien años de soledad*），充满魔幻现实主义色彩。观众在观影过程中被墨西哥的亡灵节所吸引，重新认识拉丁美洲的璀璨文明。《寻梦环游记》是传递拉丁美洲文化中生死观念的有效载体。生死观不仅仅代表着个人对生命和死亡的认识，更能反映一个人乃至一个民族的精神。认识和了解不同民族的生死观有利于开展民族间的文化交际和社会交流。

其次，高中西班牙语课程标准指出中学西班牙语跨文化交际的主题"既可以是日常生活中的具体问题，也可以是社会文化生活中的热点话题"。一方面，生老病死是每个人都需要面临的课题；另一方面，随着《寻梦环游记》的热映，生命教育一度成为社会热点话题。选择性必修的主题与情境应适当重复必修课程的主题。本单元结合必修 3 "讲述中外节日和庆祝活动"和必修 4 "谈论书籍、电影、产品等"两个主题情境。将清明节与亡灵节作为承载我国和拉丁美洲文化的载体，结合日常生活的具体问题与社会热点话题，以"中拉文化中的生死观"为单元主题。

高中阶段是青少年人生观形成的关键期。高三年级学生的批判性、独立性思维初步发展，能够较为理性地对待死亡这一特殊话题。他们在日常生活中接触过生命和死亡的话题，但是对该主题缺乏深入了解。当教师提供丰富的课程资料时，他们能够在同伴和教师的支持下，协同合作，进一步了解我国和拉美文化中的生死观，从而理解不同民族悼念亡者仪式的差异，促进跨文化交流。

二、数据收集和分析

（一）数据收集

案例研究的数据收集需要遵循三项基本原则：其一，汇总多种来源的数据资料；其二，建立案例研究数据库；其三，构建完整数据链。本研究基于上述三项原则收集了丰富的研究数据。针对单元设计的每一个要素，研究者都采用了多种来源的资料，形成数据三角互证和方法三角互证。本研究收集数据所采用的方法主要包括访谈、课堂观察、课堂视频实录、教学研讨与反思、实物资料收集等。

1. 访谈

在教学实践前期准备阶段，通过日常聊天的形式与合作教师进行交谈，初步了解该班学生国际理解素养的真实状况，找出当前西班牙语教学存在的问题和薄弱点，为接下来的单元设计提供有针对性的参考和依据；此外，每节课结束后，采用非正式访谈，获悉该班学生对本节课西班牙语学习的主观感受和真实想法，获取反馈信息，为下节课的改进和调整提供有价值的参考，使得单元的设计和实施更加贴近学生。

2. 课堂观察

在单元设计方案实施前，研究者不参与学生在学校的任何课上课下活动，仅仅作为旁观者对其日常行为表现进行观察记录，通过分析了解学生国际理解素养的现状。教学实践过程中，研究者作为授课教师，通过参与式观察，在组织和参与学生活动的过程中观察和了解学生在单元学习中的表现和参与情况，发现单元教学方案实施过程中存在的不足，并做好记录，对问题及时做出分析和调整。合作教师在单元设计实施过程中作为观察者，通过非参与式观察全面获取反馈信息。

3. 课堂教学视频实录

在西班牙语课程单元教学方案实施过程中，研究者作为授课老师更多的时候是通过参与式观察来了解情况，因此，这样的观察带有很大程度的主观性色彩，且不可避免存在疏忽和漏洞。为了能清楚、详细、客观地记录单元设计的实施过程，研究者对每次西班牙语课堂教学进行全程视频实录，合作教师与研究者课后反复观看视频，进行转录和视频分析，找出问题所在，弥补课堂观察的不足，为下一节课的调整提供参考。

4. 教学研讨与反思

每次上西班牙语课前，研究者与合作教师共同备课，讨论单元中每课时教案的设计；每次西班牙语课结束后，研究者与合作教师再次开展研讨会议，对刚刚结束的教学活动进行讨论、交流和反思，撰写教学反思，据此对下一次课堂教学进行调整和改进。研究者对每次的研讨内容进行录音保存。

5. 实物资料

"将实物作为质的研究的资料来源是基于这样一个信念，即任何实物都是一定文化的产物，都是在一定情境下某些人对一定事物的看法的体现；因此这些实物可以被收集起来，作为特定文化中特定人群所持观念的物化形式进行分析。"每节课的西班牙语教学都包含作业与笔记。研究者拟收集联想测试表格、学生作业、单元教案及课堂笔记等实物资料。例：研究者通过访谈了解合作教师对国际理解素养和单元设计的了解；研究者与合作教师协商设计一个单元教学方案，包含名称与课时、学习目标、评价任务、学习过程、作业与检测、学后反思六要素；在实施单元设计的过程中，研究者对每个课时的教学进行课堂视频实录，合作教师进行课堂观察；基于整个单元的教学，通过研讨反思单元设计的局限。因此，数据库包括访谈、研讨、教学反思、课堂教学实录、联想测试、作业与笔记等文件夹。

表 4-5　研究问题的数据来源

研究问题	访谈	课堂观察	课堂实录	教学研讨与反思	笔记等实物资料
指向国际理解素养的单元教学方案是如何设计与实施的？	√		√	√	√
学生是否通过单元学习提高了国际理解素养？	√	√	√		√

（二）数据分析

分门别类地整理各类数据资料并进行系统、交叉分析是案例研究的重要过程。及时转录并分析数据有利于调整并实施研究方案。在本研究中，数据的整理与分析同步开展。例如对合作教师进行访谈，访谈前初拟好访谈提纲，访谈结束后，尽快对访谈数据进行文字转录，阅读转录文本时撰写反思备忘录，为下一轮访谈奠定基础。每节课后研究者进行教学反思，与合作教师展开研讨。研究者尽快转录研讨录音，分析教学反思，把握下一课时的教案设计修订方向。收集所有数据后，研究者进入系统组织和深层分析阶段，描述个案。具体而言，根据"指向国际理解素养的单元设计框架"组织个案研究。陈向明提出类属分析和情境分析的方法。本研究结合两种分析方法，以"大类属、小情境"的分析模式分析个案数据。一是因为类属分析具有符合一般人归类习惯的特点，能够对数据进行系统的组织，突出表现数据之间异同的优势；二是因为情境分析具有更加贴近当事人生活真实的优势，能够使个案分析既有意义层次和结构，又实现共识性与历史性的统一。具体地说，参照"指向国际理解素养的单元设计框架"已经建立好的大类属对单元设计进行分析，再在每一个类属下引用实物资料、访谈话语、视频片段转录等进行情境分析。

（三）研究工具

1. 访谈提纲本

研究采用响应式访谈。响应式访谈是深度访谈研究的方法，旨在实现理解的深度，而非广度。该模式将访谈者与受访者作为完整的人，而非获取数据的工具。访谈者与受访者置于相互影响的关系中，但这并不影响访谈者带着研究目的开展访谈。质的研究多采用开放型访谈或半开放型访谈。研究希望通过访谈了解一线教师对国际理解素养和单元设计的认识。因此，我们采用响应式访谈，使用访谈提纲作为提示，以半开放的方式进行。研究者作为研究新手，带着访谈提纲开展访谈，有利于把控访谈大方向，实现研究目的。粗线条的提纲，允许访谈者调整问题顺序、表述方式、追问，也为受访者提供了相对开放自由的环境。指向国际理解素养的单元设计访谈提纲是基于国际理解素养内涵和单元设计本质编制的访谈工具，旨在帮助研究者在半结构化访谈中能够收集有效信息。

2.NVivo 软件

软件可以提高质性研究的严谨性、信度和趣味性。NVivo 是美国的质性解决和研究（Qualitative Solutions And Research，简称 QSR）公司设计开发的一款数据分析软件，支持质性研究和混合研究。NVivo 软件操作界面友好，完全兼容中文，能导入并分析图表、视频、文档等不同类型的文件。研究者借助 NVivo 软件建立案例数据库，对各种来源数据进行系统分析。具体过程如下：首先，建立项目，导入文本、图片、音频、视频等不同类型的数据。具体包括教师访谈转录文本、研讨转录文本、课堂教学视频实录、作业、笔记、教学反思等。其次，建立节点，即进行编码。虽然 NVivo 软件提供视频和音频直接编码功能，但是为了减少误差，研究者选择先逐字转录，再逐句编码。第一轮编码采用自下而上的主题编码。第一轮编码后，研究者清理无效数据，在"指向核心素养的单元设计"框架下进行第二轮编码。编码主要依据扎根理论的三阶段编码程序进行编码，即开放编码、轴心编码和选择编码。在编码的过程中，研究者及时写下反思备忘录，以支持下一轮编码，推进资料分析进展。编码过程中，为了提高编码的可靠性，研究者将邀请合作教师参与编码，讨论难以确定的几处节点。最后，分析编码。NVivo 的分析功能强大，可以对视频、音频、图片编码并进行质性分析。或者根据需要选择"思维导图""项目类型""概念图"，进行"聚类分析""比较示意图""探索示意图"等。本研究可以进行词频分析，以"词语云"的形式呈现节点频数。此外，研究者可以尝试通过聚类分析探索节点之间的关系，提取概念类属。

（四）研究信效度与研究伦理

1. 研究信度

研究信度是研究结论能被反复发现或建构的程度。质性研究强调的是追溯研究的具体过程，使研究结果或推论更具可信度。本研究详细记录并呈现研究步骤和收集的数据。具体而言，本研究收集作业、笔记和教案等实物资料；以逐字稿还原访谈与研讨内容录音，课堂视频实录；直接引用课堂实录和教师访谈资料，降低研究者主观推论。此外，研究者详细提供编码过程，展现了完整的审计轨迹。

2. 研究效度

研究效度关注研究发现与现实情况的匹配程度。在评估个案研究质量时，一般有三种类型的效度检验：建构效度、内部效度和外部效度。其一，建构效度。本研究对单元设计的每一个维度、要素都采用多元的证据来源，形成三角互证。此外，在收集和分析数据的过程中，研究者分析数据的同时，让合作教师参与检验，研究报告完成后，让合作教师核实一遍。其二，内部效度。本研究采用的检验手段有两个：第一，尽可能收集丰富的原始资料，并建立案例数据库。案例数据库既包括从研究个案那里收集到的所有证据资料，也包括研究者在研究过程所做的备忘录、访谈笔记等。第二，进行同行评审，广泛地与老师、师兄师姐进行交流，听取他们的意见。其三，外部效度，即案例的推广性。本研究鉴于案例的典型性可以在一定范围内实现一般化推广，但其更深刻的价值在于对一线教师及其他研究者具有启发意义。

3. 研究伦理

研究者根据学校伦理委员会相关规则，充分保障受试者的知情权，严格履行知情同意程序。进入研究场域之前，研究者率先向该校校长介绍研究内容、研究目的、研究价值等，描述了关于拟研究对象的要求。获得校长许可后，研究者向该校西班牙语教师介绍了研究基本情况，如实回答各个问题，一名西班牙语教师自愿作为合作教师参与研究，并在研究过程中积极配合。收集数据之前，研究者向这名西班牙语教师和符合研究要求的受试者解释研究的基本情况，四名学生自愿参与本研究。研究者在合适的环境向他们出示纸质知情同意书，在知情同意书中，研究者说明了参与本项研究可能获得的益处与需要承担的风险。虽然受试者参与本研究不会得到报酬，但是能够了解拉美文化中生命观，理解生命的可贵，提升尊重生命的意识。通过课堂讨论，提高表达能力和跨文化交际能力，培育国际理解素养。通过小组合作，提高合作和共情能力。此外，研究尚未有可预见的风险。研究者如实回答受试者的疑问，目前已获得所有受试者的口头和书面许可。研究者也再三向受试者承诺尊重并保护教师、学生和家长的隐私，因为研究过程中有涉及课堂教学的录像、教师对学生进行评价反馈的录音、学生的考试成绩等隐私内容。本研究筛选受试者时秉承公平公正原则，具有不同年龄、性别、成绩、地位、家庭经济状况等背景的师生只要符合研究需要都可参与本研究。受试者自愿参与，享受同等权利。由于本研究拟选取的是西班牙语水平存在差异的学生，研究表明四名学生的西班牙语水平和国际理解素养确实存在一定的差异，但研究者在分析数据时秉持客观公正的原则，妥善、合理地处理四名参与者的关系。本研究尊重受试者权益，对受试者的安全、健康和权益给予充分考虑。研究者录制课堂教学视频之前，告知受试者他们有权拒绝拍摄，可以提出检查、编辑这些音像资料的要求，可以提出删除部分或全部记录的要求，再次获得受试者同意时才开始收集数据。研究者开展访谈之前，向被访者请求录音许可，并告知被访者他们有权选择拒绝或跳过任何一个不想回答的问题。研究者向受试者承诺他们可以随时退出实验，且不会遭到任何惩罚。研究者严格保密研究数据，在论文中使用时采取匿名处理，在数据分析和报告呈现的过程中，为了保障研究对象的隐私与权益，所有涉及人名、地名等敏感信息的内容，研究者都进行了匿名处理，使用了名称、姓名的首字母缩写或采用化名的形式，如 S 市的 G 中学，合作教师是 Z 教师，学生分别是 Mario、Julia、Ema 和 Elena。

三、案例呈现

指向国际理解素养的单元教学案例研究流程可以分为方案编制阶段和方案实施阶段，即设计教案阶段与实施教案阶段。完成主题单元教学后，研究者整理并分析研究数据。

（一）方案编制

研究者作为授课教师根据国际理解素养内涵、西班牙语学科课程标准、现有教材以及学生情况等其他课程资源，对整个学期的课程计划进行整体安排。通过与合作教师的讨论，将本学期的西班牙语课程划分为四个单元。完成单元划分后，研究者根据指向国际理解素养的单元设计框架编制本单元教学方案。方案设计初稿完成后，研究者与合作教师就每一课时的教案进行深度研讨，分析设计的合理性与实施的可能性。为了呈现案例的本体，研究者将按照单元设计流程，详细说明每一个要素的设计过程。

1.确定单元名称与课时

研究者借助大观念确定单元名称。本单元从大观念的视角组织教学过程，有机整合了必修 3 和必修 4 的主题与情境，借助单元主题"中拉文化中的生死观"巧妙衔接两个情境，充分考虑了由浅入深、从易到难的学习规律。单元的名称以单元主题命名。

研究者按照学生的认知水平和知识的重要性规划课时。研究者与 Z 老师根据西班牙语课程标准的学业要求分析研究对象。我们发现高三年级的学生经过两年多的学习，基本达到学业质量水平 3 的要求。在语言活动方面，学生的听说读写能力基本达到必修 4 要求。学生能大致听懂语速正常、发音标准的语料，能够听懂一般的课堂提问和讲解，能听懂简单的故事和简单的说明文；能够使用规范的语音、语调和正常的语速进行口头表达，能够在课堂上使用简单的西班牙语进行交流；能用正常的语速和正确的语音、语调连贯、流畅地朗读课文；能读懂简单的故事和日常应用文，获取所需信息；能够撰写简单的通知与海报，简单地描述地点、介绍人物或叙述经历。词汇知识方面，通过观察四名学生在课堂上的单词听写表现，研究者发现他们的词汇知识基本达到必修 4 要求。除了课程标准所要求的词汇，他们在准备 DELE 考试的过程中积累了丰富的课外词汇。语法知识方面，四名研究对象已经初步掌握现在时、过去时、将来时的陈述式和虚拟式的变位规则和常见用法，但是尚不能灵活运用。在课堂观察的过程中，研究者发现他们在课堂互动中多使用简单句、主动句，时态以陈述式现在时为主，但是在回答 DELE 口语题时会尝试使用虚拟式现在时。文化知识方面，四名研究对象了解西班牙语国家的基本国情，例如西班牙语国家的地理位置、作息时间、饮食习惯等，但是学生对西班牙语国家的风俗习惯和历史文化状况尚不了解。传统节日伴随着特定的风俗习惯，凝聚着民族文化情感和价值观念，是了解一个国家或民族文化的突破口。

"文化"很难定义，因为文化群体的内部始终存在差异。一个文化群体包含拥有多种信仰的个体。西班牙语世界包括20多个国家，其中大部分国家位于拉丁美洲。但是，即使拥有相似的地理位置和被殖民历史，不同国家间仍存在显著差异。我国56个民族虽然都是华夏文明的重要部分，但是不同民族之间也各有其特色，并非完全一致。此外，任何群体的核心文化也会随着时间不断变化和发展。因此，本单元所说的拉丁美洲文化和中华文化是指两个文化群体的整体特征。文化由物质资源、社会资源和主观资源三个方面组成，包括群体成员所创造的物质产品（例如工具、食物、衣物等）、群体中的社会制度（例如语言交际习惯、民俗、宗教等），以及群体成员通常用作分析世界的参考框架（例如信念、价值观、话语等）。换言之，文化包含多个层次，可以分为文化产品、文艺作品和文化心理等。

研究者将单元确定为5个课时，从文化产品到文艺作品，最后上升到文化心理，由浅入深、由表及里地展示我国与墨西哥的生死观。文化产品部分的两个课时，从美食、服饰、节日习俗等多个维度呈现我国与墨西哥的社会文化情况；文艺作品部分的两个课时借助古诗、电影、歌曲、影评等不同形式的载体，初步呈现我国文化与拉丁美洲文化中所蕴含的生死观；文化心理的一个课时通过追溯清明节与亡灵节的历史渊源和文化背景，深度解读我国与拉美文化中生命哲学的异同。

2. 构建指向国际理解素养的单元目标体系

本单元的目标制定以西班牙语课程标准中学业质量水平的第四级为主要参照。虽然不同级别课程的主题有所重合，但是语言难度、思维深度和文化内涵方面呈螺旋式上升。西班牙语课程标准对选择性必修课程的语言活动、词汇知识、语法知识和文化知识都提出了具体要求。语言活动的要求包括听、说、读、写四个方面，"能够大致听懂语速较慢、有少量口音干扰的语料。能够听懂简单的说明文，大致了解描述对象的细节特征。能够听懂非常熟悉的话题的讨论，大致了解多人的观点。能够听懂非常熟悉的话题的发言；能够用自己的话简单评论课文内容。能够就熟悉的话题简单地表达个人看法。能够讨论一般性话题。能够做简短的发言；能够概括文章的主要观点并转述。能够就感兴趣的学习和生活主题撰写简单、完整的文章。能够修改所写的内容，比较正确地使用各种时态和语态"。词汇知识方面，学生需要"了解外来语对西班牙语的影响"。语法知识方面，学生需要"掌握简单过去时、过去未完成时和现在完成时的区别"。文化知识方面，学生需要"了解中国与西班牙语国家在思维方式及世界观、价值观等方面的异同"。跨文化交际是一个双向互动的过程，学生不仅要借助西班牙语了解西班牙语国家的先进文化，而且应该积极传播中华民族优秀文化，引进来与走出去相结合，做好中外文化交流的使者。因此，本单元目标强调对比我国与拉美国家文化的共性与个性，要求学生在综合运用语言知识的过程中了解拉美文化、讲好中国故事。

联合国教科文组织、亚洲协会和经合组织的国际理解素养目标也对本单元目标的制定发挥了导向作用。联合国教科文组织的可持续发展目标 4 教育质量的认知学习目标中强调学习者需要理解文化对可持续发展的重要意义。SDG 4.7 明确提出截至 2030 年，要确保所有学习者获得促进可持续发展的知识和技能，其中包括了解文化多样性、促进和平非暴力文化，肯定文化对可持续发展的积极意义等目标。可持续发展是社会的主旋律与未来的大目标，因此本单元目标制定过程中，聚焦学生对多元文化价值的感受与理解。

亚洲协会关注全球化情境下，学生理解和处理全球化问题的能力与态度。亚洲协会全球素养工作小组指出：具有国际理解素养的学生关心世界及其运作方式；他们可以借助任何学科（数学、语文、历史、科学和艺术）中蕴含的大观念、工具、方法和语言来解决当今时代紧迫的问题；他们调查全球性问题，承认不同观点的存在，能够有效地传达自己的观点，能够采取行动，运用专业知识改善社会。亚洲协会的国际理解教育目标肯定了在西班牙语学科教学中融入国际理解教育理念的可能性，同时强调承认多元文化的存在和表达自身观点的重要性。本单元的目标制定参考亚洲协会的国际理解教育目标，关注多元文化意识的培育。

经合组织自 2018 年起开始测试学生的全球素养。全球素养包括四个维度：认识地区性和全球性问题的文化意义，理解和欣赏他人的世界观，通过文化参与到开放、有效的互动中，为可持续发展和人类共同福祉采取行动。具体而言，经合组织认为具有国际理解素养的人愿意并且能够从多种角度考虑全球性问题以及他人的观点和行为。当他 / 她了解其他文化的历史渊源、价值观、沟通方式、宗教信仰等内容时，他 / 她能够意识到自己的观点和行为受多种文化共同塑造而成，能够考虑并欣赏文化间的联系，能够弥合差异并且建立共同基础。他 / 她能够保留自己的文化身份，同时也能承认他人文化价值和信念的存在，即使他 / 她未必能接受它们。本单元的目标制定参考经合组织的国际理解教育目标，要求学生寻找拉美文化和我国文化生死观的共性，各美其美，美美与共。

单元目标的确定以教材内容为依托。研究者和 Z 老师分析现有西班牙语教材，发现已有教材与课程标准不匹配，难以直接提炼课程目标。目前针对中学生的西班牙语教材正在编写的过程中，国内常用的西班牙语教材主要为高校教材（《现代西班牙语》）和引进的外版教材（《快乐西班牙语》《走遍西班牙》）等。高校西班牙语的教材主要对象是西班牙语专业的大学生，教材逻辑参考大学生的认知水平与心理特征设计，偏重语言结构，对学生的思维水平和理解能力要求高，与中学生学情不相符。教材涉及的大学校园生活等主题与中学生的日常生活脱节。外版教材少儿版侧重跨文化交际，适合初学者。

例如，《快乐西班牙语(青少版)1(学生用书)》涉及的主题与情境符合初中学生的特征。然而，缺少与高中生学情相匹配的外版西班牙语教材。国内与课标配套的中学西班牙语教材出版至初中年级，正在部分学校小规模实验，尚未有提供给高中生的西班牙语教材。商务印书馆与北京市109中学合作编写了中学西班牙语教材《中学西班牙语基础教程》，目前已有两册。这套自编教材的语言级别相当于西班牙语等级考试(DELE)的A1级别，适合零基础西班牙语学生，与高三年级的学生需求不匹配。上海市甘泉外国语中学基于高中课程标准，解读历年高考西班牙语上海卷，编写了《高中西班牙语听说训练》一书，作为听说课辅助学材。在访谈过程中，Z老师着重强调教材的缺失给西班牙语教学尤其是单元设计的开展带来了不便。她向研究者介绍目前中学西班牙语教材主要采用引进版教材，如《快乐西班牙语》。她认为这套教材强调交际性，以主题单元的形式编写，适合零基础西班牙语学生："这本教材是很容易融入单元设计的，因为本身在设计这本教材的时候，它就是以单元形式。其实对于老师备课来说也是很方便，只要跟着书本的一个节奏，然后做一些小小的改动，就可以了，一个单元就是一个主题。"

然而这套教材只适用于低年级西班牙语学生。正如Z老师所说，欧标的教材结构较散，以反复操练为手段，完成教学目标需要多个课时。而高中零基础西班牙语学生需要在三年内达到西班牙语水平4级及以上。由此可见，欧标教材无法匹配我国西班牙语课程的目标。

如果说欧标教材重交际、轻语法，那么国内的教材则恰恰相反，缺乏交际性。Z老师说许多学校使用的高校西班牙语教材陈旧，单元概念缺失。她认为将这套教材作为中学西班牙语课程教材同样存在困难："因为这种教材设计的就没有单元学习，如果让老师去设计这个单元，也很牵强，非要把这几个点、知识点放在一个单元里面。这个工作也不是我们一线中学教师有能力去做到的。"

随着中学西班牙语课程标准的出台，外教社出版了中学多语种系列教材《西班牙语》，这套教材由西班牙语高校教师和一线教师领衔编写。或许是因为时间仓促，这套教材的内容较少，作业形式与高考脱节，质量不高，甚至存在一些语法错误。现有教材与课程标准脱节，研究者和Z老师只能自主整合课程资源，作为制定课程目标的参考。

制定目标前，研究者通过课堂观察了解学生的生活经验与素养水平。在教师访谈环节，研究者询问Z老师关于班级学生的国际理解素养水平，以此作为目标制定的依据之一。

研究者：您也带了这么多学生，也比较了解他们，您觉得现在的中学生的国际理解素养怎么样？

Z：高中生好像比较弱，当然因为我接触的学生也不多，我们的学生群体比较小，它不能代表现在的中学生怎么样。

基于上述思考，研究者与合作教师确定本单元学习目标如下：

通过阅读短文，知道清明节与亡灵节相关词汇。能够大致听懂相关语料，了解清明节与亡灵节风俗习惯的异同，初步体会不同民族的文化差异。

在欣赏电影片段的过程中体会亡灵节的氛围。通过阅读《寻梦环游记》的影评等，能够归纳影片中的亡灵节文化符号。能够讲述影片的主要情节，认识到缅怀先人的重要意义。

通过视频和文章，了解清明节与亡灵节形成的历史渊源。对比我国与拉美国家的文化差异，简单表示个人观点。体会拉美文化中的生命观，形成尊重其他民族文化的品格。

教学方案需要聚焦单元目标，借助文化教学逻辑，从大观念视角设计课时目标。课时目标不是单元目标的简单扩写，而是教师根据单元主题整体规划课程资源，说明每个课时需要实现的具体目标。课时目标与单元目标相匹配，层层递进，进阶式发展，逐步提高难度。第 1~2 课时作为单元学习的开端，从文化产品出发，具体目标是：

通过阅读短文，能够获取所需信息，知道清明节和亡灵节的时间、地点、特色食物、服饰装扮、传统仪式等风俗习惯，初步体会不同民族的文化差异。

认识清明节和亡灵节的相关词汇，能够听懂语速适中、有少量生词的语料，感受不同节日的氛围。

通过课堂讨论，比较不同节日中悼念亡者方式的相似与不同之处，认识到尊重亡者的重要意义。

第 3~4 课时在前两个课时的基础上，逐渐提升难度，要求学生以文化产品为依托，实现以下课时目标：

能够使用规范的语音、语调描述画面特点，在欣赏电影片段的过程中体会亡灵节的氛围。

能够用自己的话讲述影片的主要情节，归纳影片中的亡灵节文化符号，感受影片中浓郁的拉美风情。

通过阅读影评，获取所需信息，分析影评中所传递的生命观，认识到缅怀先人的重要意义。

第 5 课时作为本单元的最后一个课时，由表及里，考察我国与拉美人民的文化心理，

本课时目标是:

在阅读文章的过程中了解清明节的历史渊源和传承发展,感受节日所折射的生命观。

通过视频和文章,了解亡灵节形成的历史渊源和文化内涵,感受拉美人的生命观。

通过课堂讨论,对比我国与拉美国家生命观念的异同,形成尊重其他民族文化的品格。

3. 基于单元学习要求设计评价任务

指向国际理解素养的单元设计是一种逆向设计,以任务驱动为特征。单元内容全部学完之后,学生需要完成一个单元评价任务,在做事的过程中体现国际理解素养的实际水平。评价任务是检测学生是否完成学习目标的关键环节,是学习目标与学习过程的联结点。评价任务即学生通过做事,表现学习结果。

指向国际理解素养的单元评价任务在合理设计其信度、效度、挑战性和分层性以外,需要介入真实情境。真实情境将课堂教学与现实世界相关联,学生在做事的过程中有效迁移并灵活运用知识,实现真实的深度学习。中小学生能够在熟悉的主题情境中应用课堂所学知识感受的学习价值。庆祝节日是常见的主题活动,因此本单元将"在中国庆祝亡灵节"作为评价任务的情境。本单元的评价任务为以下内容:

请你写一篇短文:亡灵节期间,墨西哥交流生 Juana 想去墓地举办狂欢派对。你向她简单介绍了我国的清明节习俗,她说:"为什么我们不能在墓地办派对,这是我们悼念亡者的传统方式。我不喜欢清明节。这个节日太悲伤了,墓地里不能有音乐也不能有舞蹈。你们悼念亡者的方式不如我们的好。"听到这样的评价,你是什么样的心情?你想到了什么?你会和她说什么?你会做什么事情?请你展开想象,记录自己的反应。

西班牙语课程标准为本单元评价任务的设计指明了方向。课标将学生学业成就表现划分为五个水平。其中 4 级水平指向高考命题方向,对所有参与高考的学生具有导向作用。四名研究对象虽然计划赴西班牙语国家留学,但是目前也要准备参加高考。因此本单元的评价任务以 4 级水平为基准,即:

"(1)能够较熟练地选择正确的知识和恰当的策略,顺利完成交际任务,在口语和书面语表达中具备语篇意识。(2)能够在理解跨文化交际意义的基础上,观察并思考中国与西班牙语国家间文化的异同,在比较中增强文化自信。"

评价体系必须与单元学习目标相一致。4 级水平质量的描述可以细化为指向学科核心素养的分水平评分规则。本单元评价任务的设计除了参考西班牙语课程标准建议之外,还借鉴了多个国际组织的相关手册。经合组织的国际学生评估项目(The Program for International Student Assessment,简称 PISA),对学生在各个能力领域的成就提供了比较指标。2018 年 PISA 项目增加了国际理解素养的评估。国际理解素养是一个复杂的、多维的概念，该项目的评估结果将面临质疑与挑战。亚洲协会的评价规则关注语言的工具性，强调学生运用外语提出、设计并解决地区性或全球性议题。将外语学习目标与全球视野结合，适合评价主题式单元教学的成果。本单元的评价体系围绕单元主题"中拉文化中的生死观"设计，参考亚洲协会和经合组织的评分规则调整。本单元评价标准可细化为：能够运用语言和文化知识，理解我国和拉美人民对待死亡的视角与态度，感受语言和文化对事物发展和观点形成的重要影响；能够尊重我国与拉美人民悼念亡者方式的不同与生死观的差异；能够认识拉丁美洲的亡灵节习俗与历史，并运用西班牙语向他人介绍我国的清明节习俗与渊源；通过了解我国与拉美文化中的生死观，能够认同本民族优秀文化，珍视生命，尊重亡者。

国际理解素养包括多元文化意识、尊重差异、跨文化交际、行动参与四个方面，涉及知识、能力、意识、态度四个维度，需要多种形式、多个主体的评价。自我评价、教师评价与研究者评价相结合，不同主体按照合适的评价规则分析学生是否完成学习目标。课程目标建议教师支持学生自评与互评。联合国教科文组织指出，可持续发展目标 4 的评价可以划分为多个层面，包括个人层面评估、学校和机构层面评估国家层面评估、大规模跨国层面评估，如 PISA 测试等。联合国教科文组织、经合组织和亚洲协会都肯定了学生自评的重要价值。因此，除了单元评价任务之外，本单元的评价体系中还包括学生自评。在与学生的日常交流中，研究者鼓励学生根据学习目标评价自己的学习成果。

4. 围绕单元目标组织学习活动

指向国际理解素养的单元教学方案需要教师运用合适的教学策略组织学习活动。中学西班牙语教学需要以核心素养为主线，实现学科育人目标。研究者综合课程标准与联合国教科文组织的教学建议，归纳本单元的教学策略如下：

本单元的学习活动从学生熟悉的文化产品出发，以清明节与亡灵节两个传统节日为线索，借助文艺产品逐步深入文化心理的解读，符合学生思维习惯。多个课堂讨论活动激发学生参与课堂的热情，真正做到以学习者为中心。

根据目标体系，研究者将单元教案具体化为分课时教案，学生的学习呈现进阶式发展姿态。本单元将"陪伴墨西哥朋友在中国过亡灵节"的单元任务分解为三个子任务："回忆过去的清明节""解读《寻梦环游记》中的亡灵节"和"规划未来的清明节"。学生在对比清明节和亡灵节的历史渊源、风俗习惯、文化内涵的过程中体会中拉生死观差异，提高国际理解素养。

本单元指向国际理解素养的培育，素养的形成是一个漫长的过程。研究者组织学习活动时，需要利用亡灵节简介音频、《寻梦环游记》视频片段、影评等课程资源，结合听说读写训练，输入与输出相呼应。研究者需要引导学生对比我国和拉美的文化差异，树立文化交流意识，培养尊重多元文化的态度。学生不仅有机会广泛认识西班牙语世界的文化，而且能进行跨文化交际，讲好中国故事。

5. 根据单元目标设计作业与检测

作业与检测是单元设计的核心环节之一，是实现教学评一致性的必经之路。单元作业必须根据单元主题精心设计。减负是教育领域一直以来的热议话题，近年来关于减负的文件政策常常引起社会各界广泛关注。《中小学生减负措施》的通知中强调"科学合理布置作业""严格控制书面作业数量"。单元教案中的作业应聚焦目标、提高质量、降低数量。

作业可以分为课前、课中、课后三种类型。课前作业以调查、预习为主，是学生了解本单元主题的助跑器。课中作业是学习活动的一部分，是过程性评价的关键要素。西班牙语教学中国际理解素养的培育是以听说读写训练为依托的，因此学生在学习过程中需要完成一定的作业，呈现学习的经历，便于教师及时检测教学效果。具体作业形式可以包括课堂表演、对话、口头作文、任务考核和项目设计。课后作业是指每节课学生需要完成的检测任务。课堂教学时间有限，教师可以在课后检测部分安排更为复杂的作业，评价学生是否真的掌握了课时目标。教师可以设计基于真实情境的团队协作项目；开展面向未来的思维训练，例如，未来工作坊、乌托邦/反乌托邦故事分享、小说构思；开展社区案例研究；撰写反思性备忘录等进行批判性和反思性思考。

为完成本单元的作业学生须在课前查阅清明节和亡灵节的相关资讯，构建生活经历与即将学习内容之间的关联，提前熟悉本单元主题情境。课中作业包括听说读写多种题型训练，以课堂讨论和教师面对面评价为主。教师会及时给出反馈，引导学生聚焦单元主题。课后作业是基于每节课课时目标设计的，需要学生撰写书面作文，根据学习内容和生活经验回答问题。这些问题在学习过程中都会涉及，因此是检验学生阶段性学习成果的重要工具。

6. 以单元目标为线索引导学后反思

学后反思是素养本位的单元教学的关键环节。素养不是老师教出来的，而是学生自己悟出来的。以学习者为中心的单元设计要求学习者反思自己的知识和学习过程，以便对其进行管理和监控。教育者应提供支架，激发和支持这些反思。教育者的作用是创建一个学习环境，以提示学习者的本单元的学习经历，引导学生回忆思维过程，实现从知识技能到核心素养的提升与变革。本单元的学后反思围绕单元主题设计，具有实践性、针对性和互动性三个特征。第一，学生在完成课时教学后，在学后反思环节对课堂实践产生思考。将课堂知识与生活经验相关联，思考悼念亡者的方式，探究《寻梦环游记》

等文艺作品中所传递的拉美生死观，对比清明节与亡灵节的异同，在实践中提高国际理解素养；第二，学后反思为学生提供了自我管理、调节学习的机会。学生可以针对思考题回顾学习过程，调整学习策略；第三，学后反思具有互动性，该环节为师生互动、生生互动提供了平台。研究者可以从学生的反思中了解教学效果，及时调整教学策略。Z老师与学生鲜少在中小学课堂中讨论生死观这一特殊的话题。通过学后反思，研究者可以获悉学生对这一话题的接受程度，合理引导学生树立尊重生命，理解文化差异的态度。

（二）方案实施

单元教学方案的实施时间为 5 课时。第 1 课时了解单元目标和评价任务，学习我国清明节的习俗。第 2 课时学习墨西哥亡灵节的区别。第 3 和第 4 课时通过《清明》和《寻梦环游记》等文艺作品，识别清明节和亡灵节的习俗，初步体验我国与拉美的文化差异。第 5 课时了解清明节与亡灵节的历史起源和社会背景，增进对我国与拉美文化中生死观的理解。本单元是研究者与合作教师的一次尝试性教案变革。为了减少研究对该班正常教学进度的影响，本单元作为选择性必修课程的一个补充单元，独立于其他四个单元，在西班牙语辅导课时间实施。

开展单元教学之前，研究者与合作教师及西班牙语教研组的其他老师讨论过单元设计方案，包括案例研究的目的、案例研究的问题、案例研究的意义、单元设计的依据、单元教学实施中可能会遇到的问题等。根据教师们的建议，研究者调整了单元教学内容的难度，以期减少实施中的阻力。

研究者利用摄像机录制了五节课的教学全程，并用录音笔收录了课堂讨论、教学研讨、教师访谈等信息，详细记录了单元教学实施的全过程。研究者在实施前、实施中、实施后分别与合作教师进行过一次访谈，用录音笔记录了访谈内容。第 1、2 课时，第 3、4 课时和第 5 课时教学后，研究者及时撰写教学反思，记录教学过程中的心得体会与问题反思。课堂教学前后，研究者与合作教师短暂讨论上节课的教学和本节课的教学策略，合作教师作为观察者反馈学生的表现。将录音转写为文字，得到课堂实录文字稿 5 份、教学研讨 5 份、教师访谈 3 份、教学反思 3 份。

第一课时：介绍清明节习俗

1.教师如何开展联想测试

时间安排：6 分钟

教学策略：教师在单元教学前了解学生对"生命""死亡""清明节""亡灵节"的印象。教师说明联想测试的操作方法后发放测试材料，借助手机计时。学生自由书写联想词，教师旁观，不以带情感色彩的言论和行为影响学生测试。仅提醒学生不要修改、擦除已写的联想词，及时停笔。

第一课时学生进行联想测试

教师如何说明单元教学目标

时间安排：2 分钟

教学策略：教师结合单元学习方案简要说明本单元的学习目标与学习计划。学生浏览学习方案，初步了解本单元的学习目标与学习任务。

课堂讨论清明节习俗

教师如何开展课堂活动

时间安排：30 分钟

教学策略：学生结合个人经验，讨论他们所知的清明节习俗，激发学习兴趣。教师提出四个问题，引导学生阅读一篇 650 字左右的西班牙语短文，根据短文内容回答问题。由于文章较长，学生阅读速度不同，西班牙语水平低的学生容易在阅读过程中走神，教师逐段讲解，把握阅读节奏。讲解阅读题时，教师一方面归纳阅读技巧，另一方面总结短文中的词组与短语。学生通过本活动增加对清明节习俗的了解，学习节日相关术语的专业表达。教师组织学生讨论：清明节是否应该焚烧祭品？学生运用西班牙语表达个人观点，流露出对生命的思考。

教师如何布置作业

时间安排：2 分钟

教学策略：学生预习第 2 课时的短文。前两个课时都是借助文化产品介绍传统节日，传递生死观，教师将这两个课时安排在同一天。第一课时的作业起过渡作用。学生对于亡灵节的熟悉程度低，可以课前阅读短文。

第二课时：认识墨西哥的亡灵节

教师如何导入亡灵节

时间安排：2 分钟

教学策略：教师引导学生复习清明节习俗，迁移至墨西哥的亡灵节。

教师如何开展课堂活动一

时间安排：25 分钟

教学策略：教师展示 3 个问题，学生通过听力练习回答问题。在分析听力材料的过程中，学生意识到清明节和亡灵节的习俗存在差异。教师提出 5 个问题，学生通过阅读一篇西班牙语短文回答问题。在阅读理解的过程中，学生认识亡灵节的习俗。

教师如何开展课堂活动二

时间安排：10 分钟

教学策略：教师组织学生讨论清明节和亡灵节的差异。学生运用两节课所学的节日相关词汇与个人经验，对比两个民族的节日。

教师如何布置作业

时间安排：1 分钟

教学策略：学生书面介绍本民族悼念亡者的方式。教师提醒学生结合个人经历说明，增加细节。

教师如何指导学后反思

时间安排：2 分钟

教学策略：教师引导学生归纳对两个节日的新认识，鼓励学生对比两个节日，思考悼念亡者的意义。

第三、四课时：解读文艺作品《寻梦环游记》

第三课时与第四课时的主要任务是解读与清明节和亡灵节有关的文艺作品。我国与清明节有关的文艺作品繁多，学生在语文课中已经学习了相关内容，因此不做赘述。在亡灵节相关文艺作品中，《寻梦环游记》是学生最为熟悉、最感兴趣的，因此将两节课作为一个大课时，重点解读该作品中所表现的亡灵节习俗，以及作品所表达的生死观。

教师如何开展课堂活动一

时间安排：4 分钟

教学策略：教师展示清明节和亡灵节相关习俗的图片，学生回忆相关短语。

教师如何开展课堂活动二

时间安排：2 分钟

教学策略：教师展示杜牧的《清明》，学生结合一则译文尝试用西班牙语翻译此诗，感受不同语言文字所蕴含的感情。

教师如何开展课堂活动三

时间安排：70 分钟

教学策略：学生运用西班牙语介绍影片主要剧情，欣赏《寻梦环游记》片段，捕捉文化元素。阅读两篇西班牙语短文，举例说明《寻梦环游记》团队是如何借助墨西哥文化符号阐释亡灵节的。学生通过文字和视频，感受墨西哥人对亡灵世界的奇妙幻想。学生运用听觉、视觉等感官，深入了解墨西哥人对死亡、家庭、生命和回忆的特殊理解。

教师如何布置作业

时间安排：2 分钟

教学策略：学生参考阅读材料撰写一篇关于《寻梦环游记》的影评。

教师如何指导学后反思

时间安排：2 分钟

学生欣赏电影片段

教学策略：教师鼓励学生寻找其他关于清明节和亡灵节的文艺作品；引导学生思考介绍一部作品的时候应该从哪几个方面展开；启发学生探索《寻梦环游记》中所蕴含的文化元素和生命观念。

第五课时：理解中拉文化中的生死观

教师如何开展课堂活动一

时间安排：15 分钟

教学策略：教师提出 6 个问题，学生阅读一篇西班牙语短文和一篇汉语短文，探究清明节的历史渊源和文化内涵。

教师如何开展课堂活动二

时间安排：8 分钟

教学策略：学生观看视频，结合阅读材料，回顾亡灵节的习俗。教师引导学生探究亡灵节的历史渊源和文化内涵。

教师如何开展课堂活动三

时间安排：13 分钟

教学策略：教师引导学生综合单元学习内容，对比清明节和亡灵节的起源、内涵、风俗等。学生通过课堂讨论和阅读理解体会我国与拉美国家生死观的异同。

教师如何布置作业

时间安排：2 分钟

教学策略：教师提出 3 个问题，学生书面回答，解释清明节的文化内涵，介绍自己下次度过清明节的计划，阐明自己对生命和死亡的认识。教师布置作业

5. 教师如何引导学后反思

时间安排：2 分钟

教学策略：教师引导学生从扫墓方式的区别思考我国清明节和墨西哥亡灵节文化内涵的差异，归纳学习本单元后对死亡和生命的新看法。

（三）数据处理

数据收集的过程并不如研究设计时所设想的那般顺畅，而是曲折复杂，充满酸甜苦辣。教师访谈是研究者面临的第一个挑战。合作教师 Z 老师工作繁忙，没有整块的时间接受长时间访谈。因此，访谈分三次完成，访谈地点都就近选择为 Z 老师的办公室。第一次访谈时，研究者刚刚进入 G 中学实习，与 Z 老师还不熟悉。因此，访谈从询问 Z 老师的个人经历和工作情况开始。由于 Z 老师需要参加会议，访谈暂停。通过简短的访谈，研究者初步了解 Z 老师的工作内容和 G 中学西班牙语教学的基本情况。第二次访谈时，单元教学已经开始，研究者询问了 Z 老师本学期西班牙语教学的目标、现有西班牙语教材的优点与缺点、单元教学的设想、对西班牙语课程标准的理解、对国际理解素养的认识等。Z 老师提出单元主题的确定是通过单元教学培育国际理解素养的难点。第三次访谈聚焦国际理解素养在西班牙语课程中的培育。让研究者意外的是，Z 老师质疑外语课程培育国际理解素养的天然优势，她认为通过母语能更轻松地讨论全球性议题。她说："这个工作（培育国际理解素养）其实不应该是每个学校的外语老师去找这个材料，它如果真的是一门课，就应该有相应的教材，对吧？"这个回答反映了教师对于参与国际理解教育的态度，侧面印证了国际理解素养培育的难度。

其他数据的收集过程中同样不乏意外与困难。研讨过程中，研究者遇到了与访谈环节相似的问题。由于 Z 老师需要完成繁重的教学任务，有时无法和研究者开展教学研讨。因此，研究者只完成了五次简短的研讨。研究者使用相机、手机、录音笔等设备收录课堂教学音频，但是设备质量有限，学生的窃窃私语未能清晰录入，少量数据的缺失难以避免。第一次进行联想测试时，研究者未强调不能涂改。Julia 曾用橡皮擦除词语，未能完全遵守联想测试规范。在收集学生的笔记、单元教学方案、作业的过程中，发现部分字迹潦草，难以辨认……

克服重重困难，研究者在案例研究的实施过程中收集了丰富的数据(如表4-6所示)。研究者运用访谈、课堂视频实录、教学研讨等方式收集了录音和录像资料；记录了教学过程中的心得，形成三篇教学反思；整理了四名研究对象的联想测试单、笔记、教学方案、作业等实物资料。针对研究问题，研究者对数据进行转写、编码、分析，回答研究问题。

表4-6 本研究数据收集汇总

数据类型	数据量
教师访谈录音	3 次
教师研讨录音	5 次
课堂教学实录视频	5 课时
实物资料	3 份教学反思，4 份学生笔记，4 份教案，4 份作业，8 份联想测试

1. 视频、音频数据的转写

为了全面反映主题单元教学的过程与效果，研究者录制了每一课时的教学视频。访谈与研讨是研究者从另一个视角审视主题单元教学的有效手段，研究者在获得合作教师许可的前提下对每一次研讨进行录音。由于录音时间长、内容多，研究时间和经费有限，研究者首先借助转写软件将部分音频与视频转写为文字。但是，机器转写误差大，无法转写西班牙语，因此，研究者花费大量时间人工转写数据，通过听写的方式逐字逐句转录。忽略语气词、打断、重复、听力练习原文、影片视频原音等内容，得到近 5 万字转录文稿。

2. 文字和实物资料等数据的编码

第一轮编码，研究者采用自下而上的主题编码，按照内容的关键词直接进行编码。如果访谈者的提问只是出于获取信息的目的，对理解受访者没有帮助，则不予以编码。如果采访者与被访者、教师与学生的互动具有共同建构意义，则需要进行编码。例如，学生作业中"清明节的代表食物是青团"被编码为"清明节食物"。第一轮编码后，研究者清理了无效数据，按照"大类属、小情境"的分析模式分析个案数据，在"指向国际理解素养的单元设计"框架下进行第二轮编码。研究者将体现学生多元视角、尊重差异、跨文化交际和行动参与的表现进行归类汇总，再按照单元设计的要素将其分类，形成自上而下的编码体系[7]。例如，Julia在笔记中阐述自己对亡灵节的认识，体现了她从另一个民族文化的视角看待死亡。研究者将这段文字编码为"评价—多元视角"。

3. 数据的分析

在数据编码上，研究者将所有文本资料和实物资料导入NVivo，查询词频，得到词语云（如图4-5所示）。通过词频图可以发现，墨西哥、清明节、西班牙语、亡者（muertos）、生死观等是本单元教学的关键词，单元教学围绕"中拉文化中的生死观"展开。

图4-5 单元教学数据词语云

研究者对比学生参加单元教学前后的联想测试结果，发现实施单元教学后，研究对象联想的词语数量大幅增加，内容与主题单元教学更加密切相关。以Mario关于"亡灵节"的联想词为例（如图4-6所示），虽然他观看过《寻梦环游记》这部影片，但是单元教学前他只能联想到3个词语。通过5个课时的学习，Mario在50秒内联想到9个词语，包括汉语和西班牙语词组。词语的变化说明他对墨西哥的亡灵节有了更广泛的认识，熟悉亡灵节的习俗，理解亡灵节的文化含义。由此可见，主题单元教学有利于培育多元文化意识、培育国际理解素养。

选择材料的原则是这一现象能为研究问题提供丰富的信息。研究者分析每个材料来源的数据后，借助编码探索数据之间的关系，构建数据链。针对研究问题，通过三角互证得出研究结论。

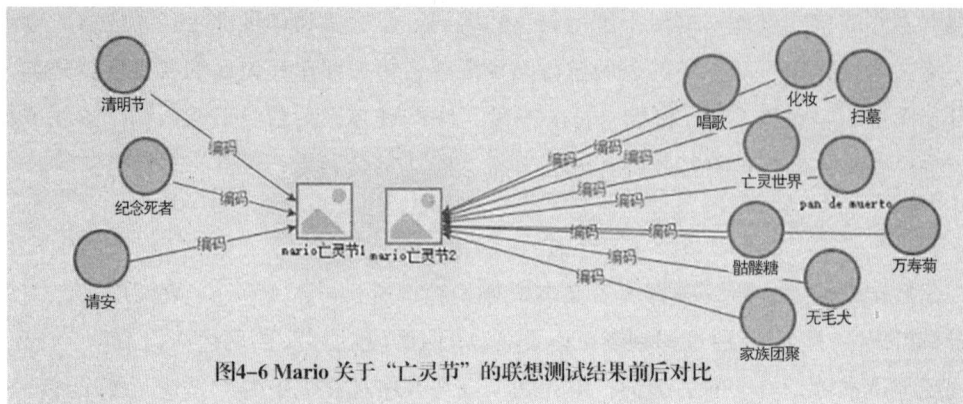

图4-6 Mario 关于"亡灵节"的联想测试结果前后对比

(四)教学设计一致地关注国际理解素养

从主题单元教学的设计流程看，单元教学方案包括六个要素：单元名称与课时、目标体系、评价任务、学习活动、检测与练习及学后反思。分析案例研究的数据，我们发现指向国际理解素养的单元教学必须思考教—学—评一致性原则。主题单元教学的设计必须实现教学目标、学习活动与评价任务一致性的状态。

1. 目标聚焦国际理解素养

一个单元是一个微课程，即一个围绕目标、内容、实施与评价的"完整"学习事件。确定单元目标即明确本单元学生能够学会什么。西班牙语课程标准强调学科育人作用，重视国际理解理念。西班牙语教学的逻辑起点由知识点的记忆转变为核心素养的培育。指向国际理解素养的单元教学目标需要超越单一的知识点，从大观念视角构建单元目标体系，培育国际理解素养。教学方案是体现教师专业性的标志。目标是课程学习的起点和终点。教学实践中，部分教案的目标设计中常常存在不了解学情，以课程标准代替具体目标、立足教师立场、目标叙写不清晰等问题。本案例研究中，研究者聚焦国际理解素养，科学设计单元教学目标：以课程标准为教学质量底线，分解课程标准；以学生为中心，分析学生的认知水平；以教材和媒体资源为基本素材，充分挖掘各类课程资源。具体证据如下：

（1）从课程标准、西班牙语学科核心素养、国际理解素养概念框架中选择目标

研究者设计单元目标时整合了国际理解素养的内涵与西班牙语学科的核心素养——文化意识。例如，研究者构建国际理解素养中的多元意识与西班牙语学科核心素养的文化意识之间的关系，提取单元目标为了解不同民族的文化差异，形成尊重文化多样性的态度，增强跨文化交际的能力。单元目标具有进阶性，每个课时的目标层层递进，形成梯度。所聚焦的国际理解素养内涵不断扩大，涉及多元意识、尊重差异、跨文化交际等方面。具体而言，根据目标要求，学生能够了解清明节和亡灵节的差异，认识到不同民

族对待死亡的不同态度，展现多元意识。在此基础上，学生能够尊重不同民族悼念亡者的习俗，展现尊重差异的态度。此外，学生能够对比异同，表达个人观点，展现跨文化交际的能力。

（2）借助多种工具评估学习前学生的认知水平，特别是国际理解素养水平

研究者结合课程标准的学业质量水平评估学生的文化意识水平，参考亚洲协会、经合组织等国际组织的全球素养评价工具，通过课堂观察与访谈评估学生的国际理解素养水平，作为目标制定的依据。

（3）挖掘各类课程资源，提炼与国际理解教育相关的内容

由于与西班牙语课程标准配套的西班牙语教材缺失，本单元是研究者与合作教师基于课程标准中选择性必修的要求，全面参考不同版本的教材，自主设计而成的。课程资源类型丰富、形式多样，内容与国际理解教育相关。

研究者在指向国际理解素养的单元设计框架指导下，与 Z 老师研讨，通过反复修正确定了单元目标，聚焦国际理解素养。但是，目标的聚焦并非易事。当前中学西班牙语课程存在过分关注语言教学、轻视甚至忽视文化教学的问题。研究者曾在一所中学担任西班牙语代课教师。在一个学期的工作中，研究者根据该校西班牙语教研组安排授课。反思一个学期的教学工作，研究者关注语言教学，忽视文化教学。学生的西班牙语语言能力有不同程度的提高，但是对西班牙语国家的社会文化情况依然缺乏了解，国际理解素养水平不高。无独有偶，研究者通过前期的课堂观察与教师访谈，发现研究对象学校的西班牙语教学也存在类似的情况。在该校西班牙语教研组例会上，合作教师提出对教学策略的质疑。分析西班牙语高考卷可知，语法知识的专项题目分值仅仅为 10 分。然而，合作教师在日常西班牙语教学过程中，却将大部分精力倾注在语法讲解与训练上，文化知识往往是一带而过，忽视了学生跨文化交际能力的培养。单元是学科育人的基本路径，单元目标是教学的起点与重点，面对当前外语教学失衡的问题，单元目标聚焦国际理解素养显得格外重要。

2. 评价指向国际理解素养

评价是课程区别于教育领域中其他分支的关键要素。国际理解素养是在真实情境中借助任务解决的实践培育而来的。本案例单元的评价包括过程性评价和终结性评价，都指向国际理解素养。具体证据如下：

（1）过程评价检测学生国际理解素养

在学习完有关文化差异的内容之后，研究者可以借助学习过程中的评价任务即时检

测学生的学习成效，即是否能够尊重我国清明节与墨西哥亡灵节的差异，包括习俗的不同与文化内涵的区别。

（2）终结性评价检测学生国际理解素养

在完成 5 个课时的学习后，学生需要完成单元评价任务。研究者在任务中嵌入文化冲突的真实情境，通过学生的表现评价学生的国际理解素养。具体而言，学生可以通过阐明他 /她对于墨西哥学生 Juana 不认同清明节习俗的理解，表达他 /她对墨西哥亡灵节习俗的了解，解释清明节习俗的历史渊源与文化内涵，为 Juana 推荐在我国庆祝亡灵节的合理方式。研究者根据学生的回答评价其国际理解素养。

（3）评价工具匹配国际理解素养的检测

研究者以学业质量标准中文化意识的素养水平划分表、亚洲协会及经合组织的全球素养评分指标为参考，作为检测学生国际理解素养水平的工具。

评价介于教学目标与教学过程之间，是单元教学方案的关键要素。为了更好地开展课程单元并检验学习成效，指向国际理解素养的单元需要设计评价任务。评价任务的设计复杂，大观念的检测难度大。针对评价任务的复杂性，教师必须将评价与目标相匹配，并且嵌入真实情境。单元评价任务往往需要承担一对多的匹配任务，即一项任务检测多个目标。因此，可以将整个单元的目标整合在一起，把学习目标转化为多个能够作为收集学习结果表现的可检测任务。考查学生在真实情境中运用多元视角分析问题的能力、尊重差异的态度、开展跨文化交际以及行动参与的意识。

评价任务与学习目标相匹配，指向国际理解素养。指向国际理解素养的评价理念可以概括为：（1）以人的终身未来发展为导向，促进和谐发展；（2）深入理解多元文化和全球化社会的含义和意义，加强对现代社会和未来国际社会的适应性；（3）强调情感态度和价值观，重视行动参与。中小学生国际理解素养的评价包括多元视角、尊重差异、跨文化交流和行动参与四个维度。由于缺少本土化的国际理解素养评价工具，可以借助亚洲协会、经合组织的评分准则，尝试构建融合不同学科特色的国际理解素养水平划分表。

3. 教学过程围绕国际理解素养的目标展开设计

教学过程是实现教学目标的活动载体。本案例的教学过程围绕国际理解素养展开，课前学习、课中学习、课后学习的设计都以培育国际理解素养为目标，具体表现如下：

（1）课前学习为培育国际理解素养铺设阶梯

以第一课时为例，课前学习要求学生做到以下两点：

①查阅资料，了解清明节与亡灵节的相关信息。

②欣赏《寻梦环游记》影片或相关影评，回顾主要情节。

学生在学习清明节和亡灵节的习俗传统与文化内涵时，需要以《寻梦环游记》为载体。这部影片长达105分钟，课上只能观看与教学内容紧密相关的片段。学生虽然曾经看过这部电影，但是影片上映已有两年，学生可能遗忘了影片的细节。影片的细节处处体现着墨西哥亡灵节元素，课前回顾有利于学生感受亡灵节文化。

（2）课中学习的整体设计体现进阶

本单元的学习内容分为文化产品、文艺作品和文化心理三部分内容。学生通过视觉、听觉、触觉等感官，全身心地投入国际理解教育，借助文字、视频、音频、图片等材料认识清明节与亡灵节的习俗，感受中拉文化的差异，提高国际理解素养。三个部分层层递进，指向高阶的国际理解素养。本单元的学习活动围绕国际理解素养的培育展开。

（3）课后学习反思素养达成情况

每节课都包含课后作业与学后反思，帮助学生检测、巩固学习成果。以第五课时为例，学后反思要求学生做到思考：

你觉得扫墓有什么意义？为什么亡灵节和清明节扫墓的方式不同？你觉得清明节和亡灵节的节日内涵有何相同之处？学习本单元后你对死亡和生命有什么新的看法？

研究者设计的学后反思旨在为学生的课后学习提供指导。学生反思本单元学了什么？学习前后对死亡和生命的看法有哪些变化？本单元的学习策略是什么？如何对比清明节和亡灵节？通过一系列的追问，学生在反思中自己悟出国际理解素养。

本单元教案的设计中，教学过程以文化意识为中心，围绕国际理解素养展开。文化的教学设计一直以来是个难题。在西班牙语课程中，国际理解素养的培育可以借鉴多元文化的学习策略。近年来，将多元文化课程显性化是多元文化教育的一个显著趋势。国际理解课程中的文化多元视角是指了解其他民族文化，认识本民族文化立场，在对比与思考中提高判断能力和思辨能力。学生如果缺乏多元文化意识和批判思维能力，容易迷失自我，盲目认同，是非不分。在组织学习过程中，教师应当把握真实世界与学科知识、学优生与学困生、语言和文化之间的复杂关系。组织学习过程的根本方向是培育国际理解素养。国际理解教育强调学生在了解、对比和选择不同民族文化的过程中提高思维水平，但是这并不意味着国际理解教育忽视了基础知识与基本技能的重要性。西班牙语课程中，更是关注语言能力与文化意识的一致性。国际理解素养的培育必须以基础知识与基本技能为前提条件。如果西班牙语课程忽视语言技能的发展，就背离了外语学科的基本逻辑和核心概念。文化意识的培育失去了语言知识载体，难以实现帮助学生开阔国际视野，适应多元文化社会发展的初衷。具体而言，学习过程的设计需要做好以下几点：

①以学习者为中心

素养指向的单元教案必须关注围绕学生学习过程。以学习者为中心的教学将学生视为自主学习者，强调知识的主动发展和素养的主动养成，而不是单纯地接受学习经验。学习者的先验知识以及他们在社会环境中的情感体验是激发学习过程的起点。教师需要根据学生的特征组织学习活动。以学习者为中心的教学意味着教师角色从知识传递者变成了学习过程的促进者。教师设计课前学习、课中学习，为学生提供支架。

②任务驱动学习

中学西班牙语教学聚焦语言综合运用能力和跨文化交际能力的培育。学生能力在任务解决过程中得以提高。学习活动中必须嵌入评价任务，实时监测学生的学习效果。任务的设置需要注意其分层性。不同水平的学生共同参与探究任务时可以选择性地承担合适的任务。任务的设置需要注意其情境性，以现实世界中的跨文化交际障碍等难题为任务情境，有利于学生将抽象的概念和个人生活经历相结合，提高基于真实情境的问题解决能力。任务的设置需要注意其关联性，围绕目标设计的单元评价任务包括多个课时子任务，以任务串的方式驱动教学。孟亦萍将设计"我的旅行手账"这一单元任务划分为"我的旅行路线""边走边欣赏""请到我的家乡来"三个子任务。学生在完成任务的过程中实现单元学习目标。学习过程中需要嵌入指向学习目标的任务，体现进阶。

③变革性学习

变革性学习旨在使学习者能够质疑和改变他们对世界的看法和思考方式，以加深对世界的了解。教育者作为素养促进者，赋予学习者权利，以期改变他们的世界观。对学生进行国际理解素养的培育应贯穿西班牙语单元教学的全过程。课程标准建议教师利用信息化时代的丰富课程资源，追溯我国的传统文化知识，引入西班牙语国家的文化知识，让学生有意识地比较不同民族、不同地区的文化差异，形成多元文化意识，提高跨文化交际能力，进一步了解世界。

（五）学习结果部分体现了国际理解素养表征

"如果目的是对于文化的一个认知和了解的话，应该还是达到了它的一个目的。"——Z 教师

在案例单元中，Z 老师一开始质疑学生的能力和态度，认为生死观是一个高深的概念，担心学生不愿意也无法讨论相关问题。为了攻克这一难关，在单元设计中，研究者

注重学生生活经验，借助《清明》《寻梦环游记》等文艺作品，为学生提供学习支架。Z 教师作为合作教师，全程参与本单元的设计与实施，她基于 5 个课时的课堂观察评价，肯定了主题单元教学在国际理解素养培育中产生的效果。单元实施过程中所收集的音频、视频、实物资料等形成三角互证，多种数据源为学生国际理解素养的提高提供了证据。研究者借助这些数据，从四个方面分析学生学习结果：一是单元教学是否有利于培育多元视角；二是单元教学是否有利于培育尊重差异的态度；三是单元教学是否有利于提高跨文化交际能力；四是单元教学是否有利于培育行动参与的意识和能力。

1. 多元视角

多元视角是指学生能够从不同的角度理解社会现象。本单元以清明节和亡灵节为线索，通过对比的方式呈现两个节日的风俗习惯、历史渊源、文化产品及其所蕴含的生死观。基于过程评价和结果评价，我们能够检测到学生的素养变化：他们能够从多元视角看待中拉文化中的生死观。研究者通过参与式观察与观看课堂实录，发现四名学生能够从我国清明节和墨西哥亡灵节两个文化视角思考问题。例如，在第二节课上，研究者询问学生在墓地庆祝死亡的仪式，Julia 指出："一些人为他们深爱的亡者打扫并装饰墓地，弹奏悼念亡者的特色歌曲，小朋友在墓地玩闹一整天。"由此可见，她不仅知道我国扫墓的仪式，对拉美国家的扫墓仪式也有了一定的了解。

在研讨过程中，Z 教师也肯定了学生的国际理解素养。在第二课时结束后，研究者询问 Z 教师，本节课是否实现了素养目标，她说："他们现在知道有这么回事了，肯定从不了解到了解了。"她指出尊重差异的前提是知道这两个节日。通过两个课时的课堂观察，她认为学生们已经初步了解了清明节与亡灵节的风俗习惯，达成培育多元视角的目标。

作业与检测环节也为学生多元视角的形成提供了证据。例如，Mario 在第五课时的课后作业中写道："我国的佛教信仰中崇尚轮回转世这一说，中国人相信人死后还能轮回重生的说法。"他根据阅读材料与生活经验明确我国的生死观。同时，他能根据课上的讨论自主阐述墨西哥的生死观，他在课后作业中写道："在亡灵节文化中，墨西哥人民认为死亡是生的回照。"拉美文化在他的心中埋下了一颗种子。在探讨生死观的问题时，他没有仅仅局限于我国的文化与节日。

学生的评价作业也展现了他们的多元视角。例如，Ema 在单元评价大任务中回应，面对文化冲突，她会告诉墨西哥友人我国人民过清明节时"会给逝者烧纸钱，拜祭上香，人们的心情都比较沉重"。同时表明自己对墨西哥习俗的了解："大家在这一天狂欢，画上骷髅妆，载歌载舞，在墓地孩子们一起嬉戏玩耍，家人们会在此守夜，大家还会在一起讲笑话。"在本单元学习过程中，学生不仅对其他国家的文化有了初步了解，而且对本国传统文化有了进一步的理解。

2. 尊重差异

尊重差异是指理解分歧，认同甚至欣赏不同文化群体的世界观与价值观。1 本单元学习过程中的多项证据表明四名学生能够理解墨西哥亡灵节及悼念亡者的方式，尊重他们与我国传统文化的差异。

研究者作为授课教师，在课堂互动过程中感受到四名学生对墨西哥文化的态度从陌生转变为惊讶，最终达成理解。第二课，我们通过听力练习了解了墨西哥人扫墓的仪式，Julia 当时似乎有些疑惑，她直言："我好像不太能够理解。"研究者面对她的困惑，承认亡灵节与清明节的氛围有所不同。随着课时的推进，她了解到亡灵节的形成原因，逐步理解了拉美人悼念亡者的方式，展现了对他国文化的尊重。

除了教师当面反馈，课后作业也是教师检测素养目标的途径之一。Eva 在第 5 课的课后作业中写道："初听闻亡灵节的习俗如此，我也十分惊讶，感觉难以置信，认为亲人逝去是悲伤的事情，祭拜他们时怎么能如此高兴呢？在课上了解了中外文化后，我找到了答案。确实，巨大的文化差异会让不同地方的认为有不同的习俗和不同的观念。"通过本单元的学习，她知道了清明节与亡灵节的风俗差异。从一开始无法理解亡灵节的风俗，到第 5 课时找到答案。她不仅能够从多元视角审视传统节日，更能够尊重不同节日之间的巨大差异。

评价是单元设计的难点，也是收集证据的重要信息来源。Julia 在评价作业中写道："我国与西方文化、语言本就不同，受历史与地理的影响也是不同的，我们又怎能再从那两个节日的不同庆祝方式去评判优劣与否呢？就好像用刀叉和筷子吃饭无分好坏是一个道理。"面对墨西哥友人对我国清明节风俗的批评，她表示尊重和理解。由于社会文化的差异，不同国家悼念亡者的方式存在区别，而这些区别并不代表着优劣。Julia 以毫无偏见的态度去认识他国文化，以非暴力的形式对待文化差异。在本单元的学习中，不同的学生都表现出对墨西哥亡灵节习俗及拉美文化中生死观的尊重。

3. 跨文化交流

跨文化交流是指积极地与不同性别、不同民族、不同国家、不同宗教等社会背景的人互动。本单元虽然侧重文化教学，但是以多种形式的语言材料作为载体。研究者在实施单元学习方案的过程中，发现学生的跨文化交际素养提高了。研究者在反思笔记中记录了这些变化："从学生的表情与回应中可以感受到他们体会到了清明节和亡灵节、我国与拉美文化的差异，对待死亡这个话题也更坦然了。""虽然大部分词组不是课标要求的，不要求他们记住，但是希望他们在介绍节日的时候能使用相关词汇，提高跨文化交际能力。"因此，从研究者角度看，学生通过单元学习，提高了外语水平和互动能力。

在研讨和课堂观察过程中，我们发现四名学生掌握了相关节日词汇，并在学习任务中灵活运用这些词汇支撑自己的表达（详见图4-7课堂实录词语云）。西班牙语作为世界第三大语言，是跨文化交流的重要工具。四名学生灵活使用西班牙语回应教师提问，陈述个人观点都是其跨文化交际能力的体现。

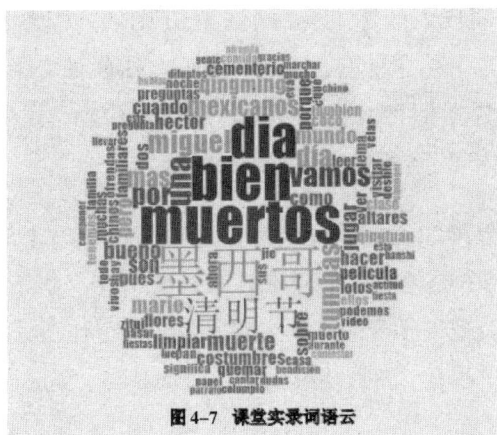

图4-7　课堂实录词语云

本单元评价任务旨在创设一个真实的文化冲突情境，评价学生做事时所体现的素养。Ema首先表达了对Juana的理解，和她分享了自己对亡灵节文化的欣赏。随后她结合本单元所学的清明节的风俗习惯与历史渊源，向Juana解释中国人为什么不能在墓地举行派对。最后，她祝福Juana，希望她"能度过一个没有歌舞相伴，却依旧丰富难忘的清明节"。她清晰的表达、真诚的口吻以及有理有据的陈述体现了她的跨文化交流能力。在本单元的学习中，学生们积累了介绍节日的短语，提高了西班牙语水平，认识到我国与拉美文化的差异与共性，发展了跨文化交际能力。

4. 行动参与

行动参与是指为解决全球性问题采取措施，推动可持续发展。行动参与不是本单元的重点目标，相关的学习活动与评价活动不多，因此关于学生行动参与方面变化的数据较少。值得肯定的是，在本单元案例中，学生表露出采取行动保护优秀传统文化、弘扬本民族文化的意愿。

在评价任务中，Julia写道："无论如何，我们都不可以抛弃任何一种节日的一种传统的延续，因为它们是我们的文化历史，是我们一直成长发展的基石，任何一种合理的文化传统都应被我们传承下去。"面对Juana对我国清明节价值的质疑，她倡议传承合理的文化传统，愿意为保护先进文化做出努力。Mario更是直接提出解决办法，他建议将亡灵节习俗与清明节传统相结合。"举办新型派对，我们可以在这次的派对中加入青团这一特色食物，我们也可以尝试踏青游玩来度过这一节日。"她说道从评价任务的表现可以看出学生们具有问题解决能力和行动参与意识，面对中拉生死观的差异和传统文化发展受限的困境提出对策。

本单元的一次课堂讨论涉及环境问题。研究者询问学生，既然焚烧祭品会带来空气污染等问题，我们扫墓时应该如何做？Mario和Ema认为焚烧祭品的行为蕴含着中国人的生死观，代表了后人对先人的尊重与祝福。Julia则认为悼念亡者重在心意，焚烧祭品在当今环境污染的背景下并非良策。因此，她反对扫墓时焚烧祭品，建议以送花束等其他仪式表达哀思。几名学生面对文化传统和环境问题的矛盾，能够结合课上材料与个人经验提出解决对策，体现了他们的行动参与能力。

在研讨过程中，Z教师的态度从一开始的质疑转变为后来的认可。在她的印象中Mario是一个学困生，经常游离课堂，作业订正情况不佳。本单元的学习中Mario全程积极参与，与研究者及其他同学开展互动，课后及时提交作业。由此可见，合理的单元设计不仅能够吸引学生的兴趣，而且能鼓励学生行动参与，实现被动到主动的正向转变。

（六）研究反思

本案例研究回应了两个研究问题，基本实现了研究目的。但是，研究依旧存在一些局限与不足，值得反思与讨论。案例研究中，个案的结论能否推论到总体一直是备受关注的问题。

在案例研究中，将统计归纳作为归纳方法是错误的。因为个案并非抽样单位，案例的数量太小，不足以推广至代表大群体。单案例研究不是一个样本，不是计算频率，而是分析归纳。推广度困扰了质性研究人员很长一段时间。这类困扰产生的原因是以量化研究人员的研究设计来考虑质性研究的推广度。这种情况下，可通过先验条件（例如假设样本与抽取样本的人群之间具有同等性，控制样本大小，随机抽样等）来确保其推广度。有些时候，将来自大量随机样本的汇总数据的推广应用于个人几乎是没有意义的。特别是在教育研究中，每一节课都是特定情境下的产物，无法直接推广。质性研究者的目的是深入了解特定细节，而不是找多案例的真实含义，因此常常选择一个案例或一个非随机的、有目的的样本。

本案例研究旨在探讨如何在西班牙语课程中运用主题单元教学培育国际理解素养。因此，研究者采取目的性抽样的办法，选择一个特定单元案例。研究者并不熟悉课堂教学，因此选择一名专家型教师作为合作教师。即将出国留学的四名学生更愿意也更需要提高国际理解素养，因此选择他们作为研究参与者。研究的推论是自然情境下发生的。本研究不在于从样本量上进行推论，而是希望从深度上发生延展。因此，本研究详细描述研究的设计和实施，其他研究者和一线教师或许能与之产生情感共鸣，进行推论。

本研究的目的不是从总体上认知西班牙语单元设计中国际理解素养的培育情况，而是通过典型案例全面了解指向国际理解素养的单元教学的效果与难点，并据此归纳主题单元教学的一般流程与具体策略。因此。本研究的推广主要有两种路径：一是本研究构建的"指向国际理解素养的单元设计框架"可为学科教师设计单元教案提供理论指导，帮助大家厘清问题的本质；二是作为以培育国际理解素养为目标的单元教学案例，引起其他研究者和教师的共鸣，启发更多的教育工作者参与到国际理解教育的研究中。

抛开推广度问题，本案例研究依然存在一些局限性。第一，由于时间、精力、经费等限制，本研究只开展了一个主题单元教学作为案例。国际理解素养具有累积性，发展缓慢，短时间内难以检测到国际理解素养的显著变化。第二，从中观层面讨论主题单元教学的一般框架与操作策略，微观层面考察不足，缺少对师生互动的分析。本研究侧重国际理解素养的培育，但是素养的变化不易观察，检测难度大。因此，虽然录制了课堂教学视频，但是在数据使用过程中以转录的文本为主要资料，没有进行细致的视频分析，数据处理过程中存在一定损失。第三，研究者作为新手教师，缺乏单元设计和实施的经验。在文化教学过程中，教学活动形式不够丰富。研究者有时会直接说出文化概念，未能等待学生自发生成并理解概念。在发布课堂指令的时候，研究者习惯于使用西班牙语。如果学生没有回应，研究者会用汉语再解释一次，降低了教学效率。

针对以上不足，研究者希望在后续的研究中进行改进与拓展。首先，本研究采用的是个案研究，仅通过单个案例检验主题单元教学培育国际理解素养的效果，为此，在日后的研究中还需要更多的实证研究对该操作流程进行验证和修订；其次，后续研究可以纵向拓展研究方向，即从中观到微观，分析指向国际理解素养单元教学中的互动情况。例如，观察师生互动与生生互动，寻找国际理解素养形成的证据。近年来，教育视频研究呈现良好发展态势，相关学者可以从这个角度丰富这类研究。此外，国际理解素养的每一个维度、单元设计的每一要素都可作为指向国际理解素养的单元设计研究的切入点，例如"评价任务"，教师如何在国际理解教育中基于学习目标创设真实情境、设计单元评价任务，值得后续研究进一步探讨。未来的国际理解教育研究中，研究者可以关注评价规则的设计，将外国评价工具本土化，根据学段划分为不同水平，呈现进阶的梯度。

从基础教育三级课程管理体系来看，国际理解教育有三种实施方式。一是通过学科渗透的方式与国家课程融合、二是开设地方课程；三是以校本课程的形式独立开设。国际理解教育理念对我国基础教育具有导向作用，但是尚未形成课程体系，缺少课程标准和配套教材。由于国际理解教育内容丰富，与多个学科存在交叉，在学科课程设计与实施中渗透该理念成为最常见的操作方式。因此，在未来的研究中，可以探索其他学科培育国际理解素养的可能性。和不同学科的教师合作，将指向国际理解素养的单元设计框架引入不同的学科，构建渗透国际理解教育理念的课程体系。

第五章　高中英语单元整体教学探索

第一节　高中英语单元整体教学

一、研究概念的确立

说到单元整体教学，就很容易使人联想到"课文整体教学"这种在外语教学中居于统治地位的教学理论。但单元整体教学理论既有与课文整体教学理论一脉相承的一面，也有不同的一面，其不同之处在于：课文整体教学要求教师把握的是教材中的每一篇文章，单元整体教学要求教师把握的是教材的每一个单元。这样要求是为了适应教材的编写体系和编写方式。职高英语新教材是按单元安排教学内容，每一单元设置一个交际项目（话题），单元内的四课都围绕此话题展开又相对独立成篇，构成一个有机的整体。这就要求教师备课时要统筹安排整个单元的教学内容，正确把握单元内各科之间的联系，合理安排一单元内容，科学分解单元内的教学重点和难点，突出单元内各课时的特点，形成以听、说、读、写为各自侧重点的课型教学模式。

单元整体教学的信息过程是极为复杂的。听、读是信息的输入（接收能力），说、写是信息的输出（复用能力），同时，也起反馈作用。接收能力与复用能力的结合才成为交际能力。外语教学不仅要有语音、词汇、语法知识的传授，更应强调听、说、读、写能力的训练，使四者有机地结合起来，而达到交际的目的，形成"接收—复用—交际"的有序过程，这样才可以做到外语教学的有序性。

二、在单元整体教学实践中必须遵循的教学原则

1. 要保证一单元的教学目标能够整体性地达到

在对一单元的内容设计安排中，要全面把握全班学生认识、情感、操作三个领域的特征，要注意每个领域都是一个连贯有序的整体，三个领域之间的目标又相互交织、互为手段。

2. 要对学生进行情感激励

在单元整体教学实践中，教师要不断激发和维持学生的学习动机，使学生学习的内部动机和外部动机交替发挥作用。学习兴趣是学生有选择地愉快地力求接近或探究某些事物而进行学习的心理倾向。在单元整体教学实践中，必须采取灵活多样的教学方法，培养学生好学深思的习惯，积极引导学生进行课外阅读活动。

3. 要坚持课堂教学的交际性原则

许多人在学习说话、表达思想时，常常有意无意地受规则支配。由于过分依赖语法规则，往往不能灵活自如地表达思想。我们必须通过一系列的教学活动使学生内化语言

规则，摆脱母语到外语的"心译"过程，直接流利地用外语表达思想。单元整体教学必须保证课堂教学的交际性，课堂上不能让学生"各顾各"。

三、单元整体教学的内容

在单元整体教学实践中，笔者总结了各种课型的教学模式。主要是在听说课教学模式和阅读课教学模式的研究与实践上下了一些功夫。在听说课教学中，笔者通过坚持听力教学基础训练以及精听与泛听的有机结合来培养学生的听力，通过阅读前活动和阅读后活动培养学生用英语自由表达的能力和口语交际能力。在阅读课教学中，笔者通过整体式阅读、精讲、巩固提高型训练这三个互相衔接的步骤来逐步提高学生的阅读能力。

第二节　单元整体视角下英语语法教学的探索

《普通高中英语课程标准（2017 版）》（以下简称《新课标》）指出，学习语法的最终目的是在语境中有效地运用语法知识来理解文章大意[1]。因此，语法教学活动应围绕"形式－意义－使用"的三维语法目标设计语法教学活动，通过既有层次又强调整合的教学活动来引导学生发展语法意识和能力。

教师开展语法教学设计时往往考虑的是语法知识点自身的语法形式、结构特征、应用句型等，忽略整体教学活动在该语法教学中的位置及其作用，也不能给学生提供整体的语言学习语境。其教学重点聚焦于语法结构和形式运用得是否到位，对于学生语法点掌握是否熟练也只局限于填空、单选和造句等简单机械的操练中。这种以自身语法知识结构和形式为基础进行的语法教学，不仅会导致知识碎片化，更不能实现有层次的整合学习。在此种情况下，主题单元教学作为新课标理念下的一种教学模式，给语法教学提供了新的思路。

一、语法单元整体教学的重要性

早在 1900 年，美国语言学家 Kenneth Goodman 等人就提出整体语言教学，一方面强调语言本身作为一个整体，并不是孤立、零散的部分学习，语言的教学各环节不应该进行人为的割裂，每节课的教学都应该尽量包含听、说、读、看、写五项语言技能；另一方面认为语言学习的重点是真实的言语和语篇的意义，而非语言本身，故语言应在语境中教学。整体语言教学强调语言的整体性，任何的语言形式都不能独立地学习，语法也不例外。

1. 满足语法教学的应然要求

目前国内语法教学正在进行主题语境创设的尝试，程晓棠提出语法教学要兼顾形式、意义和功能，并在语境中输入产出语法[2]。邓凤桃等人同样提出语法教学应基于一定的主题语境，通过导入、创设情境、总结规律、练习巩固、迁移运用培养学生的语用能力[3]。高瑶琴在进行语法教学策略探究中提出，语法教学要依托语篇创设情境[4]。这些语法教学活动的尝试在主题语境下进行语法教学，强调语法的表意功能，增强语法的语用功能。不难发现，语法教学正在尝试从聚焦语法形式和结构转变为在语篇语境中习得语法。

2. 根据单元教学主题，细化语法教学目标

单元整体教学的实施正好满足了语法教学的应然要求，其为语法教学提供了主题语境，使学生阅读后进入同一语境习得语法，这种语境的统一性使学生对于语法知识学习的语境构建不再是琐碎而不连贯的。除此之外，语法学习须贯穿语篇的输入和输出全过程。单元整体教学视角下，语法教学在阅读课型等其他课型的语篇依托下，学生通过对目标语法结构的真实语言素材慢慢积累，更有利于实现从形式到意义再到使用的三维语法目标。

3. 促进核心素养要素的融合发展

《新课标》提出单元作为核心素养培养任务的基本单位，承载了课程内容的基本六要素。单元教学通过一个比较完整的周期去培养学生语用能力，促进思维品质发展，因此在这个周期中各个课时板块教学对学生英语核心素养的培养尤为重要。然而语法作为单元板块中的一部分，却一直被单元孤立出来，注重语法规则的呈现归纳和习题练习，忽略语法知识的交际功能，更不能将目标语法运用到听、说、读、看、写的任务中，学生便不会"用语言去做事"。这种情况下，语法仅仅被当作一种语言知识进行讲解操练。这种孤立的语法教学使学生处于浅层认知状态，只能暂时掌握语法规则，并不能将其内化并应用到实际语境中，更难实现核心素养的要素融合。因此，强调主题语境的单元整体教学为语法教学的核心素养——主题语境、语篇类型、语言知识、文化知识、语言技能和学习策略六要素的融合提供了可能性。

4. 实现整体功能的最优化

单元整体教学以单元主题为线索、以主题意义为引领，贯穿单元教学各课时板块（单词、阅读、语法），并以语篇为依托不断加深学生对教学内容的整体理解与记忆。单元整体教学模式关注教学目标的递进性、教学内容的循环性以及教学板块的关联性。不同于先前英语单元教学的"先单词后课文再语法"，单元整体教学强调单元主题引领下的各课时内在联系。当单元教学下各课时板块以合理结构形成整体时，其整体功能就会大于部分之和；反之，当各课时板块以欠佳或完全独立的结构形成整体时就会削弱整体功

能的发挥。语法作为单元整体教学的一个课时板块，其教学的设计和实施影响到整个单元教学目标的达成和整个单元教学效果的呈现。当语法教学更好地实施、能够反过来促进学生对主题意义的把握及对语篇文本的理解时，便能够达到 1+1＞2 的效果，实现整体功能的最优化。

二、单元整体视角下语法教学的实施

单元整体教学在语法教学中的重要性要求教师必须能够看到具体知识背后的单元主题，进而围绕单元主题组织课时教学[5]。因此，在单元整体视角下，实际语法教学该如何组织和实施是本文探讨的中心问题。

教学目标的准确设定是教学的起点和落脚点，为教学内容提供了大概念引领。大概念的学习是一个循序渐进、不断拓展和深入的过程，围绕大概念组织课时教学应系统规划进阶式教学目标。因此，在进行语法教学目标定位时要把握好单元总体目标，规划进阶式教学目标。

单元整体目标下的每一课时目标都应以不同维度递进式进行主题探究。语法教学目标的设定应在主题语境基础上，让学生在语境中激发学习兴趣，感受语法规则，并通过语法活动拓展主题意义，升华主题思想。

每一课时教学目标都是为整体教学目标搭建的"脚手架"。课时与课时之间应相互对接、互为支撑，不可独立存在，这些课时的安排也并非固定一致的，教师可根据自己的需要进行调整，其目的是为学生探究主题意义进行形式和意义构建。作为单元整体教学下的语法教学，其教学目标应以语言的整体发展为出发点，与前后课时联结，使语言教学中诸多因素互相关联、相互渗透，从而促使学生逐步提升英语语言运用能力。

总的来说，对于语法课时目标的定位，教师须回应、诠释主题意义，注意各课时之间的衔接[3]。如牛津英语译林版模块 9 Unit 1 Other countries, other cultures 的第四板块 Grammar and usage-Overview of attributive clauses，其单元目标是阅读关于加拿大的旅游手册和关于澳大利亚文化的杂志；听关于旅游计划的对话；讨论关于旅游的事情并打电话给旅行社；写一个旅行计划；做一个关于中国文化的展示。单元主题是人与自然生态中子主题，其语篇主要包括对加拿大和澳大利亚的介绍。本单元语法教学为定语从句，且之前的单元已经学习过定语从句，故本单元主要是回顾定语从句。

其教学可细化目标为：①感知加拿大和澳大利亚地理概况的同时，归纳定语从句关系代词的基本用法；②小组合作自主探究、讨论如何使用定语从句向别人介绍一处旅游景点；③面对不文明旅游现象做出自己的思考，培养批判性思维；④给予别人文明旅游的建议，做个文明游客。

1. 基于单元主题语篇，整合改编教材

语法教学结合主题单元教学特点，以主题语境为主线、语篇为依托，可最大限度激发学生学习语法兴趣，并让学生用语言做事情。

教师进行语法教学时基于单元的主题创设一个连续的、真实的语境是非常有必要的。语言总是在一定的情境中使用的，如果学生能在相对完整、真实的情境中接触、体验语言，那么他们才能够更好地理解语言的意义和用法，并更好地掌握语言的形式。教师进行语法教学时，在单元主题情境基础上创设一个真实的语境，不仅能够帮助学生更好地理解单元话题，还能够让学生产生学习的主观能动性，更好地掌握语言知识，提升语言综合运用能力。以高中英语教材为例，其语法课时教学部分以个别句式进行归纳总结语法规则，脱离了主题语境。这时就需要教师提高自身语境意识，对单元主题设置语法教学主题语境。如高中牛津英语模块 9 Unit1，在进行语法教学时可将 reading 和 project 的主题进行联系，让学生置身于旅游的大语境中，随着小语境的深入，对学生语言知识的要求进行逐步提高。

《新课标》提出指向学生学科核心素养的英语教学应以主题意义为引领、以语篇为依托。主题语境为语法学习提供话题和语境，语篇为语言学习提供文体素材。语篇作为语法教学中重要的文本素材输入，其文本特征、类型和表达方式直接决定学生在学习语法时自身语言知识学习、语言技能发展、多元思维发展、价值取向判断和学习策略运用。单元教学看似是不同语篇的堆砌，实则是相互联系又不断深入主题意义的语篇文本呈现，这些语篇文本最终服务于单元主题意义的探究。美国语言学家 Widdowson 认为，语言教学不可避免地要根据教学的需要对语言材料进行调整甚至编造语言材料。单元整体教学下的语法教学可根据教学需要将语篇进行改组重编，一方面可以提高单元教学下语篇内容的循环性，深化学生对主题语篇的理解；另一方面可以根据单元的语篇文本进行重新改写，以便学生在语篇语境中熟悉语法形式、结构。如模块 9 Unit1 进行定语从句语法教学时，对文中涉及到的对加拿大的介绍进行语篇重组。

原文 1: Canada is one of the largest countries in the world, second only to Russia and has always been famous for its fantastic natural scenery.

改写 1: Canada, one of the largest counties, is second only to Russia in terms of size, which has the distinction of its fantastic natural scenery.

原文 2: Beautiful scenery is just one of the treasures Canada has to offer. The vast majority of Canada's population of about 30 million people is urban.

改写 2: In addition to the beautiful scenery that is just one of the treasures Canada has to offer, the urban way of life, architecture and unique culture also enjoy popularity.

原文3：Nearer to the Atlantic coast is Niagara Falls. It is perhaps the most widely recognized natural phenomenon in Canada.

改写3：Nearer to the Atlantic coast is Niagara Falls, which is the best-known natural phenomenon in Canada.

2. 依托单元整体活动，综合发展听说读看写

以主题意义为引领、语篇为依托，整合语言知识、文化知识、语言技能和学习策略等课程内容六要素融合发展的英语教学，强调英语学习不是单一地学习语言知识，应注意和其他要素的融合，防止教学碎片化[1]。语言技能作为其中重要的要素，具体包括听、说、读、看、写，更是语法教学中不可或缺的一部分。单元教学中一般包括听、说、读、写四大板块，每一板块各有所侧重。有所侧重指的是以某一语言技能活动为主，兼顾其他技能的均衡发展。学生通过听、说、读、看、写的方式，感知、理解相关主题意义，使用词语表达相关话题的信息和意义。基于这些语言技能语法教学活动的开展，理解语篇，升华主题并将语法知识更好地运用到实际情境中去。

活动一：我是小导游

活动介绍：让学生基于reading和project的语篇内容，提前写好对针加拿大和澳大利亚的导游词，课上由学生带领大家游览加拿大和澳大利亚。

活动目的：首先培养学生根据文章概括的写作能力，其次通过导游词加强学生说的能力。（学生说的句子可能都是简单句，这时候教师可有意识地用定语从句进行概述，并呈现改变的语篇与学生共同回顾定语从句的用法，并利用思维导图进行归纳总结。）

Canada, one of the largest counties, is second only to Russia in terms of size, which has the distinction of its fantastic natural scenery.

In addition to the beautiful scenery that is just one of the treasures Canada has to offer, the urban way of life, architecture and unique culture also enjoy popularity.

活动二：记一次旅游

活动介绍：教师根据自己的旅游经历，描绘旅游的国家、城市，主要包括地理位置、著名景点等。之后分小组讨论旅游经历，用定语从句描绘景点。（教师在陈述自己的旅游经历时要利用定语从句，加强学生感知理解。）

West Lake, (which is located in the west of Hangzhou, Zhejiang Province,) is one of the first national key scenic spots in China.

The whole land (that is embraced by green hills on three sides) is divided into 5 sections, namely the Outer Lake, North Inner Lake, West Inner Lake, Yue Lake and Little South Lake, by Gu Hill, Sudi Those tourists (who do damage to tourist attractions) (especially where the authority requires the protection of these sites) make it a nuisance to others.

A quantity of bad behaviors such as speaking loudly, (which disturb others) are bound to make us look down on them.

(As is often the case,) these visitors (who behave badly) fuel the anger of the public.

……

Q2: How to get rid of these bad behaviors in public places? Write a short passage within 60 words using the attributive clauses.

活动目的：进一步深化对于旅游主题的认识，在欣赏美景的同时也要保护好它。通过图片的展示引起学生深思，发散思维广度，拓展思维深度，以此发展批判性思维。措施类写作有助于巩固知识，提高学生解决问题的能力。

单元视角下进行语法教学，为英语语法教学打开新思路的同时，也对英语教师提出更高的要求。教师要培养自身整体语言教学的思维意识，在意识的引领下组织语法教学。

Causeway, Baiti Causeway and Ruangog Mound (As is known to people all over the world) the lake has different beauties in different seasons. The tourists (who arrive there) will be bound to fall in love with it.

活动目的：教师活动之前通过PPT呈现西湖美景，边展示边讲解，培养学生听和看技能的同时为学生渗透语法形式结构。要求结合学生自身体验谈论旅行，能最大限度调动学生积极性。通过小组讨论如何用定语从句表达不仅能够培养学生的合作精神和探究意识，还能降低任务难度。

活动三：文明旅游靠大家

活动介绍：在旅游中欣赏美景的同时，不免遇到一些不文明的现象，通过美景和不文明现象构成强烈对比，谈谈对此的看法以激发学生的文明旅游意识，并发散思维想出解决对策。

Q1: How do you feel when seeing these scenes?

(make use of the attributive clauses)

There are so many uncivilized behaviors in tourist attractions, (some of which make us feel uncomfortable.)

首先，教学目标的设定应回应主题意义，注意各课时之间的衔接；其次，教师在组织语法教学时要把握单元主题语境，在此基础上升华主题语境；再次，教师能够整合改编教学材料，服务于语法教学；最后，增加学生语法知识的同时，注意听说读看写语言技能的应用。

三、高中英语整体单元教学法的课例研究

语法教学是高中英语教学活动中的一个重要组成部分，其主要目的不仅在于让学生了解和掌握英语构词造句，还需要让学生通过语法学习以增强其英语运用能力，对增强学生英语知识储备、提高其综合学习水平等均具有重要作用。整体教学法强调语言的整体性，强调书面语言和口头语言之间的互动性和内在联系，反对把语言肢解为词汇、语法、词素等要素。为了提升语法教学效果，笔者在一节公开课中对整体语法教学进行了初步尝试。本课例内容是江苏牛津英语M7U3 Grammar-Auxiliary 的第一课时，时长45分钟。教学的重点是落实助动词的使用。教学目的除了让学生明确助动词是区别于汉语的特有语法现象之一，更让学生明白对助动词的感知和掌握应在英语这一特定语言环境下开展，任何借助中介语的手段和方法都会影响其真正产出。所以通过形象直观的多个前后关联的情境来催进语法"生长"，将知识、情感、学习习惯和方法指导无痕地传递。

【环节1】

复习导入，直奔主题，明确概念内涵基于 Module7 Unit3 整单元的话题是 the Internet，本着"忠于书本又高于书本"的原则，笔者将助动词语法的授课平台搭建在此整体之上。"复习式"的导入承前启后，课堂中大量高频的复现，才能实现学生的掌握和巩固。笔者以图片导入，实现新旧知识的自然过渡。之后，笔者把刚才口述的句子作为例句呈现，并且用红色凸显助动词，既总结性地问："What verbs are they？"更追问："Are you sure？And how do you know？"技巧性的培养学生对于信息源准确性考证的意识。笔者ABA的追问打破了课堂一成不变的倦怠，拉回学生的有意注意，让学生准确地概括了助动词的显著特点。笔者沿用传统的演绎—归纳法，不同的是例句不凭空，归纳也由学生完成。

【环节2】

活学活用，机械情景并进，深化认知"活学活用"是学练有机整合的环节，分为两部分。

第一部分的 Seek and Hide 环节检测新环境下助动词的辨识。这一环节将 M7U3 reading 中的重难点加以改编，以单句检测为手段。例句始终围绕 the Internet，保证了话题的统整性。每句中有两到三个助动词，进行变式，揉入了否定和疑问，扩大学生认知范围。另外着重强调 has，have 行为动词及 do 表强调的用法，加深认知的深度。这一环节旨在第一次从广度和深度上对学生的认知进行去情境化的拓展，为下一环节助动词在情境中的运用搭好"支架"。本课呈现的情境语法教学主要围绕"家事、国事、身边事"。话题依托性强、交际性能高。学生在准确获取图文信息后，兼顾助动词其他变化形式，正确表达和无误书写。第一幅图回顾2008年北京奥运盛事，将助动词与过去时，被动形式、主谓一致、完成时态等联系起来。第二幅图中助动词与进行时态的有效组合是对第一幅图的延续，更多焦点在情态动词上，更关注说话当事人的感情，情境性特别强，需要学生在揣摩说话者的意愿、可能性的大小等有较准确的界定。"北京奥运"和"淘孩挨揍"的设计预留信息沟，整体以句群扩大和深化学生认知，以形成有序的助动词知识体系。图2的公共标志主要考查学生的产出：四个较常见的公共标志，兼顾梯度，两个中英文结合，两个纯图。这个小环节是考察操练情态动词猜测的把握度。可惜的是，在教学中，学生过分关注标志的含义，导致思维定式，失去了交际的价值和意义。课堂中的师生交际，不能仅以获得知识、发展智力为终极目标，必要的情感引导和世界观价值观的塑造也不容疏忽和遗忘。笔者图文并茂地提及了对于祖国的价值观、与父母相处的正确方式以及高中生作为成年人应该具有社会公共意识等知识获取之外的情感点，为人性化教育的坚持开启了一种积极的尝试。

【环节3】

学中推进，完善体系，为高阶输出做准备。这一环节把一个空白图一分为二，让学生以前后相连的"网络遇诈"小故事为文本基础进行填空，逻辑性强，再现真实情境，以实现词汇向短语的过渡。在此过渡中，学生的认知得到提高，知识和认知体系进一步完善。描述邻居帮人刷单被骗的经历。不仅兼顾助动词短语的形式，更对之前突出的情态动词表意愿等重点再次呈现，以固化学生的认知。第一人称的叙述，增加了文本的亲和度，侧面体现了设计的人文关怀。另外，"一空多填"避免答案的标准化模式，训练了学生的发散思维能力。右图的设计与左图基本无二，有机揉入了"意志"引导和培养：人生道路中有很多难以戒除的"瘾"，只有坚强的毅力方能筑梦。环节2和环节3从词到短语的整体配合来扩大、深化助动词的认知，相互渗透，彼此间的统一又成为第二课时产出的基石。

【环节4】

总结烘托，推波助澜收尾意蕴深远。结合网络，基于本课的助动词及其短语的重难点这一传递，实现了知情意的融合，将空洞生硬的语法演变为生动的活体。学习的根本目的是让知识为学习者所用，我们正是借助知识这一载体实现了学习者在各个方面的飞跃。

第三节　指向学科核心素养的高中英语教学设计

20 多年前，我们针对中学英语课程资源（即语言输入）贫乏和英语学习实践（即语言输出）缺乏的问题，开始探索并实践"大容量输入输出语言信息的英语教学"（MIMO），取得了较好成效，相关成果获江苏省基础教育教学成果奖一等奖。但随着普通高中课程改革的推进，"大容量输入输出语言信息的英语教学"显现了一些明显的局限性，我们在此基础上进行了持续的教学改革探索，历经"目标导向的高中英语教学新探索""多模态主题学习资源的创建""主题视域下'教—学—评一体化'的教学设计"三个阶段的研究，形成了一个相对完整且经实践检验比较有效的"指向学科核心素养的高中英语教学设计模型"。本文基于此项目的报告，结合我们近几年的最新探索，尝试将我们的教改历程和相关成果呈现出来，与实践者分享，并求教于方家。

一、问题的提出

我们教学改革探索的初始动因是教学实践中存在的问题。"大容量输入输出语言信息的英语教学"实践的确比较好地解决了之前英语教学实践中普遍存在的"输入容量少"和"输出容量少"的问题——前者如英语学习资源单一，基本以教材为唯一资源；后者如缺乏英语实践活动安排，学生的英语实践活动基本上局限于课堂教学和考试。但"大容量输入输出语言信息的英语教学"实践中也出现了一些明显的问题。比如，输入信息量明显增加，但缺少整合，经常出现"为输入而输入"的现象，"输入"信息的选择比较混乱、庞杂。又如，输出活动安排增加了，形式也多样化了，但活动经常趋向于浅表化，没有与真实的语言运用情境相结合，学生缺少深度思维加工、真实学习能力的培养和真实情境下语言交际能力的锻炼。

我们认为，这些问题存在的关键原因在于教学中缺少清晰的目标引领。因此我们尝试从目标设定入手，通过明晰教学目标来改变、解决这些问题，同时探索依据主题来构建学习单元，运用主题来统领输入和输出的设计。实践取得了良好的成效，但依然存在问题。尤其是教师已经有较强的目标意识，教学目标的设定和有效运用较好地支撑了教师的教学实践，但目标对学生学习的价值未能充分得到发挥，目标无法起到引导学生学习方向、监控自己学习进程的作用，难以成为具体驱动学生英语学习和运用的动力。这需要教学目标同时也成为学生的学习目标，成为英语学习评价的目标。

2017 年，新一轮普通高中课程改革正式启动，《普通高中英语课程标准（2017 版）》确立了"培养和发展学生在接受高中英语教育后应具备的语言能力、文化意识、思维品质、学习能力等学科核心素养"的总目标，要求教师基于对主题的探究和主题意义的深度学习，设计具有综合性、关联性和实践性特点的英语学习活动，使学生通过学习理解、应用实践、迁移创新等一系列融语言、文化、思维为一体的活动，获取、阐释和评判所学主题语篇知识，表达个人观点、意图和情感态度，发展多元思维和批判性思维，提高英语学习的能力和实际运用语言的能力。而且，课程标准将成为考试命题的依据，这意味着英语课程标准所倡导的学科核心素养也将成为考试评价的核心目标。我们在"主题视域下'教—学—评一体化'的教学设计"研究的基础上，进一步通过构建指向核心素养的高中英语教学设计框架，以主题为引领，重构教学内容，优化教学方式和评价方式，实现目标、内容和方法的统一，促进学生核心素养的发展。

二、指向核心素养的高中英语教学设计探索过程

针对高中英语教学实践中存在的问题，项目组在原来多年系列研究和实践探索的基础上，开展了"指向核心素养的高中英语教学设计"研究。本研究大致可分为时间相叠的三个阶段（如下表所示）。同时，课题组同步开展多种形式的推广研究。一方面通过问卷调查、访谈、课堂实录和诊断性测试等方法进行实验后测和结果统计，开展进一步验证研究。另一方面与兄弟学校等单位，如深圳郭华工作室等开展教学联动活动，以进一步验证实验。课题组还应邀参加公开课和学术讲座 10 余人次。在推广过程中，课题组的研究成果获得同行认可，并得到普遍应用，产生了良好的社会影响。

第一阶段(2002—2015)：目标导向的高中英语教学新探索

教改的主要内容	解决的问题	取得的成果
项目前阶段 ① 教学目标设计； ② 运用目标开展形成性评价； ③ 制定三年总目标和单元目标，基于原课程标准构建目标体系。 **项目近阶段** ① 开展以学科核心素养为上位的学习目标层级分解； ② 制定以主题引领的单元层级目标框架，以目标导向教、学、评； ③ 利用层级目标促进教与学的运用与推广。	设定了较明晰的学习目标。具体而言：分解了的层级目标，不再抽象泛化、难以测量、脱离学情。这不仅改变了教学中直接套用课程目标来开展教学活动现象，而且较好地统领了教、学、评的实施，使教、学、评有了统一标准而走向一致；更重要的是学生具有目标意识，对照目标自觉进行预学等活动，借助层级目标开展自评互评，驱动他们自我规划、自主学习，实现了以目标引导学生学习方向、监控学习进程，激发了学生学习欲望，增强了学生策略意识，直指学科核心素养发展。	教师运用层级分解目标，教、学、评与目标一致，《高中英语学习目标设计的常见误区及纠正对策》《科学合理的教学目标——教、学、评的出发点和落脚点》等5篇相关论文在国家级核心期刊发表，课题组成员2010年、2012年连续两届代表浙江省获全国英语优质课比赛一等奖。学生目标意识增强，利用学习档案袋、英语周记开展反思和总结成为常态。学生多次参加"CCTV希望之星"英语大赛获市特等奖；学校被评为全国英语教研示范学校。

第二阶段(2014—2017)：多模态主题学习资源的创建

教改的主要内容	解决的问题	取得的成果
① 整合主题相关的报纸、小说、杂志阅读资源； ② 选用主题相关的网络、新媒体、视频等真实语境视听资源； ③ 开发多模态主题学习资源群； ④ 利用多模态主题学习资源群开展线上线下学习活动。	基于统领大单元学习的主题，梳理、整合并拓展了学习资源。一是使所学主题语境下的语言知识、文化知识紧密联系，解决学习内容琐碎、知识互不关联、文化缺失的问题，保证了教学设计的整体性和连贯性。二是学生课堂讨论话语不再空洞虚无，而是话语关联，内容真实丰富。三是开展主题意义引领的融看、听、读等多模态资源"输入"学习，学生跳出讲义等书面题海，告别输入材料"庞杂无序"现象，较好地实现了适量"输入"，为后续的高质"输出"服务。	教师具备主题资源建设意识，构建了14个主题学习资源群，《高中英语同步阅读课程资源的开发与利用》等5篇论文在国家级核心期刊发表。学生阅读量和阅读速度得到改善，听、说、读、写、看技能得到全面提升，国际视野和跨文化沟通能力得到发展。学生在全国英语能力竞赛、省市英语演讲等各项比赛中获特等奖、一等奖者达百余人。

第三阶段(2016—2019)：主题视域下"教—学—评一体化"的教学设计		
教改的主要内容	解决的问题	取得的成果
①根据目标开展大单元学习任务设计；②开展主题意义引领的课堂活动设计；③开展课前、课后学习活动设计；④开展融于教与学之间的评价设计。	"教—学—评一体化"教学设计得以实现。具体而言：基于目标的"教—学—评一体化"大单元学习活动设计，以主题来引领输入和输出学习活动，统筹课堂和课后学习任务，其结果是"输入""输出"学习活动不再割裂，而是具有综合性、关联性和实践性，"输入""输出"不再是"两张皮"而是有机结合体；更重要的是引导学生开展主题语义网词汇学习、意义探究讨论，听、说、读、写、看技能全面跟上，实现了语言知识与语言技能整合发展，文化意识、思维品质和学习能力同步提升。"有知识但少文化、有认识却缺思考、有形式而无深度"现象减少，较好地解决了教学"浅碎杂"问题。	学生不再聚焦单一知识点学习，而是迈向了深度思维加工、真实情境语言学习之路。《指向核心素养的高中英语阅读教学设计》等10余篇论文发表，3项教学设计获国家级一等奖和二等奖，5项教学课例获省部级优课；课题组成员参加浙江省高中英语优质课比赛再获第一名，代表浙江省参加全国高中英语优质课展示获得好评；成果著作《指向核心素养的高中英语教学设计》拟将出版。

三、成果的主要内容与创新点

本成果的主要内容包括以下四个方面：

（一）构建了指向学科核心素养的英语教学设计模型

当《普通高中英语课程标准（2017版）》颁布之后，项目组在认真学习了英语学科核心素养目标后，整合前期的一系列研究成果，建构了集目标、资源、实施和评价于一体的指向学科核心素养的英语教学模型。具体来说，以学科核心素养为上位目标；教学材料以主题为引领、以教材为核心，整合其他纸质、音像等多模态学习材料；教与学的设计即为发展学科核心素养的学习活动设计；评价自始至终贯穿于学习活动之中（如图5-1所示）。

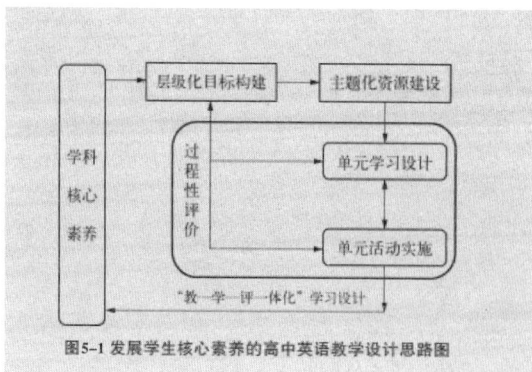

图5-1 发展学生核心素养的高中英语教学设计思路图

发展学生核心素养的高中英语教学设计，以分解了的层级目标为导向，以语言学习内容即学习资源为载体，以主题意义探究的语言教学和学习实践活动为途径，以评价为落脚点，全面发展学生学科核心素养。此教学设计重点在于：一是可供学生自主学习、发展学习能力的学习设计；二是基于教学资源的教学设计；三是所有的活动离不开评价，评价镶嵌于教和学之间。在此，我们搭建了指向学科核心素养的教学设计的一般框架，依据框架，探寻大单元主题视域下的"教—学—评一体化"教学设计。具体包括：确立单元层级学习目标、整合并拓展单元主题学习资源、设计融合过程性评价的单元学习活动，最终发展学生学科核心素养。

教学设计模型是本研究的总体框架，统领其他三项内容，即目标、教学资源、教—学—评一体化活动设计。

（二）搭建了指向学科核心素养的层级目标框架

学习目标是发展学生核心素养的"航标"。学科核心素养比较宏观、相对抽象，为了使学科核心素养更好地落地，达成英语教学的"终极目标"，我们通过目标层级分解，构建高中英语学科素养目标体系：首先，结合单元主题、单元内容及学情，将上位目标即核心素养的四项内容确定为一级目标。然后，借鉴第一阶段研究成果，即目标分解的方法，通过替代、拆解、组合等技术，将一级目标分解为相应的二级目标。接着，再进行三级甚至四级分解（见表5-1），最终获得多层级结构的细化指标。每一层级的目标均包括了结果性目标和体验性目标，为教学设计提供了可靠的依据。分解的层级目标是教学设计的导航灯，是教学设计不可分割的部分，也是检验教学设计是否指向学科核心素养的分水岭。

表1　目标层级分解

一级	二级	三级	四级
语言能力	认知并掌握主题涉及的语言知识（输入）	认知并掌握主题涉及的词汇与结构表达；认知并掌握主题知识。	具体详细的主题词汇与结构；具体详细的主题知识。
	获取语篇具体信息（输入）	获取语篇具体信息	获取语篇所涉及的话题具体信息，为语言输出做储备。

续 表

一级	二 级	三 级	四 级	
语言能力	解释并重组语篇信息(内化)	概括、解释、归纳、比较文本信息	借助段落和文章大意比较、归纳、推断文本内涵;把握文脉,理清上下文逻辑关系	
	欣赏语篇语言(内化)	欣赏、积累、模仿并运用语篇语言	欣赏语篇中与主题相关的佳句,解释分析语篇中的复杂句,并运用于具体学习任务	
	交流并迁移(输出)	口头、笔头表达相关话题任务	口头描述与单元主题相关的具体情境任务并能书面表达(应用文、读后续写、概要写作)	
文化意识	认知、理解和尊重文化的多样性和差异性	了解多元文化,认知文化多样性(文化的具体方面根据主题话题而定);了解多元语言文化;了解不同文化之间的差异性;尊重文化的多样性和差异性,具有面向世界的开放心态和文化自信		具体主题文化内容
	比较世界与中华文化异同	比较世界与中华文化的异同,体会不同国家文化的博大精深、源远流长	借助语篇学习,理解、包容和借鉴世界各民族的多元文化,吸收人类文化精华	具体主题文化比较•
	……	……		……
思维品质	多元思维能力	逻辑性思维	在感性认识的基础上,运用概念、判断、推理等形式对语篇信息进行解读,归纳总结语篇观点	
		创新性思维	通过主题学习和活动,提出自己观点,撰写并设计创意项目	
		批判性思维	质疑主题内容观点,评价作者态度等,正确评判各种思想观点,理性表达自己的观点,提出自己的想法	
	分析、推断、概括	……		
学习能力	自主学习能力	依据目标主动完成主题预习任务,积极参与课堂学习,高质量地完成课后相关主题作业与复习•		
	资源整合能力	借助现代信息技术,迅速地筛选和获取信息、准确地鉴别提取信息、创造性地加工和处理主题信息		
	……	……		

（三）创建了基于单元主题意义的多模态学习资源库

学习资源是发展学生学科核心素养的"养料",是教学设计和学生学习活动的"食粮"。

根据克拉申(Krashen)的"输入假说"理论,学生须学习接触足够多的语言材料才能产生有质量的输出。英语学科具有很强的实践性,离不开听、说、读、写、看,学生只有参与足够多的视听读输入学习活动,才能足以内化并顺利输出。值得注意的是,不是输入数量越多，输出质量就越高。基于主题意义的多模态学习资源正是基于学生所学主题，根据学情，适量拓展符合"输入假说"理论的主题学习资源库。基于韩礼德(Halliday)语言是社会符号的观点和多模态话语分析理论[7]，语言习得离不开眼睛、耳朵、嘴巴等感官完成的视、听、说、读、写等接触体验。利用多模态学习资源，开展多模态信息输入，学生接受视觉、听觉、触觉等多模态感官刺激，比单模式学习更能提升学习效率。有效的输入学习提升了输出的质量和水平，语言运用能力和多元文化沟通得到同步加强。随着数字信息化的快速发展，广告、新媒体、视频等资源随处可见，这些多模态资源为拓展主题引领下的学习资源开发、构建和使用提供了可能。

根据课标，围绕"人与社会、人与自然、人与自我"三大主题板块，以及单元主题，明确单元核心知识，挖掘知识所承载的文化、思维、价值观等学科核心素养要素，拓展创建包含音像、视频等听、说、读、写、看的多模态学习资源，在主题意义统领下整合单元学习内容，提高语言输入的质和量。

（四）高中英语核心素养的培养方向

相较于义务教育阶段针对英语学科的基础学习，高中英语的教学更注重对学生英语综合学习能力的培养。随着学生思想和学习能力的逐渐成熟，学生英语的综合素质水平也开始突飞猛进。因此，在这一阶段培养学生的核心素养，需要有方向性、目的性，更好地辅助学生在现有基础上保持英语学习效率。

首先，情感方向。对于高中生学习的情感培养，重点是培养学生对学习的兴趣和热情，以及学生审美观与辨别力的塑造。学生的学习成绩趋于稳定，对于英语学习的热情有所减弱，老师需要从兴趣和创新角度出发对学生进行引导；学生也需要从自身做起，调动自己的学习热情，端正学习态度，从而促进英语核心素养的提升。

其次，文化方向。语言是文化的载体，要让学生提升英语学科的核心素养，最重要的就是提升学生对英语国家相关文化背景的了解和学习。通过对一些地理风貌、历史人文、节日习俗等内容的接触和了解，有利于加深学生对英语的理解和使用，同时培养学生的国际视野，提升学生对不同文化的接受和包容程度。

最后，语言方向，这也是提升学生英语核心素养的关键培养方向。衡量一个人对于一门外语掌握水平的重要依据，就是对这门语言的交际能力的掌握程度，而语言的交际主要通过听、说、读这三项语言基础能力来具体体现。因此要提升学生英语学科的核心素养，语言能力方向的培养也是重中之重。

（五）借助教学设计提升高中生英语核心素养的方案

笔者将结合自己的实际教学经验，就具体的教学设计方案规划并加以探讨。

首先，借助网络信息资源，丰富学生语言学习体验。传统的高中英语教学大多只围绕教材内容开展教学活动，教学设计也相对较为简单，这样无法满足英语成绩优秀的学生的实际学习需求。为了拓展学生的语言学习体验，教师可以在课上借助网络信息资源，让学生通过图片、视频、音乐等，对英语国家的人文、历史、经济等有更立体的了解。例如：组织学生们观看TED的演讲节目，然后让学生们用英语写出观后感。通过这样直观的文化体验加深学生对英语的理解，促进其英语综合运用能力的提升。

其次，加强语言实践，强化学生语言学习能力。高中生英语核心素养的关键就是培养学生的英语语言应用能力，这一能力主要由听、说、读、写这些基础应用能力构成。为了提升学生的英语语言应用能力，老师在教学设计中应该多加入一些语言实践活动，例如：让学生用英语写周记，每天随机抽选一到两名同学进行周记分享的演讲；鼓励学生在平时使用即时通信聊天时，多尝试使用英语进行沟通交流。这样多方位的语言实践，能够最大限度地帮助学生进行语言实践，让学生沉浸在英语的语言应用环境当中，从而促使学生的英语核心素养得到提升。

再次，借助自主微课形式，培养学生的英语学习能力。高中英语核心素养的关键就是学生自主学习能力的培养。在教学设计中老师可以选择合适的教材内容，让学生分小组进行微课教学内容的设计和教学实践，充分调动学生对英语的学习热情和对课堂学习活动的参与积极性，促进学生英语自主学习能力的提高。此外，通过这样的微课设计准备，能够深化学生对学习内容的理解和记忆，锻炼学生的语言应用能力，促进学生学习效率的提升。

最后，鼓励学生阅读，培养学生的英语思维能力。在日常的教学中我们不难发现，学生学习英语的难点就是语言使用过程中思维模式的转换，常常将中式的思维直接套用在英语语言的日常应用当中，使得学生英语的应用过于中式化。教师在教学设计中，应该设定学生每天的阅读数量，通过积累，逐步强化学生的英语思维，从而更利于对学生英语核心素养的引导和培养。例如每月推荐英文原文阅读书目，引导学生的阅读选择等。

四、核心素养与活动设计的结合

（一）发展核心素养

核心素养的实施与概念普及并不是从一开始就有的，而是近期开始在教学中逐渐渗透。许多国家包括我国都已经对核心素养进行了深入的研究和总结，并正在尝试将此项目发展到切身相关的教学中。关于核心素养的研究和讨论，观点各不相同，但是对于核心素养本身的概念研究是相同的。我们应找准核心素养，将此运用到学生身上，引导学生往这个方向前进。

核心素养以学生为基点，不断在他们周身发展扩大。因为核心素养的研究还处于发展进步阶段，因此教师不能以自己一人的观点来引导学生，而是要结合课程、社会问题以及其他研究者的实践成功案例来进行分析，尽可能扩大范围来搜集资料、挖掘素材，做到准确而负责。将收集到的内容进行筛选，选出与教学有关的、具有一定扩展性作用、可以在教学中实践运用的内容。高中英语是学生升学时最重要的学科之一，其具备很强的社会实践性，学生在校内所接收到的知识和日后走进社会是密不可分的。因此，教师应高度警觉，适时调整教学设计，先通过自身的经验和实践来挖掘最有利的创新教学方式，再将此引进课程中。

教师在进行课程讲解时，可加入一些设计性环节，提前将本学期要讲的内容进行分类整理，列出几大类；每个大类拥有一个新增环节，例如学生自主性思考、小组讨论、集体搜集相关课外资料等；根据不同课程所属的大类来安排计划环节，不再把高中英语当作一个概念基础课，而是在不断扩散实际核心思维的基础上，加深到日常运用中，引导学生由内而外迸发思维，深刻意识到自己身上的发展可能性和无限性。长此以往，可提升学生的学习态度和探究能力，并在实践中不断获取新观念和价值观，从自身出发，全面发展核心素养，为今后的学习就业打下坚实基础。

（二）培养学生核心素养的方法

核心素养近些年被引入国内的教育体系，所以我国对于相关方面的领域还处于一个发展探索阶段，暂时没有绝对完善的内容。教师需要从其他国家的实践案例中获取经验，并根据学生现状来挖掘合适的素材，将此制作成一套有计划的方法来实施。教育最基本的理念就是核心素养，核心素养的准确性直接将教育延伸到未来社会。

将核心素养与课程设计相结合已经在许多教育领域得到广泛使用，但是将两者进行完美结合并不是一件容易的事，教师必须弄清两者之间的关联性和互助性，才能准确找到进行下去的方法。在初期，教师可以进行适当的探索，比如在讲解到一些与音乐和电影有关的课程时，教师在基本教学后可添加看电影听音乐的环节，在死板的教程中融入娱乐性，可以使学生感受到课程设计带来的乐趣，同时进行英语听力及口语双重训练；教师还可给学生布置课外作业，如让学生根据自己的兴趣去听英文歌，并学会演唱；组织学生小组活动，分享彼此的英文歌曲，每组选出一个人和其他组进行比赛。教师可根据学科内容多进行此类活动，将它们以科学的方式设计进教学中，激发学生的参与度，让原本规矩传统的课程变得生动，学生因此获益，在过程中可以释放思维，扩展知识，达到核心素养的提升。

（三）培养学生素养的多样性

我国的教育体系已经从较单一的局面慢慢调整为现在的多样性，核心素养的质量和教师教学有着密不可分的关系，并将以此衡量教师教学水平和学生的接受质量。多种研究实践证明，必须尽可能全面培养学生的核心素养。要充分了解学生的特点并帮助学生活跃思想、发散思维，提高学习的主观能动性。

教学的目标是扩展，而不是压制。教师通过观察来感受学生的兴趣和特点，认真记录和总结，结合学生实际制作出一套符合他们的多样化培养方案。例如，讲到和动物有关的课程时，教师除了进行课本内容的讲解外，还可询问学生喜欢什么动物，并让他们在生活中进行观察；教师提前备课准备一部关于动物的英文纪录片组织学生观看，最后布置课外作业，让学生根据自己的喜好和理解写一篇英文观后感，并在下节课进行演讲；教师可通过学生的演讲内容判断学生的一些喜好和性格，在演讲过后给予鼓励并友善提示错误之处。将此类内容作为一个阶段性的设计来实施，长时间坚持下去，给学生的课堂增加外力，让他们学习一些书本中学习不到的知识。

教师在教学时要内外结合，并在教学过程中经常与学生互动交流，除了课本知识的交流，还要注重情感交流，让学生喜欢学习；任课教师在生活中及时观察、勤奋记录，以此发现有利于提升核心素养的一切内容。努力将核心素养的科学性发展落到实处，给学生真实感受，才能让学生的素养真正有所提升。在教师教学中，要将生活中的环境引进教学，加以设计，这样才能更加锻炼学生的综合能力。作为高中学科中的重点和难点，高中英语学科的教学一直都受到广大教师的关注。社会对人才质量提出了更高的要求，教师需要对学生的综合能力，特别是核心素养进行培养。这样除了能够帮助学生扎实掌握整个学习基础之外，还可以有效培养学生对英语的学习兴趣和热情，为核心素养的继续培养提供良好的氛围和基础。

作为高中学科中的重点和难点，高中英语学科的教学一直都受到广大教师的关注。社会对人才质量提出了更高的要求，教师需要对学生的综合能力特别是核心素养进行培养。这样除了能够帮助学生扎实掌握整个学习基础之外，还可以有效培养学生对英语的学习兴趣和热情，为核心素养的继续培养提供良好的氛围和基础。

第四节　指向深度学习的高中英语单元整体教学设计

一、深度学习

深度学习的起源可以追溯到 20 世纪 50 年代，布鲁姆在《教育目标分类学》中认知维度层次的划分就体现了"学习有深浅之分"这一思想。深度学习（deep learning）的概念是美国学者 Ference Marton 和 Roger Säljö 基于学生阅读的阅读实验，针对孤立记忆和非批判性接受知识的浅层学习（surface learning），于 1976 年首次提出来的。美国学者埃里克·詹森（Eric Jensen）和莱恩·尼克尔森（Le Ann Nickelsen）在《深度学习的 7 种有力策略》中提出深度学习策略。他们称之为 7 种有力地促进深度学习的路线图，简称为"DELC"，即 Deeper Learning Cycle（"深度学习路线"），包括"设计标准与课程；预评估；营造积极的学习氛围；预备与激活先期知识；获取新知识；深度加工知识；评价学生的学习"。

何玲、黎家厚（2005）认为，深度学习是指在理解学习的基础上，学习者能够批判性地学习新的思想和知识，并将它们融入原有的认知结构中，能够在众多思想间进行联系，并能够将已有的知识迁移到新的情境中，做出决策和解决问题的学习。张浩、吴秀娟（2012）指出，深度学习倡导通过深度加工知识信息、深度理解复杂概念、深度掌握内在含义，主动建构个人知识体系并迁移应用到真实情境中解决复杂问题，最终促进全面学习目标的达成和高阶思维能力的发展。陈锋、李红燕（2019）认为深度学习是一种基于高阶思维发展的理解性学习，是学习者基于理解性学习的目标，采用批判、反思、整合、应用等方式对知识进行同化及深度加工的学习活动。综合以上观点，文章认为深度学习是一种相对浅层学习的基于高阶思维发展的理解性学习，要求学习者能够基于原有知识主动建构，批判思维，创新迁移；在此过程中，教师应发挥其引导作用，给予评价，促进学生的深度学习。核心素养时代，深度学习不只是一种学习方式，而是一种学科核心素养培育的途径。

单元整体教学

单元教学设计是指向核心素养的深度学习。单元教学产生于 19 世纪末，是欧美新教育运动的产物。它主张学习的内容应该是完整的，不应该将教材割裂成一课一课的形式，而应把学习内容分割成较大的单元。新课程改革背景下，核心素养的提出对单元整体教学设计的研究产生重大影响。单元已脱离教材中的固有形式，单元整体教学设计中，教师应以教材为基础，基于某一主题意义，整体性地对教材中有关联的内容进行分析、再构，进而整合形成具有整体性、相关性、阶梯型与综合性的大单元。

二、单元设计教学中存在的问题

单元整体教学在内容以及形式上涉及教学的整个架构，以往的学科教学形式虽然通过新课改得到了相关的补充，但具体流程的深化与理想的教学状态还存在一定的差距。高中英语教学涉及的环节主要有词句的听与写等内容，对于深化的具体措施，需要根据其教学特点以及内容进行逐步深化，由此达到整体优化的教学目的。

三、指向深度学习的单元整体教学设计思路

（一）理论依据

1. 建构主义认知理论

建构主义认知理论源于杜威的经验性学习理论、皮亚杰的儿童认知发展理论和维果茨基的社会建构理论，强调知识的建构性、知识的社会性和知识的情境性。根据学生的认知发展特点，高中学生已经具备一定的认知以及知识储备，这就要求教师在进行教学设计时，把知识再加工，结合实际社会情境引导学生主动学习、建构新知识。

2. 整体语言教学理论

整体语言教学理论强调语言的整体性，反对把语言肢解成音素、词汇、语法等；强调口头语言（听、说）和书面语言（读、写）之间的互动性及内在联系。因此，教师在进行教学设计时，应当重视教学内容的整体性，注重单元目标与单课目标的整体性，避免单一训练某种语言技能。

3. 布鲁姆教育认知目标分类

布鲁姆的教育目标分类及教育评价理论自提出以来就在教育领域中产生了巨大影响，安德森等专家修订版认知目标分类法至今仍被广泛应用。根据学习者所达到的思维水平和认知层次，他将认知目标分为记忆、领会、应用、分析、评价、创造等由低至高的六个层次。我们认为，做到其理解的后四个维度就是指向高阶思维的教学。

如表 5-2 所示，将深度学习认知目标、英语学习活动观与布鲁姆教育认知目标分类对照可知，学习要从低等级的记忆、理解层面，进入应用、分析、评价和创造等高阶思维活动和技能中。

学习类型	目标层次	内涵	英语学习活动观
浅层学习	记忆	从长时记忆中提取有关信息	学习理解
	理解	从教学中建构知识意义	
深度学习	应用	在新情境中应用所学知识技能	应用实践
	分析	把材料分解成各部分，明确部分间的关系以及与整体的关系	
	评价	依据标准做出判断	
	创造	整合新整体，组成新模式或结构	迁移创新

表 5-2 深度学习认知目标、英语学习活动观与布鲁姆教育认知目标分类对照

（二）设计思路

思路流程基于上述理论，根据学生认知发展规律和学科学习特点，指向深度学习的单元整体教学设计思路（如图 5-2）所示：

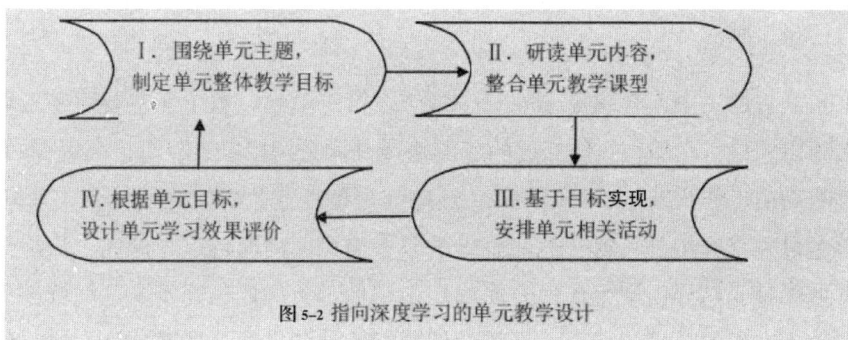

图 5-2 指向深度学习的单元教学设计

（三）思路解读

Ⅰ.围绕单元主题，制定单元整体教学目标。教师要根据单元内容和学情分析，从语言运用能力维度梳理单元内容，关注语境的创设，思考达成目标的过程与方法，同时还要关注情感态度、价值观维度的目标，从多元维度进行描述，形成单元教学目标，落实英语学科核心素养。另外，单元整体目标的实现离不开单课教学目标的逐层推进；每个课时目标的设定都要为达成单元整体目标服务。

Ⅱ.研读单元内容，整合单元教学课型。教师在进行单元设计时，要根据课程标准，认真分析单元主题语境及整体教学内容（包括学生用书，练习册及教学用书），全面梳理并概括与主题相关的语言知识、文化知识、语言技能和学习策略，对课程内容进行有效的整合；在此基础上，根据学生实际水平和学习需求，对单元教学课型进行合理划分。

Ⅲ.基于目标达成，安排单元相关活动。单元教学要围绕主题语境整体设计教学活动，之后再深入每个课时环节。无论是单元整体框架还是单个课时教学，都要以学习活动做

支撑。英语学习活动的设计，应落实英语学习活动观，通过学习理解、应用实践、迁移创新等层层递进的由浅入深的语言、思维、文化相融合的活动，实现单元教学目标。

Ⅳ.根据单元目标，设计单元学习效果评价。教师开展学习效果评价首先要依据单元学习目标整体设计评价方案和工具。设计评价的内容与方式时要考虑学生的学习兴趣、学习习惯、学业结果等多个维度。在评价活动中，评价除了可采用自评和互评外，教师的提问和反馈也是重要的评价手段。阶段性教学结束时，教师可以通过多种形式开展终结性评价，检验学生的学习效果和教师的教学效果，为下一阶段调整教学提供依据和方向。

四、基于深度学习的高中英语整体单元设计

1.明确单元主题。

主题的确定要思考两个因素：首先，对单元教材内容进行分析与整合；其次则是对学生的学情进行分析。

（1）教材分析

本单元是普通高中人教版英语教材必修一之第三单元。本单元主要讲述王坤与姐姐王薇两人的山地自行车旅行。他们选的旅游路线是湄公河沿线，以海拔高度5000多米、空气稀薄的高山点作为起点，可以想象，这些前提条件让此次旅行变得令人兴奋、刺激。通过让学生自主查阅相关资料，他们获得了以下信息：河流特点与流向，沿途经过哪些地方以及地形等，这样使学生地理方面的知识增加了，视野也开阔了。阅读部分，教师要使学生学到有用的单词与词组，训练他们的阅读技能之外，还要让他们懂得怎样把旅行前的准备事项做好，如选自己感兴趣的地点、确定旅行线路，查阅地图了解旅途的相关信息，激发起学生的旅游兴趣。

①Reading板块。一篇关于介绍两表姐弟的云南自行车旅行文章，作为重点来使用。Travelling话题能够激活学习者对于旅游、生活以及大自然的热爱。另一方面也能培养学生的想象力、发散性思维以及科学探索精神。经过"warming""pre-reading"等的预热，激活了学生的已有知识以及对新知识的好奇。通过一个课时的学习，学生能掌握本单元话题下的词汇、句型以及语法，完成了语言输入。

②Listening板块。教材第23页有相关的听力材料与听力配套练习题，可以增加学生扮演表姐弟二人相遇后聊天的情景对话。

③speaking&writing板块。教材第23页有相关的口语与写作练习题，可以在口语练习后进行总结，便于下一部分的写作练习。

（2）学情分析

知识储备：学生在目前阶段已经学习交通工具等和旅游相关的词汇，并且已经在阅读部分了解到王坤等要骑行顺湄公河而下的故事背景。因此可以用英语来表达与旅行相关的话题，并能很快进入所设置的情景中。

能力储备：当今学生思维活跃，富有个性，接收信息渠道多元，知识面广，多数已经有了很多次旅行的经历。但多是在父母的陪同下旅行，独自旅行的并不多。因此，在本节课让学生自己制订旅行计划，发现问题，判断问题，解决问题，最后将提高他们的语言运用能力、独立生活能力，同时也大大增强他们的自信心以及跨文化交际能力。

基于以上分析，确定本单元的学习主题为：How to make a reasonable plan for your trip and complete your own travel journal.

2. 单元整体目标

目标1：涉及以下问题：

（1）Do you know these places,have you been there?

（2）If you were Wang Kun and Wang Wei,what should you prepare?

（3）How?

（4）Why?

首先提出问题，接着理解问题，最后回答问题，这就进行了一系列语言的输入。让学生根据自己的喜好选择旅行的目的地，并根据实际情况选择不同的交通方式，了解到不同的交通方式各有利弊。

目标2，问题为：If you were Wang kun and Wang wei,what should you prepare? 让学生通过查资料，了解沿途的海拔高度、气温以及地形地貌的变化，并针对以上情况思考旅行前应该做好哪些准备。

目标3：问题为：What aspects should you pay attention to during your journey? 通过问题引发讨论，让学生明白如何才能顺利完成此次山地自行车之旅，并让他们思考在骑行过程中如何保护环境、文明出行。

目标4：小组合作制作手抄报。以此次旅行目的地、交通工具以及注意事项来完成手抄报，激发学习者对于自然界的热爱以及出游的兴趣。

Project 5: To imagine you were a freshman in university,who travelled to Australia,please write an article about your experience to us. 通过让学生带入某种身份，解决旅行中的基本问题，通过向别人介绍以及欣赏图片等方式感受旅行带来的快乐。

上述目标中的问题是为学习者而设计的，学习结束后基本能顺利回答以上的问题。在目标 3 和目标 5 的教学环节后，把学生交上来的手抄报和 project 通过多媒体呈现出来，获奖的作品可以贴在班级宣传栏。目的是习作共享与学习，也提升学生的成就和荣誉感，激发学习兴趣。

3. 设计学习活动。

"理解、迁移、运用"是深度学习理念的关键词。单元学习开始于理解话题与文本，激活既有知识，使之作为铺垫来开展进一步深入学习。这样可以让学习者在对文本结构、语言知识技能的理解之后迁移到对应的语言环境，而且能举一反三。而深度学习单元整体设计的最高层次则是运用。

warming-up 中的话题认知，通过小组竞赛活动激起了学生课堂参与的积极性，而且使学习者积累了有关世界河流的知识，从而为下一步阅读和理解文章做好了准备。在 pre-reading 中安排学习者观看视频，让他们懂得利用地图来对湄公河的位置及其流经的六个国家进行描述。在 reading 里面，对于文章大意整体理解后，小组共同配合展开阅读活动，各成员各自负责某一个段落的信息查询以及归纳，然后在组内进行分享交流，这样可以激发学习者的有效阅读思考，提高他们获取细节信息以及归纳信息的能力。在 post-reading 中，让学习者回顾文本内容，另外在知识内化后再用对话完成知识的再次

内容	语音	语调	音量	合作互动	仪态	总体效果	总分
30	10	10	10	10	10	20	100

输出。开放形式的讨论，让学习者按照课文描述，先去图书馆以及上网查阅资料，并且创设情境，引发进一步思考，解决实际问题。听说环节练习的句型结构和写作部分的话题文章，最后都综合性地运用于单元结束部分 project 这一课时。

4. 关于活动的评价

深度学习需要具体的、细化的评价标准，设计的活动要有对应的科学的评价标准。例如，对 project 的评价标准从语音、语调、内容、音量、合作互动、仪态等方面制定。

5. 实施效果与反思

整体单元目标应该具有系统性，如果要完成终极目标，学习者首先要掌握前面的知

识，这将服务于完成终极目标，同时也是基础。终极目标是前面设计的几个目标的归宿。

单元目标具备阶梯性特征，难度在不断加大。第一个目标是使学习者了解话题，达到语言输入的目的。其后三个目标根据实际拓展关联，引发进一步思考，把前面生成的知识能够迁移至学习者的实际生活中。

整体目标具备实践性特征。新课标提出"学生在语境中接触、体验和理解真实语言，并在此基础上学习和运用语言"，单元每个目标预设了学习者要探讨的话题还有相关现实问题。前几个目标包含的是单一任务，而终极目标则相对来说复杂些，是难度更高的现实任务。

"深度学习"是教师与学生一同经历的智慧旅程。它的重点不是使学生习得那些零碎、刻板的知识，而在于让他们能灵活、充分地运用这些学到的知识。这样他们就能更好地理解世界以及解决问题，最终学以致用。单元整体教学中，教师应该从知识系统性的角度，立足单元话题，把单元里的重要知识重新进行整体编排，构成一个整体的知识结构或者意义。

本文根据整体教学理论的特点与内容，以促进学生深度学习为目标，结合实际的教学情况，进行了综合的研究与设计，旨在促进整体单元设计在新时期的发展中可以实现进一步深化。在教学流程以及内容的布置上需要采取进一步深化的方式，提高教学质量，由此确保学生高效学习，促进学生核心素养的发展。

五、"指向深度学习的单元整体教学设计思路"单元教学实践

根据新课标和深度学习的意义，文章以新人教版高中英语为例，实践以上单元整体教学设计思路。

【案例】高中英语必修一——Unit2 TEAVELLING AROUND

[单元主题]：旅行

[单元标题]："TEAVELLING AROUND"

[单元内容分析]：

本单元所涉及的技能板块及语篇内容如表 5-3 所示。

	技能板块与主题活动	语篇类型与内容
STUDENT BOOK	Opening page	旅行中的父与子（图片） 旅行的意义（引言） 单元主要内容（文本）
	Listening and Speaking --- Get ready to travel& pronunciation	Traveling plan and preparations to Europe and Lijiang（对话）
	Reading and Thinking ---Explore Peru	Peru（视频，地图，百科全书） Travel Peru （宣传册）
	Discovering Useful Structures --- Talk about your future plans	weekend plans（日常对话）
	Listening and Talking --- Make reservations	book a plane ticket（电话交谈）
	Reading for Writing --- write to a friend about a travel plan	a travel plan to Xi'an（电子邮件） Terracotta Army （宣传页）
	Assessing Your Progress --- Reflecting --- Project: Design a travel brochure	语言知识检测:词汇和语法(明信片、电话交谈)
	Video Time	Machu Pichu(视频)
WORK BOOK	Using Words and Expressions	检测词汇和表达: 乘轮船旅游 （文本介绍） 厦门著名景点介绍（海报）
	Using Structures	检测语法知识: 邀请爸爸参与泰国之旅（邮件） 杭州、奥克兰旅行行程（行程单）
	Reading	Be A Good Tourist （专栏）
	Writing	opinions on how to be a good tourist(图片)
	Expanding Your World	A letter （意大利古城 Pisa) by Tobias Smollett（文学经典）（信件）

表5-3单元技能板块与语篇内容

【学情分析】：从情感态度方面看，在这个"旅行"话题高热度的时代，高一学生又刚历经中考长假，对于旅行这个话题很是兴奋和感兴趣，但由于学生旅行的时间和地点有限，所以比较渴望认识和感受新世界；从知识储备方面来看，学生对国内知名景点、旅行计划制订、旅行准备以及友好出行等话题并不陌生，但是对国外景点和旅行文化相对欠缺；从语言能力方面来看，高一新生基本具备一定的听说读写看的能力，但面对相对初中而言较高阶的英语学习，学生的语言储备和输出能力相对较弱。因此，单元教学要在基于主题的真实情境中，培养学生的学习理解和应用实践的能力，依据所学迁移创新的能力。基于以上内容，关注主题意义，把控单元内容，立足学生实际，该单元"指向深度学习的单元整体教学设计"思路如下图（表 5-4）所示：

I. 围绕单元主题,制定单元整体教学目标	II. 研读单元内容,整合单元教学课型			III. 基于目标达成,安排单元相关活动	IV. 根据单元目标,设计单元学习效果评价
	课型/课时	技能板块	课时教学目标		
通过本单元学习,学生能够:	听说预热课 (第1课时)	Opening Page Listening & Speaking	能够通过图片理解和表达旅行的意义,培养其看的能力;能够抓住关键词,理解听力文本的大意,培养其听力策略;能够全面考虑、系统安排旅行计划并结合所学表达之;能够掌握发音规律,提高其听说能力;能够体会中外文化的平衡,开拓视野,增强爱国情怀。	一、学习理解类活动: 1. 感知、关注背景知识 2. 梳理、概括、整合信息	一、教学过程中善用启发式评价: 启发式评价:课堂教学中,教师抓住时机启发发式发问,调动学生积极性,并进行恰如其分的点评。 二、设置五层级递进评价,激励学生参与的同时,也便于学生自评。 例如: 1. 听评课中,跟课可设置"习题难度"、"课堂参与度"、"能否用英语或说汉字"、"优英语诗的运用"、"语音语调的形式度设置及三重等,激励学生参与、方便学生自评。 2. 写作课中,教师明确评价要求,进行教师评价与师生点评及学生自评和互评。 三、单元课程结束后,可实施终结性评价: 1. 学业情况可以以单元测试卷的形式进行。 2. 学习态度可以从学生上课状态、课堂练习、作业完成度等多个维度进行评价。
· 理解并正确使用:辅音字母 e,g,x 及其字母组合发音规律有效记忆单词,与主题相关的单词和词块以及进行时表将来的语法项目; · 抓住关键词快速理解文本,利用文本标题、图片等细则文本类型;使用通过浏览阅读策略获取文本信息; · 阅读并掌握介绍性文本、旅行宣传册、电子邮件、旅行日程等的文体结构特点及语言特点,快速有效获取信息; · 口头和书面上表达旅行中的预订,吃住行等与计划相关的事宜; · 了解旅行,理解中国和秘鲁等国家景点和文化特色,培养爱国情怀,拓展国际视野; · 对所获悉信息进行比较分析,思考与反思,具有批判性思维和创新性思维。	赏析阅读课 (第2课时)	Reading and Thinking * Video Time	能够通过观看视频获取秘鲁和全球比丘相关信息;能够通过图片、标题和文本结构辨别百科全书和宣传册不同文本类型;能够初们跳读、速读等阅读策略获取信息,也能智分析比较文本信息,能够情境维持探寻秘鲁旅游路线,拓宽己知,能够给合中国旅游和文化,增强国文化认同感。	二、应用实践类活动: 1. 实践与内化语言知识和文化知识	
	语言提取阅读课 (第3课时)	Reading and Thinking	能够依据主体情境区隔、提取和归纳信息的内化的统合;能够运用词块讲述秘鲁地理、历史、文化、景观等;能够找出文本中具有旅游宣传册语言表达特点的单词、短语或可于用其介绍一段旅行路线和目的地。	2. 分析与判断,表达个人观点	
	语言结构习得 (第4课时)	Discovering Useful Structures Workbook Using Structures	能够自主探究、发现和归纳"现在进行时表示将来"的语法功能和意义以及一般将来时。现在进行时和 be going to 构句示意功能上的区别;能够根据具体情境再进一步说明,理解现在进行时和将来进行时表示将来的计划;能够运用语言知识论即将到来的周末某个时间段或全天的计划安排。	三、迁移创新类活动: 1. 分析评价道德意义和形式	
	拓展口语课 (第5课时)	Listening and Talking	能够通过读语内容、语气、语调,语言的正式程度或谈话的环境来判断人物关系;能够根据音信息的纳电话预订机票的要点;能够发现并归纳打电话中问询拟购为正式或礼貌的用语;能够创编对话,用现在进行时表达将来的计划和安排,连接上述进行了电话预定、安排旅行中的吃、住、行等事宜。	2. 迁移创新	
	语言迁移写作 (第6课时)	Reading for Writing Workbook Expanding Your World	能够理解看点、阅读文本自主梳理行程要点,获取电子邮件说明旅行计划的文体结构、总结表达情感的常用语言结构,能够通过小组讨论、网络合作,写一封给朋友的电子邮件。	3. 新情境中展开想象与创造	
	情感态度拓展 (第7课时)	Workbook Reading、Writing	能够检查使用阅读策略、寻读获取细微信息;速读首尾段获取文章大意等;能够判断文本和图片中的各种不恰当行为;树立文明游客意识;能够通过判思维的方式完成一篇表达自己观点的作文,能够升华表达任务,文明旅游,对外彰显己好家教,对外输出优良国风。		
	项目活动拓展 (选上) (第8课时)	* Project: Design a travel brochure Workbook* Using Structures (活动5)	能够通过读海报文本获取旅行信息,姓名、国家、来中国旅行原因等;能够感知并认同不同的旅行方式、目的和意义;能够通过小组合作以多媒体信息,完成一份旅行计划或秘鲁旅游宣传册;能够增强文化自信以及国家认同感。		
	语言强化巩固 (第9课时)	Assessing your progress Workbook Using Words and Expressions; Using Structures	能够灵活使用所归纳的语言知识;能够观察获取明信片语义建构;能够通过角色扮演进一步巩固强化语言知识和表达能力;能够主动反思学习效果以及原因。		

表 5-4 Unit 2 TRAVELLING AROUND 单元整体教学设计思路

　　素养的形成是长期的,只有通过连贯性、进阶性、系统性的学习实践才能养成。为培养和发展学生的学科核心素养,广大教师应当躬行实践指向深度学习的单元整体教学。本节通过关注主题意义的单元整体教学目标制定、研读主题单元所有相关教学内容后的课型重整、旨在实现目标的教学活动安排以及基于目标达成的单元学习效果设计,四个步骤形成一个完美闭环进行单元整体教学设计,最后辅以学科案例,以期探讨一种基于主题进行的单元整体教学设计思路,促进深度学习。

第一节　整体语言教学法理论基础

整体语言教学法主要有三个理论基础。从哲学、心理学、第二语言教学的角度分别来看，它的理论基础依次是人本主义、建构主义、Krashen 的假说理论。

一、人本主义

美国人本主义兴起于 20 世纪 50 年代后期，70 年代至 80 年代才得以迅速发展。人本主义的主要代表人物有 Maslow 和 Rogers。人本主义理论强调教学的目的不仅是传授知识，而且还要促进学生成长为一个完整的人。人本主义学习理论要求学生掌握已有的知识，形成一定的自学能力。人本主义还倡导有意义地学习，即人人参与、自主发起、自我评价。在这一学习过程中，教师为学生创造适合自己的学习氛围，激发学生潜能。人本主义理论和整体语言教学法的共同特点是都主张以学生为中心，教师要把学生当作一个完整的人来看待。除此之外，人本主义没有忽略人际交往、解决问题等基本技能。最后，人本主义注重开发人的潜能。人本主义教育思想家认为人的所有潜能都得到充分地激发和发展。教师应该相信学生有不同的潜能，更重要的是，教师肩负着充分激发和发展学生潜能的责任，为学生提供一个有利于实现内在潜能的自由氛围。所以，人本主义理论为整体语言教学法在高中英语阅读教学中的应用提供了有力的理论支持。

二、建构主义

Vygotsky 和 Piaget 是建构主义的主要倡导者。建构主义强调学习是在已有知识和经验的基础上产生意义、构建理解的过程。学习者使用必要的教材，在有意义的语境中构建意义。教师在设计教学时还要考虑为学生创造建构意义的情景，教师的工作重心从传统的教学者转向了引导者。这时，教师应该是课堂教学的组织者，是学生建构知识意义的促进者，而不是知识的灌输者。这符合整体语言教学法的原则，强调教师帮助学生构建无限的外语能力，甚至生活和工作的创造性能力。建构主义教学理论还提倡小组合作学习，认为小组合作有利于学生的学习。Vygotsky（1978）认为，与同伴或老师合作是对学习者来说比较好的学习方式。同样，在整体语言教学法的课堂上，学生或与同桌互动，或者被分成几个小组，在小组中学生提出假设，然后在辩论中解决问题，这与建构主义的理念是一致的。

三、克拉申理论

从语言学的角度来看，影响最大的理论是 Krashen 的理论，它对整体语言教学法做出了巨大的贡献。Krashen（1989）在 1985 年提出了这一理论，其中包括五个假设，其中输入假说是Krashen理论的核心。它清楚地回答了如何习得一门语言，尤其是一门外语。Krashen认为，完美的语言输入应该具备以下特点：

第一就是全面。语言学习应该提供全面的输入。为了使语言学习者进入一个更高层次的学习过程，学习材料中应该包含下一个学习阶段的语言结构。第二，有趣且相关。学习材料越有趣，学习者就越想学。与传统的学习材料相比，有趣且与学习者生活有相关性的学习材料可以提高学生的学习兴趣，这与整体语言教学法的原则是一致的。第三，不按照语法顺序排列。Krashen理论的出发点是区分习得与学习。他认为习得是一种潜意识反应的自然学习过程，而学习恰恰相反。当一个人的目标是获得，而不是学习，那就没有必要按照语法顺序进行教学。此外，如果学习者不需要遵循语法顺序，那么他们可以在一个更轻松的环境中学习。这也是整体语言教学法所提倡的。第四，充足的输入。一方面，如果学习者想要获得一个新的语言系统，必须有丰富的学习材料供他们阅读，仅仅依靠教科书是不够的。另一方面，如果教师提供太多的学习材料，学习者就不能很好地吸收。输入假设的四项原则都符合整体语言教学方法的内容，Krashen的输入假设对整体语言教学法的发展有着重要的影响。因此，输入假说为整体语言教学法的研究提供了理论基础。

第二节　整体语言教学法文献综述

本小节综述了国内外关于整体语言教学法以及整体语言教学法在英语阅读中应用的相关研究。

一、整体语言教学法的相关国外研究

为了得到整体语言教学法发展的清晰线索，我们可以从以下阶段来回顾整体语言教学法研究在国外的发展过程：

（一）20世纪初期

整体语言教学法最早可以追溯到20世纪70年代，是关于小学阅读教材的讨论。Kenneth Goodman和Frank Smith是这一方法的主要倡导者，他们认为语言是社会文化和人类思维之间的媒介，而不是简单的交流工具。Goodman将整体语言教学法应用于语言教学，他的理论奠定了整体语言教学法的基础。语言学家Chomsky（1965）认为人类大脑中存在一种语言习得装置，简称LAD。有了这个装置，孩子们就有了说话的能力。在Chomsky的影响下，Goodman认为儿童可以从书面语言的体验中进行阅读。更重要的是，他认为写作能力和交际能力可以同时发展。Goodman 认为教材应该选择文学作品或真实的交际环境，这样才能充分发挥学生学习语言的潜力。在课堂上，学生应该受到更多的关注，教师应该把自己的角色从领导者转变为引导者，以培养学生的综合能力。他主张人们应该重视语言的意义，而不是形式。与人交流时，要让别人明白自己的意思，不要强调每个字、每句话的准确性。

（二）20 世纪末到 21 世纪

Brown（1994）汇集了关于整体语言教学法的不同观点。他认为整体语言教学法是一种基于合作学习的教学模式。在课堂上，学生应受到关注，所有的学生都应该参加课堂活动，以加强学生的协作。他还认为，语言是社会化的，人们在现实生活中应该注意语言的应用。Carlo（1995）从不同的角度解释了整体语言教学法，他认为整体语言教学法与传统的翻译法、直接法等教学方法有一定的区别。这是第一次清晰地对整体语言教学法进行讨论[00]。Carlo 不仅对整体语言教学法进行了定义，还将其与传统的教学方法进行了比较，对其教学内容、教学原则、评价方法等进行了介绍。Sue Sears（1999）讨论了整体语言教学法影响下的阅读策略，其研究结果表明整体语言教学法有利于提高学生的阅读策略。Brown（2001）认为听、说、读、写是不可或缺的组成部分。他提出英语阅读教学应该包含听、说、读、写四种语言技能，为英语阅读教学做出了很大的贡献。与此同时，整体语言教学法在第二语言教学领域的影响逐渐增强。Liu（2013）将该方法应用于小学，他发现整体语言教学法可以提高学生的学习兴趣和好奇心。

二、整体语言教学法的相关国内研究

可以将我国关于整体语言教学法的研究分为以下两种情况：

（一）引入国外理论

覃修桂（1996）从整体语言教学法的背景、理论基础和教学原则三个方面介绍了整体语言教学法，他强调语言成分的内在联系，阐述了整体语言教学法的重要性，同时分析了整体语言教学法的缺点，并就如何更合理地运用整体语言教学法提出了一些建议。黄继仁（1997）认为整体语言教学法是一个由教与学、教师与学生组成的系统，强调听、说、读、写，以便把语言作为一个整体来对待。他认为学生应该从文学作品和日常生活中学习。此外，学生在学习时应该与他人合作。唐力行、叶华年（1998）对 113 名小学英语教师进行了实验。他们对整体语言教学法和传统语言教学法进行了比较，通过实验，得出结论：整体语言教学法对我国的英语教学有一定的帮助，但也存在一定的局限性。戴炜华（2001）从教学哲学的角度阐释了整体语言教学法，分析了整体语言教学法中整体的意义。卢凌（2002）探讨了整体语言教学法的定义、理论背景和教学原则。此外，他介绍了整体语言教学法的发展和实践，分析了整体语言教学法的优缺点，以期使英语教师认识到整体语言教学法的重要性。顾礼芬（2003）对整体语言教学法的教学原则进行了归纳，指出了如何将整体语言教学法正确应用于英语课堂，并结合当前的大学教育，介绍了以提高学生语言应用能力为目标的教学原则。

（二）进行实践研究

近年来，从小学教育到高等教育，越来越多的研究者将整体语言教学法应用于英语课堂。唐晓蓉（2011）指出，在大学英语阅读课中，整体语言教学法是可行的。张秀云（2014）将整体语言教学法应用于高级英语课堂，她认为整体语言教学法对能帮助同学们提高学习英语的能力。李飞（2017）探讨了整体语言教学法在小学英语口语教学的应用。谢月红（2018）在一所小学的英语课堂上进行了实验，发现整体语言教学法可以提高学生的语言应用能力，有利于实现素质教育的目标。以上学者将整体语言教学法应用到了高等教育英语课堂以及小学口语英语课堂，进行了实践研究。

三、整体语言教学法在英语阅读中的相关研究

（一）整体语言教学法在国外英语阅读中的应用研究

Kenneth Goodman 和 Frank Smith 主张将整体语言教学法应用于英语阅读教学。他们认为阅读材料是社会和教育之间的载体，而不仅仅是学习词汇和语法的工具。前者指真实的学习环境和真实的阅读材料。后者意味着教师和学生都有权选择阅读材料，教师应该培养学生的阅读兴趣。

自 20 世纪 70 年代以来，阅读教学核心观点的代表是 Kenneth Goodman 和 Frank Smith。他们的观点不仅对母语有很大的影响，而且对英语阅读教学也有很大的影响。Goodman（1967）概括了心理语言学的阅读观，指出阅读是一个选择的过程。他认为阅读是一种不断猜测的活动，这些猜测后来会被拒绝或证实。这意味着，人们阅读句子的方式并不相同，而是根据一些单词或线索来判断接下来会出现什么样的句子。Goodman 指出读者可以根据自己的经验预测一篇文章接下来的内容。在做出假设之后，他们会检查并验证自己的想法，以便获得有意义的信息。Goodman 强调读者的积极作用。一方面，读者可以充分利用先验知识来预测和假设一篇文章的结尾，并证明自己的假设是否正确；另一方面，读者从整体层面上选择最有用的信息来构建意义，这就是推理能力。

1985 年，Smith 指出阅读必须对学习者有意义。此外，他还指出，只有当口语和书面语有效地运用时，才能帮助孩子学习一门语言，其目的是探索阅读的过程。Sears（1999）讨论了整体语言教学法下课堂阅读策略的发展。他说明了图形信息和背景知识都有助于提高学生的阅读成绩。Flint（2007）介绍了整体语言教学法的发展。此外，他强调了这

一教学法的实用性和可行性，并提出了许多新的想法。例如，他认为整体语言教学法是一种学生、家庭和学校相结合的实践。这一观点促进了整体语言教学方法的发展。Liu（2013）将整体语言教学法应用于少儿教学。结果表明，整体语言教学法能提高少儿的学习兴趣，帮助他们形成良好的学习习惯。同时，他指出了整体语言教学法在教学过程中的局限性。他建议教师们相互分享优秀的教材，为孩子们提供多样化的阅读材料。

总的来说，Kenneth Goodman 和 Frank Smith 为整体语言教学法在阅读教学方面的发展做出了巨大贡献。他们都主张在阅读教学中运用整体语言教学法。近年来，随着整体语言教学法的发展，Flint 和 Liu 的观点也推动了整体语言教学法在阅读教学中的发展。

（二）整体语言教学法在国内英语阅读中的应用研究

近几十年来，整体语言教学法引起了人们的极大关注。我国的教育工作者和学者在不同学段对其进行了各方面的研究。

1. 小学英语教学

在运用于小学英语教学研究上，李飞（2017）探讨了整体语言教学法在小学英语口语教学中的应用，说明了整体语言教学法在小学英语口语教学中的可用性。谢月红（2018）将整体语言教学法在小学英语绘本教学中的运用进行了研究，提倡学生将绘本内容表演出来。

2. 初中英语教学

在运用于初中英语教学研究上，陈建俞（2003）从整体语言教学法的背景、特点、教学原则等方面对整体语言教学法进行了综合分析，说明了整体语言教学法的可行性和实用性。吕文静（2015）将整体语言教学法应用于初中英语阅读教学，并分析了整体语言教学法的局限性，建议初中英语教师应更恰当地运用整体语言教学法。秦瑜（2017）将整体语言教学法应用于初中阅读课堂。他认为在中学英语教学中，应该培养学生的思维模式，这就要求学生学习中外文化内涵，从而提高学生的语言能力。在将整体语言教学法应用于英语阅读教学后，他发现整体语言教学法能增强学生的学习兴趣，提高学生的英语应用能力。

3. 大学英语教学

在运用于大学英语教学研究上，学者将整体语言教学法应用于大学阅读、写作、听力教学等。陈细竹（2006）分析了大学英语教育的现状，从不同的角度描述了整体语言教学法。她认为整体语言教学法为大学英语阅读教学提供了一个新的方向。柴秀秀（2011）阐述了非英语专业的整体语言教学法，指出整体语言教学法在鼓励学生积极阅读方面是切实可行的。唐晓蓉（2011）论述了整体语言教学法在大学英语阅读课中的具体实践。

刘增福（2013）运用整体语言教学法进行英语阅读教学，他认为整体语言教学法有利于提高学生的阅读兴趣。张秀云（2014）论述了整体语言教学法在大学高级英语教学中的实践应用。彭真（2016）将整体语言教学法应用于商务英语教学中，旨在证明整体语言教学法的可行性和实用性，并就如何提高学生的交际能力提出了一些建议。张艳乔（2016）将整体语言教学理论运用在高职英语听力教学中，并取得一定的效果。刘颖（2017）在整体语言教学视角下，探究大学英语写作教学效果。杨维炜（2018）探究了高校英语教学改革中"整体语言法"理论的运用。宋之允（2019）探索了整体语言教学模式下的大学英语新闻听力教学策略。

四、文献述评

通过以上相关研究的综述，可以看出整体语言教学法在第二语言教学领域得到了广泛的应用。国外学者主要从理论层面对该教学法进行研究，提出了许多理论基础，对整体语言教学法的发展做出了很大贡献。我国的研究者从整体语言教学法的定义、理论背景和教学原则等不同的角度分析了这一教学法，并应用到不同学段的英语教学中。有较多学者将其应用于大学英语教学，也有学者将其应用于小学及初中英语教学。对高中阶段的研究较少，只有吴燕平（2018）、鹿继洁（2019）、王兴丽（2020）等学者将整体语言教学法与高中英语成绩、英语阅读及学生口语能力结合起来进行研究。但关于如何在高中英语阅读教学中运用整体语言教学法的研究很少，这为笔者提供了一个新的思路。因此，本研究将整体语言教学法应用到高中英语阅读教学中，以验证整体语言教学法是否能够提升学生的阅读能力和阅读兴趣。

第三节 整体语言教学法在高中英语阅读教学中的应用

这一节主要阐述了整体语言教学法运用在高中英语阅读教学中的安排、整体语言教学法在高中英语阅读教学中的具体模式，还提供了实验班在教学过程中使用整体语言教学法的阅读教学案例。

一、整体语言教学法运用在高中英语阅读教学中的安排

教学实践共计 16 周，整个过程分为以下阶段：问卷调查、前测阶段、教学实践阶段、后测和访谈阶段。本次教学实验的时间安排如下：

表 6-1 教学实验的时间安排表
Table 6-1 Timeline of the Teaching Experiment

准备阶段	2020.05-2020.07
第一阶段	2020.09-2020.10
第二阶段	2020.10-2020.11
第三阶段	2020.11-2020-12
数据分析	2021.01-2021.02

2020 年 5 月到 7 月，笔者对目前高中英语教学的形式进行调研。在此期间，笔者也阅读了很多关于英语阅读教学和整体语言教学法的文献和相关资料。在前人研究的基础上，确定了本文研究的意义和目的、研究问题、研究方法以及论文的结构。

第一阶段从 2020 年 9 月 1 日开始，持续一个月。在第一阶段前期，笔者对两个班100 位同学发放调查问卷，以了解学生的英语阅读现状及对整体语言教学法的认知情况。之后在两个班采用不同的英语阅读教学方法。在本教学实验开始时，笔者告诉实验班的学生，本学期将采用一种不同于传统教学方法的新教学方法。但在实际教学过程中，笔者发现了一些问题。例如，在教学过程中很难同时将听、说、读、写结合起来。鉴于此问题，接下来笔者进行反思和改进教学方式。经过了半个月的教学实践，笔者尽力设计课堂活动，并确保听、说、读、写都包括在内，这符合整体语言教学法的基本原则，让学生的整体语言技能得到全面发展。

第二阶段从 2020 年 10 月开始，持续一个半月。经过了第一阶段的教学实践，笔者对学生有了一定的了解，可以更好地应用整体语言教学方法。但是出现了另一个问题：想要创造一个交流的教学环境对新手教师来说并不容易。关于这个问题，笔者再次反思并向其他老师寻求帮助。一位教学经验丰富的英语老师建议笔者应该创设学生熟悉的话题，以便学生能够有话可说。这也使学生在一种轻松的氛围中，比较容易创建一个交流的环境。培养学生的交际能力也是整体语言教学法的原则之一。

第三阶段从 2020 年 11 月中旬至 12 月 25 日。在这一阶段，两个班仍然使用各自不同的阅读教学方法。在这三个阶段之后，笔者将对两个班学生进行后测，以证明学习四个月后学生的阅读成绩是否有所提高，并从实验班选取了六名学生进行了半结构性访谈，以了解他们对四个月学习的反馈。笔者在 2021 年 1 月至 2021 年 2 月，进行了问卷、阅读测试卷数据的统计和分析，并将访谈内容进行总结分析。下表是整体语言阅读教学的具体安排：

表 6-2 整体语言阅读教学的教学安排
Table 6-2 Teaching Schedule of Reading Teaching Using Whole Language Approach

教学对象	高一（10）班实验班 50 位学生
教学方法	整体语言阅读教学法
教学时间安排	2020.9.12 — 2020.12.25
教学目标	1.培养学生的阅读技巧
	2.提高学生的阅读水平
	3.提高学生的阅读兴趣
教学内容	整体语言教学法运用在高中英语阅读教学中
教学材料	外研版高中英语必修一教材

二、整体语言教学法指导下的英语阅读教学模式

通过对整体语言教学法的主要内容、基本原则的梳理，再加上在实验班课堂教学的实践与探索，逐渐形成了一套在整体语言教学法指导下的英语阅读教学模式。以"整体—部分—整体"的方式，将听说读写贯穿阅读的前中后来进行整体语言阅读教学。下面将此模式的教学步骤做以说明。

（一）阅读前（整体）

在阅读前，将阅读材料看作一个整体。教师可以先把一节课中所需的阅读材料的背景向学生做简单介绍，以便学生在进行之后的阅读练习时能够更好地理解阅读材料；或者根据阅读材料的标题、插图来设置相关问题，引导学生讨论并预测本篇阅读材料的主题，帮助学生在进行下一步仔细阅读材料前做了必要的准备；再者，在阅读前教师不讲解阅读材料中一部分有碍课文理解的单词，让学生在阅读时，根据上下文猜测这一部分生词的词义；教师还可以在阅读前播放相关阅读材料的录音，并让学生边听录音边完成教师提出的问题，旨在锻炼学生听力的同时还能帮助提高学生解决问题的能力；除此以外，教师还可以根据阅读材料的主题进行头脑风暴，以激活学生已经学过的相关知识，为之后相关话题的讨论提供一定的语料支持。这些阅读前活动使得课堂气氛不再死气沉沉，而是非常活跃。教师在这些活动中只给学生提供一定的引导，课堂处处以学生为主，彰显了学生的主体地位，体现了以学生为中心的整体语言教学法的一项基本教学原则。

（二）阅读中（部分）

在阅读中可以将长篇阅读材料分段，创设相关问题，灵活运用略读（skimming）、扫读（scanning）、精读（careful reading）的阅读策略来训练学生阅读技能，如：预测下文内容、理解材料中部分句子的含义、猜测部分生词词义、推理判断、给出细节性问

题，让学生获取有关材料"what、where、when、why、who、how"等基本事实。

在阅读中，教师可以将学生进行分组，让学生以小组为单位来合作探究解决相关阅读问题。该过程是学生解决阅读中问题的主要方式，同时也能够训练学生思维能力，培养学生的综合语言运用能力和合作能力，体现了整体语言教学法中语言的社会性原则和学习环境真实性原则。学生独立思考后，带着问题进行小组合作探究，学生在组内成员互动中得以解答。在这一环节中，学生收获的不仅仅是解惑，还有阅读的方法及阅读过程中发现、解答问题等的体验。如单一小组内解决不了的问题，也可以和其他小组或教师互动、讨论，这样教师也更加有效地掌握不同小组的讨论情况，便于组织学生对问题进行更深入的探究与思辨。这种合作探究的教学模式使知识在学生之间相互交流的过程中，根据学生的理解和学习情况内化吸收成学生自己的知识。同时，还可以共同提升师生间的多元交流和学生的心智发展。

整体语言教学法忽略了语法的教学，但英语教师在课堂上需要对语法知识进行讲授。因为对于面临高考应试压力的学生来说，他们必须学习关键的语言点知识来帮助获得更高的分数。因此，在阅读中，在学生对课文理解的基础上，教师可以有针对性地，简明扼要地分析、解释新语法现象。同时，教师还要对学生对于生词的情况进行检测和纠正。

（三）阅读后（整体）

在阅读后，教师可以指导学生利用思维导图来完成对文章结构和逻辑关系的理解。学生在了解了阅读文章的基本含义之后，教师可以引导学生通过分析、总结，深入文本内部结构中去揣测作者的观点和写作目的，在把握文章的中心思想的基础上理解作者真实意图，使学生对阅读的文章有更深层次的了解。除此之外，为了培养学生的语言能力，教师还可以围绕阅读文章内容组织展开各种形式的交际活动，如复述课文、问题讨论、角色扮演、开展与课文内容相关话题的采访或者调查活动等。这些活动一方面可以培养学生的阅读技能；另一方面还可以加深学生对文本的理解。学生只有在清楚了作者想要表达的观点之后，与文章主题相关的教育渗透才可能有效果。在之前的英语阅读教学中，教师掌控整个课堂，学生小组合作探究这一步骤往往被淡化，甚至是直接省略。在阅读的最后，学生可以本节课的中心思想为主题写一篇小作文，使得学生将课堂上的讨论连词成句、连句成篇，构成一个完整的篇章，这也是整体语言教学法中整体性的体现。小作文还可以锻炼学生的语言组织能力以及写作能力，这也体现了整体语言教学法中语言技能综合性原则。

三、整体语言教学法运用在高中英语阅读教学中的实践案例

本研究对实验班和对照班使用了不同英语阅读教学方法，主要探讨了整体语言教学法在实验班的应用。这一部分将以实验班的教学实践范例来说明如何将整体语言教学法应用于高中英语阅读课。以下是对教材、学生、教学内容和教学计划的详细说明。

（一）实验班阅读教学案例 A

1. 教材分析：

本节课选自外研版高中英语必修一 Module2 My New Teachers 的阅读部分。这个模块是关于介绍新老师的话题。通过使用整体语言阅读教学，使学生能运用所学词汇和句型来表达自己最喜欢的老师类型，并培养学生对老师的尊敬和喜爱。

2. 学情分析：

本节课的教学对象是实验班的同学，他们已经学习英语超过 6 年，已具有用英语基本交流的能力。通过第一单元的铺垫，学生对整体语言教学法已经有了基本的了解。

3. 教学目标：

（1）语言知识目标：学生可以通过学习一些形容词并使用这些词来描述一个人。例如：nervous, shy, patient, strict, amusing 等。

（2）学习策略目标：学生可以了解及掌握略读和扫读的阅读策略。

（3）情感态度目标：学生可以更好地了解老师的性格特点，培养学生对老师的尊敬和喜爱。

4. 教学方法：整体语言教学法

5. 教学重难点：

（1）教学重点：让学生了解不同教师的性格特点及教学风格并进行描述。

（2）教学难点：使学生掌握略读和扫读的阅读策略。

6. 教学步骤：

（1）导入及阅读前活动（8 分钟）T:Good morning,class.Since you have been in Cuiyuan Senior High for more than two weeks,you must have met a lot of new teachers and new classmates.Now let's think about some words to describe them in group.

Activity1:Brainstorming

T:You should come up with some adjectives to describe people and write your answers on the handout first and then write them on the white board.Don't forget to divide the words into two kinds.

T:You have all done a great job. So let's conclude some useful words which can be used to describe people.

【设计意图】学生在小组合作中进行头脑风暴，激活学生曾经学习过的关于描述人的词汇，为下一步描述新老师打好词汇的基础，这也是整体语言教学法所提倡的激发学生的背景知识，为后面描述提供语料支持。

Activity2: Description of new teachers and classmates.

T:Since we have learned all these words,now we should use them to describe our new teachers.Please look at the screen and try to use one sentence to describe them.

T:This time describe one of your classmates and do not say his/her name.Let other students guess!

【设计意图】以学生熟知的老师导入本模块话题，让学生根据提示和活动1中获取的词汇描述自己的老师和同学。此活动符合整体语言教学法的原则，让学生有话可说，还能激发学生的学习兴趣。

（2）读中（25分钟）Skimming:

T:Since we have already discussed what our teachers are like,we are going to see what teachers in this passage will be like.Please read the text quickly and find out the main idea.

T:How can we find the main idea of a passage?We can get main idea in many ways.

【设计意图】训练学生阅读中的略读技巧，在短时间内找到文章的主旨大意，并对接高考阅读理解中常出现的主旨大意类题目，帮助学生总结此类题的做题技巧。Scanning: T:Please read the passage again and answer some questions.

What is the author's first impression of Mrs.Li?Why?

S1:She was nervous and shy.Because it was the first lesson she gave us.

Why don't you feel completely stupid in Mrs.Li's class?

S2:Because she just smiles when students make mistakes or pronounce a word incorrectly.

【设计意图】训练学生扫读技巧，使学生能在短时间内在文中找到所需信息，对接高考阅读理解中的细节理解题型。学生分成小组解决问题，不仅能锻炼他们的合作能力还能使课堂效率事半功倍。Careful Reading T:Read the text again and complete the blanks in the textbook.

【设计意图】在对文章大意和细节已有基本理解的基础之上，完成文章缩写的填空，对接高考语法填空题型，训练学生对整体篇章和细节内容的把握能力。

（3）读后（6分钟）

T:After reading,we have known that different teachers have different personalities and different teaching styles.So what kind of teacher do you like best?In other words,what kind of qualities do you think a good teacher should have?Discuss in group and share your opinions.

【设计意图】在阅读后，教师引导学生对阅读内容进行思考，让学生能有自己的思考并将阅读所输入部分输出，以说的方式表达出来。整体语言教学法认为应该有更多的机会让学生发展自己，课堂应该以学生为中心。同时，学生也能更好地理解老师，建立良好的师生关系。

作业（1分钟）

①听课文录音并跟读一次。

②将今天课堂最后的讨论部分写成一篇小作文，不超过120词。

（二）实验班阅读教学案例B

1.教材分析：

本节课选自外研社版高中英语必修一 Module 6 The Internet and Telecommunications 这篇文章。这个模块是关于介绍互联网和电子信息的发展及其在现代交际中的作用。通过本模块的学习，使学生对互联网和电信方面的知识有更多的了解，并培养学生对互联网和电子信息的正确态度。

2.学情分析：

学生已经学习英语超过6年，已具有用英语基本交流的能力。高一的学生入学已经三个多月，对整体语言教学法已基本了解。本单元网络与电子信息的话题与学生的生活息息相关，容易联系学生实际，激发学生兴趣。

3.教学目标：

（1）语言知识目标：学生能掌握本节课词汇及句型，了解互联网的起源和发展，并对使用互联网的利弊有自己的看法。

（2）学习策略目标：培养学生的口语和阅读能力，特别是略读和扫读能力，以及培养学生自主学习和合作学习的能力。

（3）情感态度目标：通过完成学习任务，学生对互联网有一个积极正确的态度。

4.**教学方法**：整体语言教学法

5.教学重难点：

（1）教学重点：了解科技类文章的行文特点。

（2）教学难点：通过总结课文，培养学生的概括能力，并让学生自己表述出来。

6.教学步骤：

（1）阅读前导入（5分钟）Play a video about what we can do on the Internet through multimedia.

【设计意图】吸引学生的注意力，并使他们对学习有关网络的新知识产生期望。

（2）读前（5分钟）Task1 Give the students two minutes to read the passage and then answer the following questions.

①What is short for "NSF"?

②When and how Berners-Lee built his first computer?

③Where does Tim Berners-Lee work?

【设计意图】通过扫描浏览课文，培养学生的扫读能力。

（3）读中（24分钟）Task2 Let the students read the first,second and last sentences of each paragraph and match the main idea with each paragraph.Para.1A.the definition of the World Wide Web.Para.2B.the inventor of the World Wide Web.Para.3C.the current condition of Berners-Lee.Para.4D.the development of the Internet.Para.5E.the star to the Internet.Para.6F.the definition of the Internet.

【设计意图】培养学生略读的阅读技巧，也就是尽快掌握一篇文章或一段话的大意。Task3 Let the students read the text carefully and choose the best answer for the following questions.

1.It consists of millions of pages of data.What phrase can be instead of the underlined?

A.is made up of　B.be made of　C.be formed of　D.be moved of

2.When the network was first invented,it was only used in the US.

A.army　B.government　C.university　D.school

3.made it possible for everyone to use the Internet.

A.Bill Gates　B.Berners-Lee　C.DARPA　D.NSF

4.The World Wide Web is used to_____.

A．share information with other computer users

B．store important information

C．carry information to other computer users

D．Make thousands of millionaires

5．The idea of the World Wide Web appeared in_____by_____.

A．1969；DARPA   B.1991；Tim Berners Lee

C．1984；NSF   D.1989；Tim Berners Lee

【设计意图】帮助学生充分理解文章内容，并尽可能详细地了解互联网的发展。
Task4 Let the students fill in the blanks according to the passage.

【设计意图】不仅帮助学生掌握主旨，而且帮助学生运用语言。

（4）读后（5分钟）Divide the students into two groups, let the students have a discussion about the advantages and disadvantages of the Internet in a contest.

【设计意图】这个活动不但可以增强同学们的创造力，还可以帮助同学们提高英语交流的熟练度，以及让学生了解到网络的优缺点，树立正确的网络意识。

(5) 作业 (1分钟)。写一篇关于网络的议论文，并提出自己的看法，不超过120词。

第七章　高中英语单元整体教学中的听说教学策略

第一节 高中英语听说教学现状

随着信息化时代的到来，中国与世界的接触越来越频繁。为了增强国际竞争力，新的英语课程标准要求培养学生的语言综合运用能力，特别是语言交流能力。为了响应新课程标准的号召，促进学生听说能力的发展，一些省份开始积极地把听说纳入高考中：广东省从 2011 年开始，率先把听说考试纳入高考，并将听说成绩计入高考总分；上海紧随其后，于 2017 年首次在高考中加入了英语听说测试；北京也从 2021 年开始，高考增加口语考试。这一改变充分突出了听说的重要性，加强英语听说课教学是未来的必然趋势。

一、中国学生的听说能力现状

在新课改的推动下，中国学生的英语水平近年来有所提高，但仍然没能达到理想水平。根据英国文化教育协会 2017 年底发布的中国大陆地区雅思考生学术表现及英语学习行为白皮书中的数据显示，中国大陆学生的英语水平近年来虽有小幅度提高，但整体水平仍然低于世界平均水平。而在听说读写四项英语基本技能中，中国学生的阅读水平基本和世界平均水平持平，其中上海学生的阅读水平甚至高出了世界平均水平。中国学生英语水平和世界平均水平的差距主要体现在听力和口语上，其中造成差距的最主要的原因就是口语水平低下。因此，提高学生的听说能力，特别是口语能力，是提高学生英语整体水平的关键。值得一提的是，近年来培训类（指学生通过培训机构进行技能训练）学生的英语口语水平不升反降。由此可见，学生听说能力的培养还是应该回归到课堂教学中来。

二、高中英语听说教学的有关概念和研究意义

（一）高中英语听说课

高中阶段的英语教学通常分课型进行，主要包括五大类课型，分别是听说课、阅读课、词汇课、语法课和写作课。高中英语听说课是提高学生交流与沟通能力的重要课型。本文认为高中英语听说课是指通过各种课堂听力活动和口语交际训练活动，培养学生英语语音、语调、语法、词汇、中西文化差异、英语习语等诸多方面的知识，从而全面提高学生的英语听说能力和发展语言表达技能，为学生未来真实的语言交际打基础的一种课型。通过调查发现，在本研究的案例中学，高中英语听说课是必修课，平均每个星期开设一节，每节课是 40 分钟。由于广东省高考英语听说考试实施"人机对话"的形式，因此平时的听说课有时候是在计算机房开展，即每位学生都使用一台计算机，教师通过操作多媒体设备或利用考试模拟系统对学生进行相应的听说考试训练。

（二）高中英语听说课课堂管理

高中英语听说课课堂管理是指英语教师在课堂教学的过程中，对影响英语听说教学的诸因素进行协调和控制。其中影响英语听说课课堂教学的因素主要包括课堂问题行为、课堂气氛、师生关系及冲突等因素，教师通过有效策略对这些因素实施协调与处理，最终实现提高听说课教学效率的目标。例如，教师通过各种有效的方式方法来营造宽松的课堂学习氛围、灵活处理课堂出现的突发事件等，来提高学生调控和管理自身课堂行为表现的能力，从而实现课堂教学目标，最终全面提高学生的英语听说能力。可见，高中英语听说课课堂管理对听说课课堂教学效率有非常重要的作用和影响。有效的听说课课堂管理，不仅有助于维持良好的课堂秩序，保证课堂听说教学活动的顺利进行，还有助于加强师生、生生之间的互动，激发学生的学习兴趣，促进学生英语听说能力的提高。

（三）高中英语听说课课堂管理的要素

基于一般意义上课堂管理的主要内容及高中英语听说课教学活动中的各种影响因素，可将高中英语听说课课堂管理的基本要素归纳如下：

1. 英语听说课课堂管理的目标

明确英语听说课课堂管理的目标，才能对英语听说课课堂实施有效的管理，才能提高课堂教学的效率和促进学生主动学习与发展。根据现代课堂管理理论，具体而言，英语听说课课堂管理的目标主要包括四个方面：

（1）创造积极轻松的课堂气氛，维持良好的课堂秩序

在英语听说课堂活动过程中，特别是在播放英语听力录音的时候，如果教师忙于制止说话或者走神的学生，被批评的学生的学习兴趣和自尊心就会受影响，而且其他本来认真参与听力训练的同学也会受到干扰。因此，许多课堂实践经验表明，教师应该在课堂教学过程中，营造积极正向的课堂气氛，鼓励学生勇于迎接各种英语听说任务的挑战，增强学生的学习自信心[11]。此外，积极轻松的听说课课堂气氛，能够减少甚至消除影响课堂管理的问题行为，最终达到保持和促进良好的课堂秩序，保证英语听说训练活动顺利进行的目的。

（2）争取更多专注于听说训练活动的时间，提高学习效率

教师应增加英语听说内容和授课方式的趣味性，以此来提高学生对学习活动的兴趣。同时，要注重激发学生的内在学习动机，使学生能够积极而持久地专注于英语听说课课堂学习活动，从而提高了课堂活动的质量和效率，学生的学习效率也会得到提高。

（3）鼓励更多学生参与课堂学习活动，激发学生的主动性

激发更多的学生参与并高度集中于听说课课堂学习活动是英语听说课课堂管理的主要目标之一。有研究表明，如果教师忽视学生的年龄和身心发展特征，依然使用传统的教学方法，机械地讲授，填鸭式灌输，长此以往，他们就会把英语学习看作是语法条款的套用、单词短语的死记硬背，失去语言与生活情境的融合、语言本身的魅力和语言使用的乐趣。渐渐地学生对英语学习的兴趣就会减弱，更不用说发挥自身的学习主观能动性，对英语学习的效果产生不良影响。因此教师应该改变这种传统的灌输式教学，要通过鼓励小组合作和增加师生互动等方式，来培养学生的合作学习精神和探究知识的精神，激发学生互相学习和主动学习的热情。

（4）帮助学生学会自我管理，培养学生的课堂自控能力

现代课堂管理日益强调教师应该减少管理学生课堂问题行为的时间，而应该注重增强学生自主学习的积极性，提高学生课堂学习活动的效率。具体来说，在英语听说课课堂活动中，教师应该引导并相信学生在课堂中的行为和表现，营造一种积极、轻松的听说课课堂氛围，跟学生的沟通始终保持平等和谐，让学生意识到对课堂管理的责任与重要性，从而培养学生发自内心的自制力和自律能力，最终，不仅使课堂保持良好的秩序，而且还使课堂充满生机与活力，实现英语听说课堂的管理目标。

2. 英语听说课的课堂规则

课堂规则是课堂成员应该遵守的、保证课堂秩序基本行为的要求或准则，是实现有效课堂教学的重要保证，是学生首先要学习的行为规范准则。研究表明，如果没有一套行之有效的课堂规则，课堂就会处于一片混乱，学生就无法认真听课与学习。特别是高中英语听说课这种特殊的课堂，更需要制定一定的课堂规则，才能顺利进行课堂教学，减少课堂上的问题行为，使学生最大限度地把时间投入到有效的听说训练活动中。正如古德和布洛菲曾经说过："教师最聪明的做法是在一个学年的开端，花一些时间去了解学生们的内心想法，并耐心地向他们解释制定规则和职责的原因。这将最终增加教师的可信度，减少学生在整个学年里出现问题行为的倾向。"因此，实践证明，教师如果在学年开始的时候多花些时间去听听学生们的想法，认真地向他们解释为什么要制定规则和职责，并建立起有效的课堂规则就可以预防许多问题行为的发生，提高课堂管理的效率。根据课堂常规的活动性质，高中英语听说课课堂规则常常包括以下几个方面的内容：

（1）课前准备

第一，上课预备铃声响，学生必须走进课室，安静地坐在自己的座位上，把听说课本和笔记本拿出来，放在桌面，等待教师来上课。如果是在计算机教室上课，学生必须

提前把电脑开机并调试好耳机和麦克风的音量，保证一切设备处于完好状态，安静等待教师进行英语听说训练。

第二，上课铃声响，老师走上讲台，师生互相问好后，全体学生坐下，开始认真上课。教师立刻向学生说明本节听说课的课堂任务和基本要求，如果迟到，学生必须先在教室门口向英语教师打报告，说明迟到的原因，经过英语教师同意后，方可进入教室上课。

（2）课中

第一，当老师播放英语听力材料时，要集中注意力听，并做相应的笔记，不交头接耳，不做一些干扰其他同学的事情，必须保持安静。

第二，回答问题时，先举手，得到教师允许后，再起立发言，而且要大声清楚地表达。

第三，注意认真倾听其他同学的回答，不能随便打断他人的发言。等别人发言完毕，再举手，经过老师同意才能发表自己的意见。

第四，如果是在计算机教室上课，当教师点名某个学生回答时，其他学生要开启静音模式，不能说话、不能乱按键盘或做与上课无关的事，以免打扰回答问题的学生。

第五，在小组讨论时，尽量用英语交流，不能趁机乱讲话或嬉戏打闹，影响同学学习。

第六，在 Part A Reading Aloud（模仿朗读）听说训练时，不能乱说话，语音、语调和语速尽可能与片段视频保持相对一致，音量不能过高或过低。

第七，在观看 Part B Role Play（角色扮演）视频片段时，不得说话或发出其他干扰性噪声，影响其他同学理解视频内容。

第八，在做听力笔记时，不能在草稿上乱涂乱画或者玩弄其他学习物品。

第九，上课期间迟到，应该喊报告，经教师同意后才能安静地走进课室，坐回自己的座位。

（3）下课

下课铃声响了，教师宣布下课，全体学生感谢教师，放好听说课课本和笔记本，准备下一节课的学习用品。如果是在计算机教室上课，要关机并把耳机和话筒摆放在指定位置，拿走自己的物品，有序离开。

以上是常规的高中英语听说课课堂规则，教师可以根据听说课的特点与目标以及本班学生的特点，来设置一些自己特色的课堂管理规则。

3. 英语听说课的课堂气氛

课堂气氛是课堂教学心理环境要素之一，是教师和学生上课时表现出来的一种情绪、态度、情感状态。不同的课堂气氛会有不同的课堂管理效果和学习效率。良好的课堂气氛能提高学生学习的积极性和主动性，提高学生学习兴趣，让学生学得愉快、教师教得轻松，提高教学与学习效率。因此在教学的各个环节，教师都要努力为学生营造一种积极的课堂气氛，改变消极、沉闷的课堂教学气氛，因为学生的知觉、注意、思维、情绪、意志等心理状态会明显受到课堂气氛的影响。我国学者黄希庭依据这些心理状态表现出来的不同特点，划分了三种不同类型的课堂气氛，如表7-1所示：

表7-1 课堂气氛的类型

类型 心理状态	积极的	消极的	对抗的
注意状态	注意稳定与集中，全神贯注	分心，做小动作，发呆，打瞌睡	1.学生常常故意注意与课程无关的对象 2.教师为了维持纪律而被迫中断教学
情感状态	师生融洽，积极愉快，情绪饱满	无精打采，无动于衷，压抑不愉快的	1.学生故意捣乱，讨厌教师，厌烦上课 2.教师不耐烦，发脾气
意志状态	能坚持，克服困难	叫苦连天，抱怨逃避，畏难	冲动
思维状态	思维活跃，师生互动频繁，学生理解和解答问题迅速准确	思维出现惰性，反应迟钝	不愿意动脑筋，不愿意参与学习

积极的英语听说课课堂气氛能使学生在听的过程中注意力集中，思维活跃，课堂纪律良好。听说训练活动中，师生双方都有饱满的热情，互动性强。同时可以更好地激发学生参与学习和体验语言的兴趣，促使学生大胆地使用英语来表达个人的态度和观点。

消极的英语听说课课堂气氛会使学生在听说训练过程中紧张拘谨、心不在焉、反应迟钝、注意力分散，导致学生难以理解听力语篇中所传达的信息、观点、情感和态度，并且在消极的课堂气氛里学生很少主动开口用英语表达观点。导致学生的口语交际训练活动难以开展。

对抗性的英语听说课课堂气氛会使整个课堂气氛紧张、对立、喧闹甚至失控，师生关系恶劣。最终教师不得不花费更多的课堂教学时间来处理问题行为和维持课堂秩序。毫无疑问，在这种对抗性的课堂气氛中，学生花在学习上的时间大大地减少了，学习效率也变得低下，听说课的课堂目标就难以实现。由此可见，健康积极的英语听说课课堂气氛有助于提高学生参与英语听说学习活动的积极性；反之，则会降低英语听说学习的效果。因此，教师应该灵活运用各种有效的教学和管理策略去推动积极课堂气氛的营造，从而提高学生的学习效率。

4. 英语听说课课堂问题行为的处理

所谓的课堂问题行为就是指：学生在课堂教学过程中出现的，违背课堂规则或教学要求，并对教师教学、自身或他人学习带来不良影响的行为。而英语听说课的课堂问题行为就是指学生在英语听说课课堂活动中，出现了阻止或干扰其他同学学习的不良行为，它破坏了英语听说课课堂活动的顺利进行，影响了英语听说教学的效果和效率。而常见的英语听说课的课堂问题行为主要有：上课迟到、上课时谈话、喧哗、不恰当地使用课本或计算机设备、吃零食、搞小动作、突然大笑、看无关的书籍、发呆、走神、传递纸条或东西、玩手机或其他物品、写其他科作业等。学生的这些课堂问题行为比较普遍，经常发生在英语听说课课堂上，而这些问题行为，不仅影响了其他同学对课堂教学内容的理解，降低了学习效果，还可能破坏了课堂秩序，导致正常的课堂活动受到干扰，甚至造成严重的课堂混乱或者失控。因此教师应该有效运用恰当的处理方法对课堂问题进行处理，处理学生问题行为时，要尽量做到少批评、惩罚，多引导、鼓励；同时，保证处理方式的一致性和公平性，灵活运用心理辅导帮助学生矫正行为。

5. 英语听说课教师对学生学习效果的课堂评价

教学评价是教师对学生课堂中学习情况的判断与评估，是师生之间沟通学习情况的重要手段和途径。课堂教学评价主要有四种类型：诊断性评价、检查性评价、形成性评价与终结性评价。在英语听说课上，教师对学生学习效果的课堂评价属于形成性评价和检查性评价，即在听说课教学过程中，教师对学生回答问题的结果或者参与听说训练活动的表现进行即时的评价。因此，笔者认为英语听说课课堂评价是指教师在听说课教学过程中通过采用科学、合理的评价方式和方法，对学生的课堂学习效果进行监控和评判的过程。它是对学生在英语听说课课堂学习这一学习过程和结果进行评价。对学生学习效果进行课堂评价的目的是使学生在英语听说课的学习过程中不断体验到进步与成功，并根据教师的评价及时调整自己的学习策略与态度，有效地完成学习任务，进而促进自身综合语言能力的全面发展。教师在课堂评价时，既要对学生的听说综合语言技能掌握情况进行恰当的评价，也要对学生在英语听说课上的学习态度、行为表现进行适时的评价，比如说，及时、合理地评价学生回答问题的准确性和流利性、参与小组合作学习的积极性、与老师和同学交流的主动性、学习过程中的注意力、解决问题的热情与能力等。英语教师对学生的学习效果进行及时有效的课堂评价能够帮助学生建立自信心和激发学生学习英语的兴趣。

（四）高中英语听说课课堂管理的意义

高中英语听说课课堂管理的内容丰富，涉及课堂的方方面面，是影响课堂教学效率、质量和学生发展的重要因素，良好的听说课课堂管理能够保证课堂听说学习活动的顺利开展和促进学生的有效学习与发展，而无效的听说课课堂管理不仅阻碍课堂教学活动的顺利进行，而且还会引发师生之间的冲突与矛盾，破坏课堂活动的正常秩序，妨碍课堂活动的顺利进行。因此，高中英语听说课课堂管理具有不可忽视的重要意义，其重要性主要表现为下列三个方面：

1. 维持课堂教学秩序

有效的听说课课堂管理，能够及时处理和化解各种课堂问题行为和突发事件，为听说课课堂活动的正常进行排除干扰；能够维持稳定的课堂秩序，使教师能够在稳定和谐的教学环境中完成教学任务，实现教学目标。同时，良好的课堂秩序，还可以提高学生的课堂学习效率，促进学生听说能力的发展。

2. 激发学生积极参与课堂学习活动

有效的英语听说课课堂管理不仅有利于建立和谐民主的师生关系，创造积极良好的课堂学习环境，激发积极正向的课堂气氛，还可以减少听说课课堂不良行为的产生，激发学生学习英语听说的积极性和主动性，促进听说课教学效率的提高。

3. 培养学生的自我管理意识及能力

有效的高中英语听说课课堂管理还可以帮助学生学会自我管理，提高课堂自律能力。有效的课堂管理者不仅能够激励和激发学生的自我管理内在动机，而且支持和培养学生的自制行为，最终使学生形成了自律，提高了自我管理意识及能力。

三、高中英语听说课堂存在的问题

（一）课堂管理的目标不明确

课堂管理的目标，一般而言，至少包括三点：第一，争取更多的课堂时间让学生真正专注到学习中来，以顺利完成每堂课的教学任务；第二，争取更多的学生参与到课堂学习活动中；第三，培养学生自我管理的能力。教师要想提高听说课课堂教学效率，就必须真正地管理课堂，要想管理好课堂，就首先必须明确课堂管理的目标。实际课堂上，大部分英语教师并不明确课堂管理的目标，导致课堂上常常忙于管控学生的问题行为，大大减少了课堂教学时间，也没有意识到培养学生自律的重要性，而是亲力亲为地管理课堂上所有的问题，消耗了教师的大量时间与精力，导致听说课课堂活动效率和质量不高。

比如，某老师在访谈中说道："听说课课堂管理的目标不就是管纪律吗，处理违纪行为来维持课堂秩序，使听说课教学顺利进行，不受干扰。大概应该是这样的，具体的管理目标不是很清楚。"另一位老师也表示自己对听说课课堂管理的目标不是很清楚："我没有研究过课堂管理，我一般只研究教学方面的，只要听说课的教学任务顺利完成就行了，其他的课堂问题行为或者违纪行为，一般交给班主任处理就行，所以，对于课堂管理的目标是什么，还真的不是很了解，我们英语老师只要能把听说课的教学目标完成就可以了。"

由教师的访谈和调查结果我们可以看出，许多教师不愿意花时间去研究课堂管理，而且大部分英语教师缺乏明确的听说课课堂管理目标，最终使听说课课堂管理的效率普遍低下。因此一旦听说课上出现课堂问题行为或者其他干扰教学的突发事件，许多英语教师就会不知所措或者直接采取简单粗暴的处理方式去解决问题，导致课堂教学严重受到阻碍，影响了课堂教学的效率。

（二）课堂规则不完善，实施不到位

有效的课堂管理离不开课堂规则的科学建立，优秀的课堂管理者通常能够建立一套行之有效的课堂规则。科学合理的英语听说课课堂规则是听说课课堂不可或缺的一个重要组成部分，高中英语听说课课堂规则的建立与实施中所存在的问题如下：

1. 学生对听说课课堂规则的内容缺乏了解

学生知道并认同听说课课堂规则的内容，才会自觉遵守课堂规则。实际上，超过一半的学生对听说课课堂规则的内容了解程度表示不清楚或非常不清楚。这说明英语教师并没有参考学生的意见去建立和完善听说课的课堂规则，也没有花时间向学生介绍和解释听说课的课堂规则，导致大部分学生不了解听说课的具体课堂规则，这反映出教师制定出来的课堂规则是不合理、不完善的。通过对学生的访谈也印证了这一点。D学生反映："英语听说课的课堂规则根本不合理，因为老师并不是一开始就公布明确的课堂规则，让我们知道应该做什么，不应该做什么，而是等我们做了她认为不对的事情后，才说出相应的课堂规则然后对我们进行严厉的处罚。例如，有一次，在英语听说课课堂上，进行小组模拟情景对话比赛时，当有个小组正在表演对话时，我们小组为了准备好自己的对话，就不认真听那个小组的表演，而是悄悄地练习我们自己的对话，这时被英语老师发现了，她就严厉批评了我们，说我们干扰到其他同学的表演，然后就取消了我们小组的表演资格，我觉得教师的惩罚完全不合理，因为她根本就没有事先告诉我们有这样的课堂规则，所以我们也不知道这样做会受到惩罚。"

2. 教师执行听说课课堂规则时欠缺公平

英语教师在执行课堂规则时能否做到公平，不仅反映出课堂规则是否实施到位的情况，同时也能体现其本身课堂管理的能力。大部分英语教师在执行听说课课堂规则时没有考虑到处理方式的公平性和一贯性。F 学生在访谈中说道："同样是在听力训练过程中说悄悄话，如果是英语学习成绩好的学生，教师就会问他为什么说话，给他解释的机会，但是如果是英语学习成绩差的学生说悄悄话，教师就会严厉批评和惩罚，不管什么理由。"

3. 教师执行听说课课堂规则时缺乏灵活性

英语教师在执行听说课课堂规则时，应该充分考虑学生的个别差异性，而不是刻板地按照统一的标准去执行，所以教师应该采取灵活的方式去执行课堂规则，以保证课堂规则顺利实施。教师在执行课堂规则时应当考虑到个体差异性，并根据学生的个性特点做出弹性处理，但是仍然有超过一半的英语教师，在执行听说课课堂规则时，并没有充分考虑学生的个别差异性，还是刻板地按照统一的标准去执行。英语教师执行听说课课堂规则时缺乏灵活性，会使课堂规则实施起来困难重重，导致课堂规则实施不到位的问题。通过对教师的访谈，也揭示了教师执行听说课课堂规则时缺乏灵活性这一问题。吴老师在访谈中表示："英语听说课课堂规则就相当于校规一样，要一视同仁，不能因为某个同学的家庭背景或其他原因而区别对待，违反了纪律就要受到惩罚。"郑老师在访谈中在也谈到："在执行英语听说课课堂规则时，对全体学生必须是公平的，犯了同样的错误就要采用同样的处理方式，不能因为某个学生的性格内向胆小，怕伤害他的心灵而不处罚他，这样会让其他学生觉得老师偏心，以后规则执行起来就困难多了。所以不能因为个别学生而改变规则，必须按照统一的标准去实施课堂规则。"通过上面的教师访谈，我们可以清楚地看出，部分英语教师建立的听说课课堂规则缺乏合理性和可行性，不够完善，而且执行起来缺乏灵活性，导致有些规则执行不到位。

4. 教师执行听说课课堂规则时前后不一

通常来说，英语教师在执行听说课课堂规则时，如果做到始终如一、坚决果断，就能很好地保证课堂规则的顺利实施。而通过学生的问卷调查发现，有部分英语教师在实施听说课课堂规则时，做到了始终如一、坚决果断，但仍有超过一半的英语教师在执行和实施听说课课堂规则时，没有坚决而彻底地贯彻执行已经制定好的课堂规则，各种原因导致执行规则时前后不一致。这也印证了大部分英语教师在执行课堂规则时没有保持一贯性、缺乏果断性，导致课堂规则执行屡屡失败。

例如，笔者在高二年级一节英语听说课上记录到教师是如何执行听说课课堂规则的。具体情况如下：英语教师训练高考听说考试中的第一部分 Part A Reading Aloud，即学生一边观看一个视频短片，一边跟读短片中的独白，教师要求每个学生必须开口大声跟着朗读，如果不开口读的话，就罚站。第一次播放时，教师发现有个男生不开口跟读，于是就叫他站起来。第二次播放时，教师又发现好几个学生没有开口跟读，这时老师为了不打断同学们的朗读，有意忽视了他们的不良行为。第三次播放时，更多的学生不开口跟读，因为学生看到教师并没有惩罚不开口跟读的同学，因此也就跟着懒得开口读了。教师见太多学生没有开口跟读，就生气地停课说教了，完全没有意识到是因为自己在执行课堂规则时，没有做到始终如一而导致后半节课的问题。他只是一开始严格执行规则，前紧后松，最后导致学生没有严格遵守课堂规则。

（三）课堂缺乏互动性，课堂气氛不够活跃

1. 英语听说课课堂互动形式比较单一

互动式教学是高中英语教学中一种非常重要的教学策略，它能够给予学生更多的自我表达的机会，让学生真正成为课堂的主体，在师生互动中发现英语学习的乐趣，乐于学习，善于学习，培养学生的英语学习能力和英语口语表达能力。同时，互动式教学也是英语听说课经常采用的一种课堂教学模式，它不仅能够促进师生之间的交流沟通，为学生提供锻炼英语口语交际的机会，而且还能够活跃课堂气氛，提高学生参与课堂学习活动的兴趣与热情。

高中英语听说课课堂互动主要是以师生问答问题的方式进行的，其他的互动方式占的比例相对较小。大部分英语教师在听说课上还是使用传统的教学模式，课堂互动的形式单一，主要还是使用提问问题的方式与学生进行互动，课堂仍然是以教师为主体，忽视了与学生的多样化沟通与交流，导致课堂气氛不够活跃，学生参与课堂活动的兴趣普遍不高。对教师和学生的访谈也揭示了高中英语听说课课堂缺少互动这一问题。访谈中多数教师表示，在听说课课堂上主要是通过提问来和学生互动的。备课组长陈老师在访谈中说道："听说课一个星期才开设一节，一节课才40分钟，如果搞太多互动活动，既浪费时间，学生又学不到什么知识，瞎热闹没用。所以，我以讲解知识点和训练模拟题为主，偶尔进行课堂提问，目的是教会学生答题技巧，提高他们应对高考英语听说考试的能力。"有着27年教龄的潘老师也表示自己喜欢采用课堂提问的方式去跟学生互动："我年纪比较大了，没有什么精力去搞各种课堂活动，一般是年轻教师喜欢组织一些有趣的课堂活动跟同学互动，他们跟学生玩得来，年龄差距不是很大。我觉得提问是一种快捷方便的方式，可以检测学生到底有没有认真听课，而且又不会浪费我的课堂教学时间。"

2. 英语听说课课堂气氛比较沉闷

课堂气氛对课堂教学和课堂管理效果有着重要的影响。良好的课堂气氛不仅能够降

低学生出现课堂问题行为的频率，而且还有助于提高学生的课堂学习效率。听说课课堂气氛总体上不够活跃，比较沉闷。导致学生的上课情绪压抑，师生之间缺少互动，学生的学习兴趣普遍不高。某学生在访谈中也提到："每节课都是枯燥无味的听说模拟考试训练，有些内容陈旧，缺乏新颖，根本不能引起我的学习兴趣。我不是很喜欢上听说课，上听说课让我犯困、打瞌睡。"此外，还有学生在访谈中也表示自己在听说课上反应迟钝、注意力容易分散："老师总是播放听力，教我们模仿朗读或者根据听力内容回答问题，接着她就点评答案和教答题技巧，她自己一个人一直讲个不停，我一不留神就听不懂了，有时候觉得很累，反应迟钝。但是，老师会时不时地提问问题，我又不敢打瞌睡，搞得我神经紧张，经常提心吊胆地上课。"消极的课堂气氛，还会使师生互动减少，学生很少主动发言。

从实际情况看，大部分高中英语听说课课堂师生互动少，口语交流的机会也相对比较少，同时，缺乏轻松、和谐的课堂氛围，导致学生缺乏求知欲和学习兴趣。课堂互动少，不仅使课堂气氛变得消极、沉闷，而且还影响了学生的英语口语能力和交际能力的培养。

（四）课堂问题行为多且处理不当

课堂秩序会影响和制约教学的效率。良好的课堂秩序是实现课堂教学目标的重要保证。

1. 听说课课堂问题行为频发

对教师的调查结果显示，高中英语听说课普遍缺乏良好的课堂秩序，学生课堂自律性差，课堂问题行为比较多。某老师在谈到学生听说课课堂问题行为时说："听说课上不可能没有课堂问题行为的，我经常发现一些同学在上课期间偷偷看闲书、打瞌睡或者玩手机等各种问题行为，几乎每节课都会有这些行为出现，很少看到全班学生都全神贯注地听课的，甚至像实验班那么优秀的班级偶尔也会出现发呆、走神或者说悄悄话的现象，这是我去实验班听课时注意到的。"由此可见，高中英语听说课课堂问题行为多，这不利于课堂的教学与管理，严重影响了课堂教学活动的顺利进行。

2. 教师对听说课课堂问题行为的处理方式欠妥

课堂问题行为是教师经常面对而且不可避免的问题，而教师对课堂问题行为的处理方式，不仅能体现出教师是否能有效地运用管理策略，同时也能体现出教师对课堂问题行为处理方式的科学性、合理性。如果英语教师处理课堂问题行为的方法不恰当，容易导致学生的敌对情绪，从而使学生对听说课失去兴趣。

（五）对学生课堂学习效果缺乏恰当评价

教师对学生课堂学习效果的评价是整个教学过程中不可或缺的环节。准确、合理的课堂评价能够提高学生学习英语的兴趣和自信心，让学生大胆开口练习说英语，提高其英语口语的运用能力；而不恰当的、无效的课堂评价，不仅减弱学生参与听说训练活动的积极性，而且可能引发课堂问题行为，给课堂管理带来一定的挑战，影响教学的有效性。高中英语听说课上，多数英语教师对学生的课堂学习效果缺乏恰当、有效的即时评价，其主要表现在以下两个方面：

1. 评价主体单一，缺乏多样性

教师在英语教学过程中，可以通过多元化的互动评价来增强学生的英语学习兴趣，通过教师评价、学生相互评价、学生自我评价等方式，来促进学生的学习，从而有效地达到教学目的。然而，多数高中英语教师对学生听说课课堂学习效果的评价主体还是英语教师，评价的方式比较单一，缺乏多元化评价。这导致听说课课堂死气沉沉，学生参与听说训练活动的积极性普遍不高。

2. 教师课堂评价用语对学生起不到激励作用

科学的英语课堂评价不仅可以使课堂教学气氛活跃，开发学生的学习潜力，提高英语课堂教学效果，帮助学生树立自信心，更好地了解自我。其中，课堂评价用语是决定教师课堂评价效果的重要因素之一。因此，英语教师课堂评价用语是否恰当对课堂教学效果有着重要的影响。教师在教学中使用恰当的评价语能有效地调动学生的学习积极性，促进良好师生关系的建立；反之，不恰当的评价语会降低学生的英语学习热情，打击学生的自信心。

小结

新的课程标准（2017 版）要求改变学生的学习方式，提倡关注学生的学习过程，倡导"学生在教师的指导下，通过体验、参与、合作、探究等形式，体会语言规律、掌握语言知识和技能、形成学习策略、培养自主学习能力"。传统的英语听说教学模式已经难以满足这一需求。因此，"以学生为主体""让学生动起来""把课堂还给学生"的高效课堂模式的研究与实践成为重要议题，推动英语听说课的发展与进步。

第二节　优化高中英语听说教学的模式

从第一节内容可以知道，高中英语课堂管理存在明显缺陷，影响了英语听说教学的效率和效果。鉴于此，有针对性地改进听说教学，优化高中英语听说教学的模式，是当前英语教学改革工作的重点内容之一。

一、高中英语听说教学模式的缺陷

传统高中英语听说课教学模式比较呆板。教学过程一般是教师播放听力教材中的材料、学生听，教师介绍相关的生词，让学生对听力材料再听几遍，然后给出正确答案。听力材料单一，生生之间、师生之间的语言交互即"说"少得可怜。

这种方式的英语听说课，教师的角色就像是机械的播音师或者说是答案的提供者。教师很难照顾到每一个学生，多是根据多数学生的步调，来播放听力内容，能力强的听懂了，跟着老师一步一步地完成任务，变得越来越自信；能力差一点的没听懂，跟不上老师的步调，开始厌恶听力课。最终，学生之间的听力能力被拉开，而且越来越大。

学生由于在听力阶段没有跟上步调，在接下来的"说"阶段，能跟上教师步调的学生也就越来越少。同时，由于日常英语课几乎很少有语言交流的机会，多是英语单词、课文朗读等，语言互动交流也就变得越来越难。渐渐地，上英语听说课对于很多学生来说是一件很难熬的事情。

面对英语语言能力培养目标，面对中高考综合改革，面对教育教学改革，面对国家对智慧人才的需求，在信息化时代的浪潮中，人们对英语听说课提出了挑战。如何调整教与学的方式适应学生的个性化学习，如何提高学生英语听说课的学习兴趣，如何让每个学生都不掉队，如何让学生张开嘴自信地表达交流，等等，这些问题都亟须解决。

二、高中英语听说教学模式的改进策略

基于高中英语听说课的特点以及高中英语教师对听说课课堂管理的现状可知，高中英语听说课在课堂管理方面存在不少问题以及不足之处，这不仅为英语教师的听说课课堂教学带来较多阻碍，同时也限制了学生的口语听说能力的发展。因此，对高中英语听说课课堂管理存在的问题及产生的原因进行深入分析，有助于为改善高中英语听说教学提出切实可行的改进策略。

（一）教师方面

1. 更新教师陈旧的管理观念

要切实提升高中英语听说课课堂管理的质量，首先要更新英语教师陈旧的课堂管理观念。通过改变教师的传统权威思想，建立民主平等的师生关系，建立以学生为本的新型课堂管理模式，使学生在积极和谐的学习氛围中快乐地学习。课堂师生关系对课堂管理有着非常重要的影响。民主平等的师生关系不仅有助于提高学生的学习动机，调动学生参与课堂学习活动的积极性和主动性，而且还有利于营造轻松积极的课堂气氛，从而提高课堂学习和管理的效果。

教师要建立民主平等的师生关系，可以通过以下几方面着手：

第一，尊重学生。教师首先要改变自己的权威心理，由居高临下的课堂管理主宰者转变为课堂管理的组织者，成为与学生平等沟通的合作者。具体而言，就是教师在课堂管理过程中，要尊重学生的人格和思想，与学生平等对话，让学生共同参与到课堂管理活动中，例如，教师在制定英语听说课课堂管理规则时应征求学生的意见和建议，与他们共同协商，让学生参与英语听说课课堂管理，这样会使学生意识到教师不再是传统的课堂管理者和领导者，自己才是课堂管理的主人。此外，当学生在听说课上出现不良行为时，英语教师不能对学生进行讽刺挖苦、侮辱人格的惩罚，而应该尊重学生，维护其自尊心，与学生充分沟通，引导他们克服困难，矫正不良行为。

第二，积极与学生进行交往，深入了解学生，不管是学优生还是学困生，教师都要主动接触并加强沟通交流，如果漠视学困生、远离学困生，就会使他们容易出现课堂问题行为。对于听说课课堂学困生，英语教师要鼓励他们，帮助他们克服困难，增强他们学习英语听说的自信心，这样就会激发学生主动参与到课堂学习活动中，减少课堂问题行为的出现，改善听说课课堂管理。

2. 提高教师课堂管理意识与能力

英语教师薄弱的课堂管理意识与能力是制约英语听说课课堂管理效率的重要因素之一。因此，要想提高英语听说课的课堂管理质量，不仅要提高英语教师的课堂管理意识，使英语教师把英语听说课课堂管理重视起来，还需要加强教师的课堂管理专业培训，提高教师的课堂管理水平与能力。具体来说英语教师可以通过下面的方法来提高自身课堂管理的意识与能力：

（1）教师要加强课堂管理方面的理论学习

英语教师要重视课堂管理理论学习，而不能单凭自己仅有的随意的管理经验来管理听说课课堂。要花时间和精力去学习新的课堂管理理念，然后在听说课课堂管理实践中把学到的理论知识加以创新与发展。理论学习是提高教师课堂管理素质的重要一环，因为拥有理论根基才能明白为什么管理课堂、如何管理课堂，明确课堂管理的目标。所以英语教师要采取多种方式去加强课堂管理方面的理论学习，例如，可以通过自学课堂管理理论的书刊读物或者聆听课堂管理理论讲座等方式去获取课堂管理理论方面的知识与技能，再把学到的知识与理论运用到听说课课堂管理实践中去，进而提高听说课课堂管理的能力。

（2）在管理实践中不断反思、总结经验

对于英语教师来说，要想真正提高听说课课堂管理能力就要在课堂管理实践中进行不断的反思总结。教师可以从以下几个方面进行课堂管理反思：第一，对课堂管理目标进行反思，反思听说课课堂管理的目标是否正确，是否在管理实践中得以有效地实现第二，反思听说课课堂规则的制定是否合理、执行是否到位，反思听说课的课堂气氛是否积极活跃，是否有利于增强师生互动等；第三，对听说课课堂问题行为的处理进行反思，反思处理方式是否科学有效；第四，反思课堂教学活动的管理，包括教学方式是否多样化，教学内容是否丰富，是否吸引学生参与到课堂学习活动中来。

（3）积极参加职后专业培训活动

教师除了主动自学课堂管理理论和反思管理实践之外，还可以通过积极参加学校组织的各种教师职后管理技能培训来提高听说课课堂管理水平。例如，参加高等院校的系统培训，获取新的科学的课堂管理理论；也可以参加各种校本培训来提高课堂管理技能；还可以利用网上资源、自学或者与其他教育管理专家交流课堂管理经验，从而提高自身课堂管理能力。

（4）提高处理学生课堂不良行为的能力

部分英语教师由于缺乏正确的处理听说课课堂问题行为的策略和能力，往往采用惩罚性的方式去处理课堂上违纪的学生，这不仅不能帮助学生矫正违反课堂规则的行为，反而会诱发他们新的课堂问题行为，导致课堂管理的失败，使课堂活动受到干扰，影响课堂教学质量。因此，英语教师要尽量采取积极的正强化方式，所谓正强化就是在解决学生的课堂问题行为时，教师既要做到不伤害学生自尊，保证课堂秩序良好，又要运用幽默、眼神交流、讲道理等积极的方式纠正其不良行为，防止正面攻击。

3. 增强课堂教学的趣味性和吸引力

课堂趣味性和吸引力不仅对课堂教学的效果起着重要的影响，而且也是影响课堂管理效果的重要因素。枯燥无味的听说课课堂教学，容易使学生产生厌学心理，学习的兴趣也会大大减弱，注意力也容易分散，导致学生参与听说课课堂学习活动的积极性不高，从而容易引发各种课堂问题行为。要预防或者减少课堂不良行为的产生，英语教师就要结合学生的认知特点和听说课的特点，运用新颖、丰富的教学方法把学生吸引到听说课课堂学习活动中来，进而有效地避免或减少听说课课堂不良行为的发生。教师可以从以下几个方面来增强听说课课堂教学的趣味性和吸引力：

（1）运用新颖、多样的教学方法代替传统的单调的讲授法

创设生动的课堂教学情境，让学生进行角色扮演，这种方式既可以激发学生的学习兴趣又可以营造轻松活泼的课堂气氛，调动学生参与的积极性；此外，教师还可以灵活

运用多种教学活动，来提高学生学习的积极性和兴趣。例如，在英语听说课上组织英语话剧表演、配音大赛、小组比赛等各种丰富多样的听说训练活动。

（2）构建多元化的评价主体

在大部分的英语听说课上，教师是评价的主体，学生只是评价的对象，这种单一的传统课堂评价方式使学生对听说课课堂学习缺乏兴趣与热情，导致课堂师生互动少，课堂气氛沉闷、消极。因此，英语教师应该在英语听说课课堂评价时，构建多元的评价主体，促进师生、生生之间的互动交流，吸引学生参与听说课课堂学习活动。例如，在课堂学习活动中，教师可以组织学生进行同伴互评，学生在互评的过程中既提高了英语口语能力，又促进了同学之间的互动交流，这种有趣的评价方式无意中唤起了学生对听说课课堂学习和课堂评价的浓厚兴趣。

（3）设计丰富多样的教学内容

教师要学会运用创新多样的方法将听说课课堂教学内容设计得新颖有趣、难易适中，切合学生的日常生活与学习，这样学生自然会对听说课感兴趣。例如，教师可以把枯燥无味的高考英语听说模拟训练题设计成有趣的课堂游戏或者结合图片、音频、视频等各种素材和网上资源，制作一些贴近学生日常生活的课件或微课，吸引学生融入听说课课堂学习活动。

4. 积极调整心态，激发教学热情

英语教师要学会调整自己的工作心态，做一名有幸福感的老师，对英语教学充满激情。一个对工作充满热情和责任心的老师，才会受到学生的尊敬，进而激发学生的学习动机，减少学生的课堂问题行为，使课堂教学得以顺利进行，课堂管理的质量也随之得到提升，英语教师要懂得及时调整自己的心态，克服职业倦怠，时刻保持教学热情，努力为学生营造秩序井然、轻松活泼的课堂学习环境。要想对听说课课堂教学充满激情，英语教师首先要调整好心态，不能因为工资待遇差或者家长的不理解、社会的不尊重而对教育事业失去信心。英语教师要正确地认识教师这份职业的意义，把教师这份职业看作是为国家做贡献的崇高的事业，而不仅是养家糊口的一份工作。所以，英语教师要积极调整工作心态，努力提高教学能力和深入研究课堂管理，当听说课堂上出现问题行为时，不能放任不管或者推给班主任处理，而是要本着对学生、家长和社会负责的态度，灵活运用各种有效的管理方法去帮助学生矫正问题行为，从而提高学生听说课课堂学习效果。

（二）学生方面

1. 提高学生自我管理能力

课堂管理最高层次的目标就是学生自律性强，学会自我管理。学生在课堂上能够做到自控和自律，会有助于构建井然有序的听说课课堂学习环境，而且学生的课堂学习活动效率也会相应地提高。如果学生能够做到课堂自我管理，那么教师用于管理问题学生的时间就会相应地变少，学生专注于学习活动的时间就会变长，从而提高课堂教学的效率。因此英语教师应该重视培养学生在课堂中的自我管理能力，具体而言，可以从以下几方面培养学生的自我管理能力[12]：

（1）进行注意力的训练

有些学生由于疲劳或者对英语听说课缺乏兴趣等各种原因而不能集中注意力听课，上课经常出现发呆、走神等不良行为，教师可以对学生进行相应注意力训练来帮助学生克服这些课堂问题行为。例如，在一节 40 分钟的英语听说课上，一般学生很难做到持续地专注于课堂学习活动，这时，教师可以在讲课过程中增添一些训练注意力的课堂活动，诸如单词接龙比赛、猜单词竞赛，等等，通过这种方式，发呆、走神的学生在游戏中就会不知不觉地把注意力转移到课堂活动中来，注意力也得到很大的提升。

（2）教会学生自我控制的方法

要想提高课堂管理的效果，最好是让学生在课堂中有意识地进行自我管理和自我控制，英语教师要引导学生自觉、独立地调节自己的学习行为，完成学习任务，并且通过自我控制和约束，做到自觉地投入学习中。英语教师要帮助学生提高听说课课堂的自控能力，教会学生一些自我管理和自我控制的方法与策略。例如，在听说课上，当学生出现发呆、走神等不良行为时，英语教师告诉学生可以通过自我暗示法来进行自我控制，比如在课桌上醒目的地方粘贴一些语言提示，时刻提醒自己不能上课走神，并及时做出调整。

2. 增强学生课堂管理意识，鼓励学生参与课堂管理

英语教师要想提高听说课课堂管理的效率就必须鼓励更多的学生参与到课堂管理中来，而要想学生主动积极地参与课堂管理，教师首先要增强学生的课堂管理意识，让学生意识到自己不仅是课堂学习的主人，而且也是课堂管理的主人。英语教师可以从以下两个方面去增强学生的课堂管理意识，使更多的学生参与到听说课的课堂管理：

第一，教师要学会采用各种形式让每一个学生都参与课堂的管理活动，使学生在管理的过程中产生一份责任感和管理意识，并在实践中慢慢增强管理意识，认识到课堂管理不仅仅是教师和班干部的事情，而是全班每一个同学的责任。

例如，在实际教学中，某潘姓老师鼓励学生参与听说课课堂管理的做法值得我们学习。"一般来说，许多英语老师都是喜欢挑选英语成绩好的同学来担任英语科代表，而英语成绩差的同学就没有机会做英语科代表。但是在我的班，却没有固定的英语科代表，而是实行科代表轮任制，即让每一个学生都有机会参与英语课堂管理，不管学生的英语成绩如何，每一位学生都有参与课堂组织、课堂管理和实践的机会。我对每一个学生都是平等对待和尊重的，经常真诚地听取学生的不同意见，因此每一位学生都乐意担任英语科代表这个管理角色。学生通过担任科代表，激发了参与课堂管理的积极性，此外，学生在管理他人的同时也提高了自主管理意识。所以我班的英语听说课很少有人违反纪律，因为他们都当过英语科代表，都管理过听说课的课堂纪律，都能明白违反课堂规则的不良后果，所以基本都能做到自觉遵守课堂纪律。"她这样介绍。实践证明，这样的做法，可以有效地增强学生课堂管理意识并提高了学生参与听说课课堂管理的积极性。

第二，制定听说课课堂规则时，英语教师要征求同学们的意见。教师鼓励学生共同参与课堂规则的制定，不仅能够使规则更加合理、实施起来更加顺畅，而且还有利于激发学生的参与感和管理课堂的成就感，加强师生之间的默契配合，使更多的学生主动积极地参与听说课课堂管理。

3. 激发学生的学习动机，提高学生的学习兴趣

教师要善于激发和培养学生对英语听说课的学习动机和学习兴趣，这样才能更好地调动学生积极参与到听说课学习活动中来，但是，高中生英语基础普遍比较差，所以，教师需要花更多的心思和精力才能使学生积极主动地参与听说课的课堂活动，从而提高听说课的课堂教学效率，减少听说课的课堂不良行为。具体而言，英语教师可以采取以下措施来激发学生的学习动机和提高学习兴趣：

首先，听说课的教学内容难度不宜太高，因为学生英语基础普遍较差，如果教学内容难度太高，会使学生产生畏惧心理，降低学生的效能感，从而失去学习兴趣和动机。

其次，英语教师要了解学生的心理，帮助学生缓解学习压力。通过让学生意识到英语听说口语能力对高考和未来生活工作的重要性，去激发学生内部的学习动机。

最后，教师还可以通过帮助学生不断地在英语听说课的学习中获得成功，从而解除学生的自卑心理以及缓解学习压力，让学生体验到成功的愉悦，从而提高学生对英语听说课的兴趣。

（三）学校方面

Vem on F.Johnes 与 Louises S Johns 指出，教师应该拥有以下课堂教学管理能力：了解学生需求能力，建立和谐的师生关系、生生关系的能力，提高学生动机水平的能力，制定课堂行为标准的能力，解决学生纪律问题、违反课堂规则问题的能力，用问题处理方法和行为纠正法科学处理学生问题行为的的能力。教师的课堂管理能力直接影响着学科教学的效果。

然而，通过实际调查发现，大部分英语教师并不善于管理课堂，特别是在英语听说课上，缺乏新的管理理论知识和有效的课堂管理方法，导致英语听说课教学效率和管理质量低下。因此，要加强英语教师课堂管理技能的培训，提升英语教师课堂管理素质，才能提高高中英语听说课的教学效果，提高学生英语听说口语能力。作为教师课堂管理的重要阵地、学生听说课课堂学习的主要场所，学校应该加强管理制度的建设与实施，包括完善学校管理和教师课堂管理监督机制，加强对高中英语教师的课堂管理能力培训，为提高英语教师的听说课课堂管理效率发挥重要作用。

1.建立合理的学校制度

根据前文的分析可以看出，学校的作息时间制度和教育评价制度对教师和学生有着重要影响，与课堂管理的效率有着密不可分的关系。因此，学校要建立科学合理的作息制度，完善教育评价制度，才能提高教师的课堂管理效率。

（1）建立科学合理的作息制度

改变"六天制：一节早读课+八节课+一节晚读课+三节晚自修课"的作息制度，减少总课时数、缩短晚自修时间，让学生有足够的休息和睡眠时间。这样不仅有助于解决学生学习过度疲劳、注意力不集中等问题，而且还有助于减少学生的课堂不良行为。英语听说课特别需要学生专注度高，学生注意力不集中，学习效率就会低下，所以如果学校建立了科学合理的作息制度，保证学生睡眠充足、注意力稳定，课堂问题行为随之就会减少，教师的课堂管理也会变得更加轻松。

（2）完善教育评价制度

当前受"唯分数论"评价体制的影响，学校评价教师都是以教学成绩为主，导致英语教师只管教学，只关注学生的分数，而忽视课堂管理和德育教育，引发了一系列的课堂问题行为。因此，学校要建立科学的教育评价制度，使英语教师重视课堂管理和对学生的思想教育。学校可以从以下两个方面去完善教育评价制度：首先，在评价教师方面，要进行多维度的评价。学校评价英语教师的英语听说教学能力不应该只是以学生的英语听说考试成绩为标准，而应该包括评价英语教师所上听说课的课堂秩序和课堂氛围，也就是包括评价教师的课堂管理能力，这样有助于提高英语教师听说课堂管理的意识；其次，在教师评价学生方面，教师既要评价学生的听说口语考试成绩，也要评价学生在英语听说课堂上的表现和学习态度。这样，既有利于加强学生对课堂行为表现的重视程度，又有助于提升英语教师听说课堂管理的质量。

2. 加强英语教师课堂教学与管理技能的培训

可以从以下三个方面来加强对英语教师课堂教学和管理技能的培训：

第一，组织各种高中英语听说教学技能培训活动。

学校需要加强对教师的培训，不断提升教师的专业素养。教师在开展英语教学过程中，需要合理创设英语教学情境，为学生学习英语知识营造良好的学习氛围，调动学生学习英语的积极性和主动性，促使学生灵活应用英语知识。通过小组合作学习、趣味英语课堂的建立，提升学生学习英语知识的自主性，以此不断提升学生的自主学习能力。此外，学校要不定期地集中英语教师进行有针对性的高中英语听说教学技能培训，以便答疑解惑，使英语教师能逐步提高自身英语听说教学技能，提高课堂教学吸引力，让更多的学生投入英语听说课堂活动中来，从而减少听说课课堂问题行为的发生。

第二，采取多种方式加强教师职后培训。

学校要重视英语教师的课堂管理能力培训，平时除了组织英语教师参加课堂教学能力培训之外，还应该结合学校的具体实际情况，定期对本校英语教师进行相应的课堂管理技能培训，并重视英语教师队伍的建设，加大对英语教师课堂管理专业培训的力度。例如，组织英语教师去师范院校或者教育学院进行系统的教育管理理论培训，让教师了解最新的科学的英语课堂管理方法，但是，系统的理论学习对于教师来说还远远不够，学校还应该为教师提供多种形式的实践途径和方法，帮助教师巩固理论学习的成果，强化课堂管理理论实践。学校可以不定期地组织教师参加课堂教学观摩活动，让课堂管理经验欠缺的英语教师有机会学习其他优秀教师的课堂管理技能和经验，从而提高自身的课堂管理素质。此外，学校可以结合本校的实际特点和优势，大力开展校本培训。比如，开展课堂管理理论讲座，加强英语教师的理论学习，新老教师结对帮扶，充分发挥有经验教师对新教师的指导作用，提高新教师的课堂管理水平。

第三，鼓励英语教师加强自我培训。

那些不善于课堂管理的英语教师除了参加学校组织的各种培训之外，还可以通过自我培训来促进自我发展和完善，提升自身的课堂管理素质。比如，经常去观摩课堂管理经验丰富的教师的英语听说课，通过观察优秀教师在英语听说课上的教学方法和管理方法，来反思和总结自己在教学和管理实践中的不足。学校应该鼓励英语教师经常与课堂管理能力强的教师进行交流学习，结合自己的教学和课堂管理实践经验，不断进行经验总结和自我更新，不断反思教学和管理方法的不足之处。此外，学校还可以鼓励英语教师通过阅读课堂管理理论方面的书籍和论文，不断系统地学习课堂教学和管理方面的理论知识，并在教育教学实践中不断地加以创新和发展，从而提高课堂管理能力和水平。

3. 完善学校管理监督机制

通过成立年级管理会，采用不定时的巡课、听课等监督机制，去深入了解教师课堂管理的实际情况，但是由于监督机制不完善，导致年级管理会形同虚设，无法真正有效地了解和评价教师课堂管理的效果。因此学校应该从以下几方面去完善学校的管理监督机制：

首先，提高学校年级管理会管理人员的整体素质，要求他们深入教师的课堂中，例如，深入英语听说课堂，观察课堂秩序和课堂气氛，并把真实状况填写在巡课记录本上，进行客观的听课评价，如实评价英语教师的听说课堂管理水平；其次，通过年级管理会的巡课记录，制定相应的奖惩制度，对课堂管理效果好的英语老师进行奖励和表扬，对课堂秩序混乱的班级进行批评指正，这样就会使英语教师把课堂管理重视起来并提高自身课堂管理意识，形成明确的课堂管理目标，从而提高听说课堂管理质量和课堂教学效果。

4. 营造尊师重教的氛围

党的十八大以来，习近平总书记多次强调，要使教师成为"让人羡慕的职业"和"最受社会尊重的职业"，要让广大教师"安心从教、热心从教、舒心从教、静心从教"。习近平总书记说出了尊师重教在国家教育事业中的重要地位。因此，营造尊师重教的氛围，不仅有助于提高教师的社会地位而且还有助于加强社会、家长对学校教育和教师的理解和尊重。此外，营造尊师重教的氛围还可以激发教师的教学热情，减少社会、家长和学生对教师课堂管理造成的压力，而学校在营造尊师重教的氛围过程中发挥着主导作用，因此，应该从以下几个方面去引领全社会做到尊师重教：

首先，学校主管领导要以身作则，起到带头作用，要做到尊重教师，而不是把英语教师当作被管理者来看待。学校领导要采用民主式领导方式，在平时的教育管理过程中，既要关心英语教师的工作也要关心他们的生活，建立一些维护教师权利的制度。此外，学校管理者应主动创建民主、宽松的教学环境，进行人性化的管理，尊重教师的权利，充分激发教师参与学校事务管理和监督的主动性与积极性，为教师的言论自由创造有利条件。比如，成立教师代表委员会，让教师有权决定各种关乎切身利益的事务。这样才会让英语教师感到被尊重，从而充分调动其工作的积极性。

其次，学校应该大力向社会宣传和推动尊师重教的文化，引领全社会重视和关心教师的工作、学习和生活，使社会的每一个人都能发自内心地尊重教师。学校可以通过一些举措去营造尊师重教的浓厚氛围，比如，进行教师节宣传和慰问活动，组织学生进行"我爱我师"的英语演讲比赛活动，等等。

最后，学校通过家长会、校讯通等家校合作的方式，邀请家长来学校参观、访问，让英语教师与家长有更多的沟通交流的机会，通过彼此的沟通了解，使家长更能理解教师教书育人的辛苦，减少家长对教师的误会和压力。

小结

社会各界可以多宣传一些关于教师正面的范例，传播教师的优秀事迹，促使社会各界对教师辛苦付出的肯定，加强社会、家长以及学生对教师的理解和尊重。在家长的支持与帮助下，社会浓厚的尊师重教氛围下，自然就会激发英语教师的工作热情，从而促使英语教师积极投身于听说课课堂教学与课堂管理。

第八章　高中英语单元整体教学中的阅读教学策略

第一节　英语阅读

一、英语阅读的概念

阅读的重要性在整个语言学习过程中是显而易见的。由于其重要性，国内外许多学者都对阅读进行了研究，并且这些学者根据自己的研究对阅读给出了不同的定义。

美国心理学家 Goodman 指出阅读是一种心理语言学的游戏，它侧重于猜测阅读内容的意义，而不是准确理解文章中的每个单词。Johnson（2009）认为阅读是新旧知识之间的认知桥梁，而 Nutall（2016）则认为阅读是解读文字的过程。国内不同研究者对阅读的定义有不同的见解。章兼中（1986）在书中对阅读的定义表达了自己的观点，他认为阅读是对读者大脑所接收到的信息的积极反应，并称之为复杂智力活动再整合的过程。他还认为阅读是通过识别新的和不同的文字符号将单词连接成句子，通过语法分析再翻译成自己的母语，以读者的母语思维加深对阅读内容的理解。刘琼（2006）认为阅读的本质是一种听说行为，提高阅读能力是从加强口语训练开始。胡春洞和王才仁（1996）两位学者认为："阅读就是简单地把人们从书本中得到的信息，通过大脑复杂的分析转化为自身知识基础的一部分。"由此可见，不同的研究者对阅读有着不同的定义，但其本质却是大同小异。

基于上述研究者对阅读的定义，笔者认为阅读是学习者在文本信息的基础上，结合自身的语言能力和思维能力，达到理解和重新建构新知识的目的。

二、英语阅读素养的概念

（一）英语阅读素养的国外研究

近年来，英语学科核心素养被提出，英语阅读素养的概念也开始引起学术界的关注。关于英语阅读素养的定义，目前学术界关注度较高的地方有以下三点：

国际阅读素养进展研究（PIRLS）项目将阅读素养定义为"理解和使用具有社会需要或个人价值的书面语言形式的能力。年轻读者可以用丰富的词汇组成语义，体验阅读的乐趣"。

国际学生评估项目（PISA）将阅读素养界定为"为实现个人发展目标、发挥自身的潜力，并参与社会活动，而有了对书面文本的理解和使用，反省能力和书面阅读活动的参与"。

国内对于阅读素养这一概念界定比较权威的学者首推北京师范大学王蔷教授。王蔷教授（2016）认为，阅读素养包括阅读能力和阅读品格两方面，其中阅读能力指的是解码能力、语言知识、阅读理解和文化意识，而阅读品格指的是阅读习惯和阅读体验。阅读能力和阅读品格之间互相依赖和互相促进。良好的阅读习惯和阅读体验会促进阅读能力的提高，而阅读能力的提高有利于形成更好的阅读品格。

以上三种是对阅读素养概念的定义。国际阅读素养进展研究（PIRLS）项目和王蔷教授团队更加注重阅读素养，而国际学生评估项目（PISA）则强调英语阅读能力是学生未来进入社会和促进终身学习的能力。阅读素养的培养对学生综合素质的提高和未来的职业发展具有重要作用。

英语阅读素养是阅读能力的发展和升华，是符合我国中小学生阅读特点的发展目标。阅读能力和阅读品格相辅相成，构成了我国中小学生英语阅读素养。这一构成的英语阅读素养在阅读教学中越来越显示出培养人才的价值技能。

综上所述，国外阅读素养研究在相关影响因素领域中取得较大成果。研究方向内部与外部，主体与客体、主观与客观等方面统一发展的含义和发展历程，为评价教师和研究人员的阅读素养提供了框架，也为我国阅读素养的研究工作奠定基础。

（二）英语阅读素养的国内研究

随着中国对外语教育探索的革新性发展，以前说的"阅读能力"变成了"阅读素养"。

王蔷、敖娜仁图雅（2015）在其研究中第一次明确提出阅读素养对于提升学生在阅读中的语言认知能力和社会文化能力起到重要作用。阅读素养也可以提高学生全面综合发展所需的基本素养。文章指出，外语教育要实现阅读能力和阅读素养的双向动态发展。在当时的背景之下，中国一直沿用"阅读能力"这一名词，没有提及"阅读素养"的概念。因此，王蔷再次对中小学生的阅读素养进行阐释，并对外语阅读素养的意义和构成、外语阅读素养如何发展、如何培养中小学生的外语阅读素养等一系列问题进行了研究，为今后的国内英语阅读教学研究和教学实践奠定了基础。现如今对外语阅读素养这一话题的研讨越来越激烈，我国对于英语阅读素养的研究也呈现出越来越集中的态势。

邓黎丽（2017）指出要重构阅读教学范式，目前的英语阅读教学要从"阅读能力"转变为"阅读素养"。这不仅要关注语言知识的学习，也要关注学生的能力、思维、感情价值观和文化素养的综合发展。

罗红莲（2017）也在阅读教学模式方面，将本学校的教学情况与学习情况相结合，建立了 3D（Direction，Decode，Discovery）的英语阅读教学模式，其目的是培养学生的阅读素养，提升学生感受英语的阅读能力，从而进行高效的教学。新的阅读教学范式对阅读方式的发展起到了一定程度的推动作用，为中学英语阅读素养的研究发展开辟了新的研究分支。之后，英语画册阅读也培养学生的阅读素养，此项研究也备受关注。

胡娟（2018）指出，图文并茂的英文绘本，符合小学生的心理发展规则和语言认知规则，能够刺激小学生的阅读审美，使小学生的阅读思维和想象力得到发展。

吕长群（2019）结合冀教版小学英语教材的特点，在研究中指出，在数字环境下利用电子英文绘本、微课影像和网络平台进行引导性学习等，采取有效的策略，培养英语阅读素养。

从国内外英语阅读研究态势来看，探讨焦点依然是英语阅读素养从理论发展到实践的历史进程、从综合分析到实证研究的过程。国外的探究主要体现在一线教学中，集中讨论和分析影响英语阅读素养发展的因素和完善英语阅读素养发展的教学方法。而中国的探究更加重视创新，探索新型阅读教学模式对学生英语阅读素养的培养，同时根据时代发展的要求，制定符合中国中学生的英语阅读大纲。

综上所述，国内外已有研究表明，阅读素养已成为当今研究的热点。虽然在今后的研究中呈现上升的趋势，但对英语阅读素养的研究仍然较少，因此本研究尝试在已有研究的基础上从 PISA 和 PIRLS 视角到心理学视角。同时紧跟时代的步伐，研究聚焦数字经济时代下的阅读素养发展，可以看出阅读素养的发展融合在教学的每个结构和环节中，不同角度分析表现出阅读素养的研究是一个不断创新与认识的进程。

三、英语阅读课堂的教学策略

对于英语阅读素养的深入研究，进一步深化了英语阅读教学改革。在"以学生为主体"的教学理念下，英语阅读课堂不再将教学目光集中在文本解读上，而开始关注学生这一主体对于文本的接受能力、理解能力和运用能力。这种情况下，英语阅读课堂的教学策略也随之发生了重大转变。

（一）立足阅读文本——提升学生的"语言能力"

高中英语阅读教学能够培养学生的综合语言运用能力。总的来说，教师要培养学生听、说、读、写等各方面的英语综合语言能力。这就需要教师立足英语教材阅读文本，积极有效地开展阅读、词汇、语法、写作等教学，为学生理解文本内涵、科学有效地运用词汇、语法、句型奠定坚实的基础（宋亚 2018）。

首先，立足文本开展英语阅读教学活动，需要教师以"趣味生活化问题"进行有效导学，激发学生阅读文本的兴趣与积极性。立足文本，以文本为依托创设问题，以问题为导学，能激发学生的阅读兴趣，促使其积极思考、勇于回答，这对提升学生理解文本篇章的能力具有积极意义。

例如，在牛津译林版高中《英语》模块 3 Unit 3 Back to the past 的 Reading 部分 Lost civilization 的阅读教学中，教师可以提出以下问题，引导学生理解文本："What country is the author from? Who was made director of the Pompeii dig in 1860? What is one main similarity between the two cities? What was Loulan buried beneath?"这些问题能指引学生对文本进行快速、高效的阅读，让学生了解文本的基本框架及主要内容，继而把握文本的大意。

其次，基于文本开展词汇、语法、写作等系统练习，强化学生对文本语言知识的理解和运用。在高中英语阅读教学中，教师要借助阅读文本，将词汇练习、语法学习等巧妙穿插其中，让学生在具体的语用情境中理解词汇、语法的内涵，继而"学以致用"。

例如，Reading 结束后，教师可以开展情境化词汇、语法练习活动，布置任务"Retell the article in your own words"，在复述的同时，鼓励学生至少使用 4~5 个新单词和 1 个语法知识。学生在完成任务的过程中，既能复习文本内容，又能练习词汇、语法知识，同时也能提高语言表达能力。

（二）注重实践探索——塑造学生的"文化品格"

语言是文化的载体，从某种意义上来说，语言本身就是一种特殊的"文化形态"，只有了解文化，增强文化意识，提升文化品格，才能更好地学习语言。在高中英语阅读教学中，教师要注重培养学生的跨文化意识，增强学生对非母语文化的理解与认同，让学生在实践探索中潜移默化地塑造文化品格[13]。文化品格的塑造不是一蹴而就的，教师要引导学生在多元化的文化实践探索中提升文化品格（刘伟 2017）。

小组合作探究是一种十分有效的文化实践探究方式，教师要注意巧妙运用，灵活实施。小组合作能够拓展学生的文化视野。虽然每一位学生的文化知识有限，但集思广益，学生在小组合作中相互交流、互通有无、优势互补、汇总智慧，整体文化素养自然能够提升。

例如，在牛津译林版高中《英语》模块 4 Unit 2 Sporting events 的 Reading 部分"The Olympic Games"的阅读教学中，教师可以采用小组合作方式让学生对话题"The Olympic Games"进行小组合作探究，探究的任务为："Talking about the history of the Olympic Games"。Reading 部分通过一个虚拟的采访向学生介绍了古代奥运会与现代奥运会的不同，教师让学生小组合作探究奥运会的历史，从不同角度解读阅读文本，理解文本内涵，并在讨论中获得更多关于"The Olympic Games"的文化内涵，从而拓展学生的文化视野，使其了解不同文化之间的差异。

除了小组合作外，教师还可以采用其他方式强化学生的文化品格。例如，笔者在教学"Thanksgiving Day"的阅读文本时，考虑到班级中有一名学生随父母定居美国多年，有感恩节的生活体验。于是，笔者放弃了备课中预设的教学内容，把课堂交给了这名学生。他走上讲台，打开自己的个人网页，一幅幅精美的图片，声情并茂地讲述了感恩节的由来及相关的背景知识，播放了一段他们家过感恩节的视频。这一动态生成的教学资源，不仅让学生真正感受到了异国文化，更给学生提供了一次"感恩教育"。在这种文化实践中，学生对文化的理解更为深刻。

（三）优化活动设计——培养学生的"思维品质"

学习任何一门语言，不仅是语言知识的积累，更重要的是思维品质的形成与发展。在高中英语阅读教学中，教师要善于通过优化课堂活动设计，采用多元化活动锻炼，培养学生的思维品质。信息比较活动、书面表达活动、讨论活动等都是十分有效的课堂活动（吴丽花 2018）。

在高中英语阅读教学中设计信息比较活动可以有效提升学生对信息的分类、分析能力，锻炼其发散性、逻辑性思维。例如，在牛津译林高中《英语》模块 3 Unit 1 The world of our senses 的 Reading 部分 Fog 的课堂教学中，为了让学生更好地理解 Reading 部分，教师可以组织信息比较活动，鼓励学生"Discuss the five senses and tell a story"，让学生讨论并比较人类的五种感官，并提出如下问题："Do you use one of your senses more than the others? Please give an example."这一信息比较活动能够帮助学生理解文本内容，活跃思维。

除了信息比较活动外，书面表达活动和讨论活动也十分重要。在牛津译林高中《英语》模块 5 Unit 1 Getting along with others 的阅读教学中，教师可以让学生就"How to get along well with others?"为话题进行书面表达训练。在进行书面表达的过程中，教师要指导学生先列好提纲，理清脉络，继而发散思维，从各个方面探索与朋友友好相处的策略。在这一过程中，学生思维的逻辑性、发散性与创新性等得以培养。讨论活动在高中英语阅读教学中十分常见，讨论中学生相互启发、相互影响、相互促进，思维始终处于不断否定自我、否定他人并重新定格的过程中，批判性思维也得到了锻炼。

（四）加强策略指导——提高学生的"学习能力"

借助高中英语阅读教学培养学生的学习能力具有极大的优势。英语阅读能力的提升伴随着学生学习能力的培养。在高中英语阅读教学中，教师要注重"授之以渔"而不是单纯地"授之以鱼"。也就是说，教师要加强对学生阅读策略与方法的指导，提高学生的自主阅读、自主学习、探究学习等能力。

在高中英语阅读课堂上，教师要营造有趣的阅读情境，通过创设问题情境、小组合作探究情境，激发学生的阅读兴趣。让学生在问题引导下积极思考，增强自学意识；让学生在小组合作情境中形成自主学习、合作学习、探究创新的能力。除此之外，教师还要借助阅读课堂指导学生的阅读策略，例如运用 Skimming Reading，Scanning Reading 和 Detailed Reading 等阅读策略提高阅读效率。总之，在高中英语阅读教学中，教师要讲授详细的阅读技巧，让学生掌握科学阅读、高效阅读的方法。在课下，教师也要基于学生的实际情况为不同学生设计符合其"最近发展区"的学习任务，以全面提升学生的学习能力。另外，教师还可以为学生介绍英语学习网站，让学生基于单元课程内容浏览、下载、练习，鼓励学生自学。当然，教师还可以建立 QQ、微信等网络学习交流群，让学生交流自己的阅读方法及学习策略，从而提升其学习能力。

小结

总之，在英语学科核心素养视域下，高中英语阅读教学面临新的压力与挑战。教师既要迎合英语学科核心素养的培养目标，又要不断优化课堂教学，达到"课堂效率提升"与"核心素养培养"的双重目标。立足阅读文本、注重实践探索、优化活动设计、加强策略指导等是英语学科核心素养视域下提升高中英语阅读教学效率的有效方法。在高中英语阅读教学中，教师要全面渗透核心素养，不断探索与改进教学方法，从而提高课堂教学效率，提升学生的英语科学核心素养。

第二节　高中生英语阅读

俗话说，"读书破万卷，下笔如有神"，阅读是加强词汇运用能力、文本理解能力、写作表达能级的基础，只有通过大量的阅读输入，才能量变引起质变，在提高语言积累与表达素材的基础上，进行语言输出。阅读伴随人的一生，是学生精神输入的最重要途径，也是成长过程中必不可少的基本方式。在强调学科素养的当下，高中英语教育尤为重视阅读教学。同时，高中英语阅读教学不再停留于获取知识和信息，而是以提高学生的阅读能力和培养学生的阅读品格为目标。

一、高中生英语阅读现状

调查和研究表明，我国高中生英语阅读的现状是阅读、语言知识和解码能力比其他三个维度来说呈现较好的情况，在文化意识和阅读体验方面的离散程度较大，这说明学生之间存在一定差异，阅读习惯普遍较低，呈现出一定的弱化现象。产生以上现象的原因如下：第一，在当前英语阅读教学中，师生都面临着高考带来的紧迫感，高度重视阅读能力、语言知识和解码能力的培养，从而忽视了文化意识、阅读习惯和阅读体验的发展；第二，学生文化意识和阅读体验方面存在参差不齐现象，班级的部分学生对阅读表现出消极态度，这导致学生在文化意识和阅读体验方面存在一定差异性；第三，学生在阅读习惯上没有正确的方向。培养阅读习惯是学校、教师、家长和学生自身共同努力的结果，尽管有学生养成了阅读外国名著、英文读物等习惯，却被大量的作业时间以及课业时间占据，这些主客观原因都制约着学生阅读习惯的发展。

访谈作为一种具有权威性的信息，在调查中也起着重要的作用。本研究围绕研究问题展开，并分析英语阅读素养中出现的原因。在访谈大纲的基础上，对五位英语教师进行访谈，主要从教师对英语阅读素养相关概念的了解、教师为培养学生的阅读素养所采取的措施、教师对学生发展阅读素养的建议这三个维度展开。

二、高中生英语阅读情况分析

高中生英语阅读素养的现状不容乐观。大多数学生对英语阅读缺乏兴趣和热情，认为英语阅读枯燥乏味，难度大。因此学生对阅读课采取一种应付态度，考试中的阅读题大多采用猜测的方式。而造成这种情况的原因是多方面的。笔者通过对五位英语教师进行访谈得出的结论。主要有以下三方面的原因：教师缺乏对学生阅读习惯的指导、应试阅读会大幅度地降低学生阅读的积极性、缺乏对阅读素养相关的理论学习和"唯高分"给教师带来压力。这些原因在培养学生阅读素养的过程中是很明显的。因此教师在以后的阅读教学中应注重培养学生的英语阅读素养。

1. 教师缺乏对学生阅读习惯的指导

从教师访谈中可以看出，在培养和发展学生阅读品格这一问题上，每位教师都表示自己将会去培养学生的阅读品格，但大多数教师仍然单纯注重发展阅读能力，忽视对学生阅读习惯的培养。至于如何培养和发展学生阅读品格，则表示通过让学生在课后尽量多地去阅读文本材料，但是对于如何阅读、以何种方式去阅读、阅读哪些材料等细节性问题几乎没有涉及，而明确以上细节问题有助于学生进行具体的行动和帮助学生养成良好的阅读习惯。在传统教学理念下，教师对学生的品格和价值观的引导仅是贴标签形式，忽视了英语阅读背后能激发学生阅读兴趣、培育良好阅读态度和享受阅读体验的作用，进而限制了阅读品格的发展。因此，新时代学习者要实现英语阅读素养的均衡发展，在发展阅读能力的基础上，关注和引导学生阅读品格的塑造。一些学生没有养成良好的阅读品格，缺乏正确的阅读方法和积极的阅读体验。总而言之，他们还没有形成掌握文章中心思想和作者意图的习惯，并经常深入挖掘单词的字面意思，试图组合成短篇的语言单位，无法真正理解句子和段落的含义，更谈不上深入理解文章的内容。因此，有些学生学习非常刻苦，在阅读上花费大量的时间，但他们总是得不好的结果，阅读失去信心。这是因为他们阅读的方法不对，过分注意语言单位和语法，缺乏对文章的全面理解。

阅读习惯的养成是没有捷径的，只有持之以恒，当学生把英语阅读作为一种习惯时，他们对英语学习的态度才会从被动转变为主动。

2. 应试阅读降低学生阅读的积极性

应试阅读是一种以考试为先导的阅读训练，这种阅读方式对师生都产生很大的影响。通过大量的阅读题型训练提高学生的阅读水平和应试能力，实际上就是一种阅读考试训练。这种阅读方式必然抑制学生阅读兴趣的发展，不利于学生综合语言运用能力的发展。通过问卷调查可以看出，大部分学生认为英语阅读的主要目的是完成应试任务，而认为阅读可以使身心放松所占的比重非常小。大多数学生看阅读材料的第一反应不是全身心地沉浸其中来感悟文本，而是先看题目，然后有目的性地进行心理上的阅读。这反映了大多数学生并没有理解阅读的真正内涵，没有从阅读中获得自我提升。据悉，对于这一点，教师对于多数阅读文本的讲义只是让学生完成与之对应的问题，通过找段落、找句子的方式来找答案，之后也没有对文章的整体内涵进行讲解，多次的循环则会让学生产生功利性的心理，认为阅读的目的就在于能够完成题目、积累生词、完成作文等。

3. 教师缺乏对阅读素养相关理论的学习

阅读素养这一概念最早由 IEA 在 1991 年提出，随后在 2009 年和 2013 年 PISA 又进一步丰富了阅读素养的内涵，2013 年，OECD 进一步明确了阅读素养的内涵。不仅包括阅读能力，还包括建立阅读材料，使知识、技能和策略相结合的能力。2015 年王蔷教授明确了英语阅读素养的内涵，并在 2016 年指出阅读素养这一新的概念正在取代传统的阅读能力。英语阅读素养这一概念的提出虽然晚了一些，但关于阅读素养的概念和内涵国际上早已明确，阅读不仅包括阅读能力的发展，还包括学生情感和认知等方面的发展。2016 年的框架进一步明确了阅读能力和阅读品格跟学生的英语阅读学习有着密切关系。

但是，从对一线英语教师的访谈中可以发现，教师对阅读的理解仍较为单一，基本将阅读素养理解为阅读能力，并从词汇、阅读速度等方面提高学生的阅读能力，忽视学生其他方面的发展。由此可见，教师对阅读品格相关概念的了解还不够。

通过对教师的访谈发现，多数教师对于阅读素养这一概念理解模糊，关注点仍是提高学生的阅读能力，部分教师更是表示自己没有听说过这一概念，且由于课业压力，近期没有及时关注前沿教学动态，对于较新的教学理念没有及时了解和学习。大多数教师都将重心放在了培养学生的阅读能力上，在谈及是否了解阅读素养相关概念时，教师们的回答基本都在围绕阅读能力，个别教师更是表示没有了解过。

4. 唯分数论给教师带来压力

受传统教育模式的影响，很多高中在英语教学过程中，只是一味地追求考试成绩，缺乏对学生英语综合能力尤其是阅读素养的培养。在"唯高分"这种氛围下，所谓的高中英语阅读教学课堂往往被异化为以高强度训练和高频讲解阅读理解练习为主要教学内容的阅读练习课。这种教学形式单一的阅读课往往把简单的文章脉络梳理出来，画出语言知识点，审题之后再回到原文定位答案区间，以快速正确地选出正确答案作为教学的唯一目的。教育者在思想上存在很大的误区，没有明确阅读教学的重要性，更不能正确理解阅读教学在提高学生英语综合能力，尤其是阅读素养方面所起到的不可替代的重要作用。

阅读品格是衡量阅读素养的重要维度，阅读品格的培养有利于培养学生良好的阅读习惯，丰富学生的阅读体验，突出阅读的育人价值，实现学生的全面发展。然而在高考"唯高分"的氛围下，大多数教师一味追求高分迎合考题，英语阅读教学的目的呈现机械单一的趋势，在处理一篇阅读的过程中往往是通过高强度训练阅读理解题、高频讲解阅读理解题的方式，如通过让学生读题干，相应回答区间，画出关键句子，找出语法的重要途径等方式来进行，以便学生掌握阅读文本作为一个整体。该种教学方法容易使教师忽视学生阅读品格的发展，使学生无法理解阅读的内涵，阻碍了学生阅读品格的发展。

从问卷调查和访谈中发现，学生英语阅读素养现状以及教师对学生阅读素养的培养过程中存在不足。高中生要重视英语阅读能力的发展程度要优于阅读品格的发展，其中学生阅读品格的发展参差不齐，应进一步提高和发展阅读水平。目前高中阶段的学生在英语阅读素养的发展中存在偏差，表明学生英语阅读素养的发展呈现不平衡和不充分的矛盾。通过分析阅读理解、语言知识和解码能力对发展学生阅读水平的重视程度大于文化意识、阅读习惯和阅读体验。新时代教育的变革倡导素质教育的发展，最新英语学科核心素养体现人才培养价值功能，英语高考命题方向也关注学生的知识能力和价值观的融合发展。同时要形成必须具备的素质和品格，以适应时代的要求。

高中生英语阅读素养的培养有赖于师生的共同努力。一方面，学生应该充分认识到英语阅读素养在提升自身综合素质和未来职业发展中的重要作用；另一方面，在教学中教师应发挥有效的主导作用，不断探索有效的方法提高学生的阅读素养；不断提升学科素养，更新自己的教学理念和教学方法，不仅注重英语学科工具性，而且也要注重其人文性；在阅读教学中积极培养学生的综合语言运用能力，提高学生思维能力和文化品格，真正体现英语学科的育人价值。

小结

大部分教师仍然将教学的重心放在学生的阅读能力上，少数老师表示学生要不断积累词汇和多进行阅读。现在尽可能多去读书，例如简易的名著，这对文字的书写和文本的理解都有帮助。但对于如何读、怎样制订合理的阅读计划仍然没有详细地指出。由于课时以及学业任务的要求，对英语课外阅读较少。

改善高中生英语阅读状况仍有很长的路要走，但是"千里之行，始于足下"，在平时的教学中，可以穿插进一些小活动，在日积月累的坚持下，想必可以起到量变引起质变的效果。比如，在课上我会带领学生做 Reading circle，每周一节，提前布置好并在下节课以小组的形式完成，学生需要完成该文章的 plot，main idea，the plot climax，character 等并以小组的方式来互相检查。在课后，让学生将阅读材料和读后续写关联起来。课堂上进行限时阅读，并结合英语学习活动观，带领学生做 Mind map，并以学生为主体去挖掘主题意义。

第三节　高中英语阅读教学

阅读在高中生语言能力的培养中发挥着重要作用。阅读素养是英语学科的重要组成部分。北京师范大学外语学院王蔷教授在《中国中小学生英语分级阅读标准（实验稿）》中将我国中小学阅读素养目标概括为两个方面，即阅读能力和阅读品格。英语学习者的阅读习惯和阅读体验在阅读过程中扮演着越来越重要的角色。如何在英语教学中提高学生的阅读素养是每个一线教师都值得思考的问题。

一、高中英语阅读教学的新要求

（一）时代对高中英语阅读的要求

国际阅读素养进展研究（Progress in Reading Literacy Study，以下简称 PIRLS）、国家教育进步评价 National Assessment of Educational Progress，以下简称 NAEP）和国际学生评估项目（Program for International Student Assessment，以下简称 PISA）三大国际教育评估项目都把阅读素养作为重点；2013 年出台的《全民阅读促进条例》提出，要督促教育行政部门在推进实施素质教育的过程中，加强培养未成年人的阅读兴趣、阅读习惯和阅读能力。2019 年 3 月李克强总理在政府工作报告中也提出："倡导全民阅读，推进学习型社会建设。"这是自 2014 年"全民阅读"首次被写入政府工作报告之后，第六次被写入政府工作报告；2019 年 8 月，习近平总书记在考察读者出版集团时强调，要提倡多读书，建设书香社会。这些政策和举措充分体现了当前各国教育评估项目以及我国党和政府对于提高国民阅读素养的高度重视。阅读素养是社会文明程度和综合国力提升的重要标志，更是学生各学科学习的重要支撑（宋乃庆，2018）。在关注国民阅读素养的同时，也需要认识到国民阅读素养的提高要从学生抓起。在建设文化强国的时代背景下，提升学生阅读素养成为一种时代发展需要。

（二）教学改革对高中英语阅读的要求

《普通高中英语课程标准（2017版）》提出，英语课程应该培养学生的英语学科核心素养。在推进核心素养培养的教育背景下，培养学生的阅读素养已成为英语阅读教学中日益重视的课题。日常教学中学生阅读素养的培养常被认为只是语文教师的职责，事实上，学生阅读素养的培育应是所有老师共同的职责。归根结底，提升学生的阅读素养需要教师的引领。教学不能仅仅停留在培养学生的阅读能力，要向培养学生的阅读素养发展。然而，大部分英语教师仍然只关注如何通过阅读教学提高学生的中、高考阅读成绩，忽略学生阅读素养和阅读情感的培养。因此，在提倡培养学生核心素养的教育背景下，教师一定要注重学生阅读素养的提升，将阅读教学的目标由培养学生的阅读能力向阅读素养转变，不断优化教学方式方法，从而有效提升学生的阅读素养。

（三）学生终身发展对高中英语阅读的要求

阅读素养是学生个人学习能力和终身发展的重要基础。高中生相对于初中生而言，无论是生理，还是心理方面都开始发生变化，外界的事物很容易对他们的终身发展带来影响。他们对自己的未来发展有比较明确的目标，知识也有了一定的积累。在终身学习时代，阅读是个体进行终身学习的重要手段，阅读素养的提升是个体终身发展的基础。学生的阅读素养不仅决定他们的学业成绩，也对其人格塑造、精神引领、知识构建乃至终身发展具有重要作用（刘中楷，2019）。因此，提升学生阅读素养在高中阶段显得尤为重要，可以为他们一生的发展奠定坚实的基础。

本章节从时代发展的需要、高中英语阅读教学改革的需要、学生终身发展的需要三个方面阐述研究英语阅读素养的重要性。为了解高中生英语阅读素养的现状，发现问题并分析哪些方面会影响高中生英语阅读素养的培养，开展高中生英语阅读素养研究是有必要的。本研究不仅有利于教师从学生的角度出发进行针对性教学，促进教师教学水平的提高，开展更具实效性的阅读教学；还有利于提高学生的英语阅读能力，深化学生的英语阅读情感，培养学生的英语阅读品格。

二、高中英语阅读的创新方向

王蔷教授带领团队历时五年时间与北京一线教师一起研究英语分级阅读读物。在这一过程中，他们积极探索英语阅读素养的内涵，对英语阅读素养下定义。这对英语阅读教学产生了非常重要的影响。众多英语教师已经把重点从英语阅读能力转向英语阅读素养的培养。然而高中生英语阅读素养现状如何、怎样培养学生的英语阅读素养还需要进一步研究。

现在的学校教育更加强调阅读能力的培养，例如解码能力、语言知识和阅读理解等，更加强调应试为主的部分。阅读品格包括阅读习惯和阅读体验、阅读行为、阅读态度、阅读兴趣和自我评估等。阅读素养研究者强调阅读素养是读者为了满足社会或个人需要而对书面语言的理解和运用，包括构建各种文本的大意，在阅读中学习，参与学校和生活中的读者群体活动以寻求乐趣。

本研究旨在探索一种可行的提高高中生英语阅读素养的方法。该方法通过精心设计和积极实施阅读活动，希望能够增强学生的阅读动机、提高学生的阅读品格，并在一定程度上提高学生的英语阅读素养。

（一）稳固提升阅读能力，形成关键素养

（1）完善英语语言知识的扩展和阅读理解能力的提升。语言知识和阅读理解能力既是英语教学的基础，也是英语阅读素养发展的支柱。进入高一，学生就会面临一定的压力，随着词汇量和语言知识的增加，英语阅读的难度也随之增加。语言知识的扩展不应局限于语法、词汇的学习，增加阅读量也是积累语言知识的必要途径。在阅读过程中，教师要积极主动地指导学生学习语言知识，积累语言表达，提高自身对于文本结构、写作思路和批判性思维的意识，最终进行有意义的表达。在培养阅读能力的过程中，教师要引导正确的阅读方法和思维方式，在学生掌握阅读策略的基础上了解英语阅读的重要意义，使身心协调发展。在这期间，教师要在遵循学生身心发展规律和课程进展规律原则上正确地指导学生。不同阶段的学生使用不同的阅读策略，对于初级阶段的学生来说，应该使用猜测和预测等策略来推测文章情节。随着阅读水平的发展，越来越高水平的学生则会在阅读过程中采用"概括、归纳和比较"等（王蔷 2016）。在阅读策略的基础上教师引导学生去理解所读文本的内容，并鼓励学生对文本主旨进行观点性表达，从语言知识的输入中提高自身的关键能力。

（2）重视英语解码能力的培养，助力学生英语阅读素养的发展。高中生已具备一定的词汇量和拼写能力。教师应认识到机械式背诵和拼写法使学生感到厌倦。王蔷、吴霞（1998）对这一原因做出解释，学生自身能认识到机械式记忆单词的弊端，但是他们

缺乏正确的策略指导方法。教师应该认真研究，用科学合理的方法正确地记忆单词。引导学生在英语学习中善于发现归纳与词根、词缀的组合，形成拼读规律。面对不同的文本，鼓励学生运用所积累的规律解码新词。此外，想要提高解码能力还需要注意阅读的韵律和速度，提升语感。阅读韵律是训练学生在阅读过程中能正确划分句子意群，同时用正确的阅读速度恰当定位，逐渐培养学生的语感。教师可以有意识地给学生创造朗读机会，在刺激视觉词汇发展的同时训练阅读韵律和速度。

（3）在阅读中教师要注重文化意识和情感价值的引导作用，不能仅让英语阅读成为提升学生语言能力的单一工具，还要形成良好的文化意识和思维品质，体现英语阅读中人文发展。拓展英语阅读资源，学生们就能接触到世界多元文化的思想和背景知识。同时要有效地调节学生对教材的疲倦感。教师应指导学生接触人文科学、科技文化、蕴含优秀文化文明等地道、鲜活的阅读材料或英文读物，内容以高考英语词汇选题为依据，可根据学生的需求积累相关知识，增强学生对中国优秀文化的认知，能够了解世界文化，形成正确的价值观。教师承担着英语阅读教育方向的重要责任。在阅读教学中引导学生树立全球意识和全球思维的发展，用中华文化作为遗传基因，帮助学生学习、理解和鉴赏中外优秀文化，逐步提高跨文化沟通能力、思辨能力和创新能力，形成正确的价值观导向，使学生成为有情怀、有视野和有能力的时代新人。

（二）积极培养阅读品格，塑造必备素养

（1）更新阅读教学方式，创建新型阅读活动，使学生在提升能力的同时，享受阅读过程，收获阅读体验，实现阅读能力和阅读品格双向交流发展。兴趣是最好的老师，激发阅读兴趣能使英语教学效果更好。学生对阅读有着独到的领悟和见解，只是传统的阅读模式固化了学生的阅读体验。在信息化发展的今天，教师应该利用多媒体教育技术，激发学生在课堂上的多种感官与语境、文本内容融合发展。在此基础上，教师应创设体现育人价值的阅读活动，让学生有效地输入阅读内容，最终提升口语水平。教师创设的阅读任务承载着育人内涵和批判性思维精神，让学生在阅读的过程中逐渐丰富对多元世界的认识，促进批判性思维和人文素养的综合发展。

（2）阅读体验的过程中也要鼓励学生进行读中或读后的自我反思与评估。自我评估是积极阅读者所具备的能力和素质，教师要引导学生对阅读能力、阅读效果、阅读行为以及阅读方向等进行阶段性总结，建立反思意识，让学生更进一步了解自己在英语阅读中的优点和不足。鼓励学生每周抽出 5 分钟的时间回顾自己一周全部英语阅读情况。一方面对自己的阅读成绩进行评价，使自己的经验知识发生变化；另一方面能查缺补漏，并制定下一阶段合理的阅读目标和计划，长期的积累最终形成必要的阅读素养。

（3）督促学生养成良好的阅读习惯，良好的习惯会让学习者受益终身。教师在培

养阅读习惯的过程中，首先要指导学生形成正确的阅读行为，并积极运用相关的阅读策略以构建文本内容的理解；其次，阅读任务的设置引导学生阅读后进行反思和评价，逐步形成一种习惯会潜移默化地影响学生的行为变化；再次，教师应鼓励学生扩大阅读量和阅读频率，这就需要教师和学生共同努力。教师鼓励学生创建阅读日，积极营造阅读环境。鼓励学生在规定时间内从家里带来自己喜欢的英语书籍，并号召学生之间共享阅读资源。

教学启示立足英语阅读素养各项发展目标，旨在正确有效地提升高中生英语阅读能力，加强阅读品格的塑造，完善英语阅读素养均衡发展。

（三）加强学习策略教学，奠定核心素养

阅读是一种最为便捷的语言信息输入的方式。高中教科书中提供了大量的阅读材料，目的是激发学生对阅读英语的兴趣，培养阅读的技能。阅读技能主要指的是：抓住要点；获取主要信息；理解文章内涵；从上下文猜测不熟悉的语言现象；分析作者的观点、态度、意图；读懂图表和说明书等；欣赏浅易的文学作品等。在学生用书中，阅读（Reading）中的课文是各单元的重点，这也是我们实际教学中的重点。在英语课堂教学中，不是为了教课文而教学，而是要通过阅读培养他们的阅读方法和技巧，学会自主学习的能力，同时也引起学生兴趣，使他们不满足于教科书中的阅读量，引起他们对书中的话题进一步探究的动机。如果达到这两个目的，那么，阅读教学是成功的。

下面就结合一篇高中英语课文教学案例实例来看在英语课堂教学中如何进行学习策略的教学。

The Problem of the Snakes Unit 3 Inventors and Inventions(Module 8)，这是一篇记叙文，与本单元的中心话题——发明家及其发明密切相关。文章后面要求学生在阅读的基础上根据文章中出现的申请专利的标准来判断在书中所给的发明能否获得专利。

课文阅读教学的总体思路是：本课的教学设计主要是围绕培养学生的阅读微技能而展开。笔者在教学中先让学生观看关于两栖汽车的短片，以激发学生对该话题的兴趣；之后，让学生进行略读和细读，培养学生通过阅读找出文章细节和通过上下文猜测词义和推测段落大意的能力；最后在阅读课文的基础上让学生分组讨论，并完成角色表演活动，学会对某一发明作出评价并确定其能否获得专利。整个过程先开展听、读活动，再进行说的活动，遵循由浅入深、循序渐进的教学原则，旨在提高学生的语言应用能力。

教学过程与方法

Step I Lead-in

Make a performance about inventors and inventions, which is directed and acted by the students themselves.

（设计说明）

通过学生的英语表演来展示某个发明家及其发明，既紧扣本单元的主题——inventors and inventions，同时也能锻炼学生的英语综合应用能力，并培养了学生的合作和交际的能力，很好地体现了交际策略的教学。

Step II Warming up

1.Ask the students to watch the video —— Amphibious car, and ask the question: What is it?

（设计说明）

以两栖汽车的视频片段导入课文，不仅在视觉上和听觉上给学生带来强烈的震撼，以引起学生对这一主题的兴趣，而且紧扣单元主题，同时也为学生回答下一个教学环节埋下了伏笔。各种媒体在教学中的使用能够进一步激发学生对有关的各种英文资料的关注，并能通过图书馆、互联网、报纸、杂志、广播和电视等多渠道资源查找所需要信息和材料，这恰恰是学习策略中资源策略教学的体现。

2.Talk about inventions and discoveries.

（设计说明）

通过展示图片和口头讨论使学生能了解发明和发现的区别。使认知策略和交际策略有机地结合在一起。

Step III Pre-reading

Talk about the stages of inventions.

（设计说明）

先让学生自己想象发明事物的各个阶段的顺序，一方面是为了了解学生是否知道发明的顺序，同时也是为了导入课文阅读。

Step IV While Reading

1.Scanning

Problem can arise everywhere at any time. Now here is a problem of snakes. As you read the following passage, The Problem of the Snakes, check the order you wrote above to see whether it follows the correct stages in producing an invention.

（设计说明）

本篇课文是一篇记叙文，是关于作者如何发明一种捕蛇而又不伤害到蛇的方法。通过让学生略读来核对发明事物的步骤，不仅与 Pre-reading 照应，而且使学生对课文有一个全面的了解。无形中加强了学生的自学能力，使学生能根据学习活动的需要，合理地分配注意力（把注意力集中在重点学习活动上），并在学习中遇到困难时能分析原因并尝试解决——学习策略中的调控策略。

2.Detailed reading

Get the Ss to comprehend the passage carefully, and then divide the text into several parts and work out the main idea for each part. Fill in the chart.

（设计说明）

由于本篇课文段落多，所以笔者指导学生把文章分为四部分，将每一段落大意和相应的例子填入表格，以便让学生对整篇课文有一个更清晰的了解，并引导学生归纳这四部分的大意，这样也能培养学生的归纳与概括能力。

3.Intensive reading

Get the Ss to read the passage accurately, and then choose the correct answer.

（设计说明）

在这个环节中，目的是让学生对文章有更深刻的理解，通过获取信息来分析问题和解决问题；所设的问题更注重对文章内容的深层理解，培养根据上下文猜测词义和概括文章大意的能力。

Step V. Post-reading

Discuss in pairs:

At the end of the text the author did not tell us whether she succeeded in receiving a patent.

So do you think she can succeed? How do you know?

（设计说明）

在这个环节，学生通过探讨文章找出一项发明能获得专利的标准，并为下一个教学环节起着承上启下的作用。

Step VI. Discussion

Works in pairs: Now pretend you are a patent officer and it is your job to decide whether an application should get a patent? Give your reasons.

（设计说明）

这一环节的设计是使学生在阅读课文的基础上分组讨论，并完成角色表演活动，学会对某一发明做出评价并确定其能否获得专利。这是对课文的延伸和升华。小组讨论可以激发学生的思维以及合作学习和交际的能力。这一环节很自然地让学生把母语学习技能转移到英语学习之中，把读和写的某些技能转移到听或说之中，这恰好是认知策略中的重要一条。

Step VII Assessment

Content	I enjoyed learning about
	I'd like to know more about
Words and expressions	I found these words useful:
	I found these expressions useful:
Assessment	My group: Good? Just so–so? Bad?
	Myself: Good? Just so–so? Bad?

（设计说明）

评价是英语课程的重要组成部分。在本环节中，学生可以根据自身的实际采取适当的评价方式和评价目标，让学生都能体验成功。这也从另一个角度体现了学习策略在教学中的运用。

Step VIII Assignment

Ask the students to do the followings.

1.Go over the whole passage and learn the key sentences in the text by heart and prepare for the in-class blank filling.

2.Write a summary within 30 words.

（设计说明）

作业的布置一方面是巩固学生在课堂上所学的内容，另一方面也是进一步深化课文内容，展示学生的语言综合应用能力，进行学习能力的迁移。

小结

以上三种教学创新方向，教师可以根据具体的教学目标、内容、情境等灵活加以选用。进一步构建高中英语阅读教学的"育人"功能，从而使高中英语教师可以在英语核心素养的背景和指导下，对英语阅读教学设计有更清晰、更直接的认识，在进行英语阅读教学设计时考虑到学生核心素养的培养。

第九章　　　　　高中英语单元整体教学中的写作教学策略

第一节　对英语写作课堂教学的认识

随着时代的不断变化和发展，以及在我国加入世贸组织的背景下，我国经济发展越来越迅速，与国际之间的交流和沟通更加频繁。基于此，英语交际能力就成为当代人必备的一种生存能力。

英语写作能力作为提升英语交际能力的重要保障，在英语教学中的地位也越来越重要。另外，提升学生英语写作能力，也能够扩展学生的视野，促使学生了解中西文化之间的差异，使其批判意识得到有效培养；同时，也利于对学生自身素养以及能力的培养和提升，不仅满足学生发展需求，也满足现代高中英语教育目标。

但是，就目前高中英语写作教学情况而言，还存在诸多问题，导致学生写作能力的提升受到影响。同时，通过对英语写作教学研究情况进行分析发现，我国的写作教学研究大多集中在大学英语写作教学方面，对高中英语写作教学的研究并不多，较为细致的研究更是少之又少。

由此可见，对高中英语写作教学中存在的问题及对策进行研究，不仅是提升高中英语教学质量的重要依据，推动高中教育更好发展的关键动力，同时也是丰富国内英语写作教学研究的必然趋势。

一、相关概念和内涵

1. 英语写作的内涵

了解了英语写作的本质，能更好地理解和熟悉英语写作的内涵和方法，学生的英语写作水平才能真正得到提高。对英语写作，不同学者对其有着不同的定义陈子典（2014）认为，写作包含劳动主体、劳动客体、劳动工具、劳动产品、流通客体等很多因素，本质上是一种实践活动，文章是其活动的结果。写作通过语言等符号表达了人们认识世界改造世界的想法，是人与客观事物的互动。

孙强（2005）则认为英语写作是一种用语言来反映生活，通过复杂的脑力劳动创造出主客观统一的精神产品，具有明确目的性的社会行为。

笔者更倾向于认同孙强的说法，认为写作是一项综合全面的脑力活动，写作者可以通过书面文字来表达自己的思想，具有非常重要的意义。

2. 英语写作能力的内涵

英语写作能力是指用英语作为工具表达写作主体思想的能力。它包括表达英语的能力和认识能力两种。这种能力能够充分反映学生的认知水平和表达能力，并且能把作者的知识和能力很好地融合在一起。

在高中英语写作过程中，学生可以通过英语这个工具来表达自己的感受或者完成一项特定的任务。

整个世界是一个地球村，而在这个地球村里，英语作为一种沟通交流的工具的作用不可替代，英语交流能力已经成为一种不可或缺的软实力。然而英语写作能力在英语交流能力中的占据地位也不容小视。因此，提高高中生的英语写作能力刻不容缓。

二、高中英语写作要素构成

高中英语写作要素主要由下面几方面组成：

1. 语言知识

构成语言的三个基本要素是语音、词汇和语法。足够的词汇量是写作的基础，而写出合乎英语表达习惯，语法又正确的句子是最后要达到的目的。

2. 思想内容

语言是思想的载体。书面表达是用来书面交流，可以用来反映作者的思想、情感态度和对于某一事物的观点。具有鲜明的中心思想是一篇好作文的标志，每一段或者每一层次都应该有与中心思想相关的主题论证，所有的描述、例子的使用都应该围绕中心思想进行。

3. 表达交流

Halliday 的语篇理论指出，语篇衔接主要通过语法手段、词汇手段和逻辑联系语来完成。代替、省略、照应等都属于语法手段。而复现关系和同现关系则属于词汇衔接。逻辑关系语可分为增补、转折（让步）、原因（结果）和时间四类。在写作过程中，句与句之间、段与段之间都应该有较为严谨的连贯性和逻辑性，不宜太过跳跃。

4. 书写规范

书写规范是得高分作文的第一块敲门砖，一手漂亮的书写能给阅卷老师留下很好的第一印象，甚至可以让他忽略掉一些细微的语法错误，因此一手漂亮的书写是必备实力。再者，不同的文体有不同的格式要求，如说明文、信件、日记等都有其独特的格式要求，因此，在写作过程中，也要注意格式规范。

5. 文化背景

中西方文化存在很大的差异，思维习惯、表达方式也大不相同，西方人的表达比较直接，而中国人则比较含蓄委婉。

三、《新课程标准》对于高中生英语写作能力的要求

在"一带一路"倡议的背景下，2017 年版《新课程标准》应运而生。随着英语的使用越来越广泛，对中国人才的英语水平和实际运用能力的提高显得尤为迫切。高中"新标准"首先将语言能力、文化意识、思维品质和学习能力列为四个核心能力，明确指出在培养学生综合语言知识能力的过程中，学生应该学习、理解和欣赏中外优秀文化，培养中国情感、拓展国际视野、增进国际交流，逐步形成多元化思维、增强创新能力，提高跨文化交际能力，在此过程中才能够形成自己正确的三观。

关于高中英语写作教学要求，具体表现在以下几点：

其一，在进行高中英语写作教学的过程中，要重视学生英语核心素养的培养，将立德树人理念落实到实际教学中；

其二，搭建高中英语共同基础，对学生的个性化发展需求进行满足；

其三，要对高中英语写作课程评价体系进行完善，以此为提升学生英语核心素养奠定基础；

其四，对高中英语写作学习方式以及教学方法进行优化，以此确保学生的自主学习能力及探究能力能够得到有效提升；

其五，在进行实际教学的过程中，要重视现代信息技术的融入，以此有效提升高中英语写作教学质量，激发学生的学习兴趣，促使学生全面发展。

小结

随着新课改的推进，高中英语写作的培养重心也逐渐向培养学生的写作能力倾斜，毕竟写作是英语学习的核心能力，直接决定了学生英语学科综合素养能否有效形成。因此，在明确高中英语写作教学的各项内涵和教学要求之后，还需要脚踏实地做好高中生英语写作能力培养工作。

第二节 高中生英语写作常见的问题及原因

一、高中生英语写作教学中的常见问题

（一）学生缺乏写作兴趣

由于学生的词汇量贫乏，写作技巧不成熟，深感英语写作的痛苦。在长时间的英语写作压抑下，学生会对英语写作产生抵触情绪，甚至可能逐渐对学习英语这门学科失去兴趣。

另外，如果有教师依然采用传统教学模式对学生进行教学，学生在"填鸭式"的教学环境中，对英语学生产生疲惫和失望感，最终导致学生对英语写作失去兴趣。同时，受到母语的影响，很多学生觉得英语学习过于困难，进而不愿意对其进行深入研究，久而久之对其失去兴趣，导致其英语能力得不到提升。

（二）语法错误量过大且词汇运用能力薄弱

通过对学生的英语写作情况进行研究分析发现，很多学生都存在大量的语法错误，以及词汇运用不对等问题。究其原因，主要是因为学生在进行英语学习的过程中，对语法和词汇的运用并不熟练，或者学生对语法和词汇的认识只停留在表面，将其拼接到一起就不知道怎么运用了，进而导致学生在进行英语写作的过程中出现语法错误，以及词汇运用不当的问题。

（三）学生缺少写作练习

通过对高中英语写作教学情况进行分析研究发现，学生课堂写作时间少之又少。在实际教学过程中，教师将一半的时间用来进行文本讲解，剩下的一半时间用来进行词汇讲解，最后再对学生进行语法教学，而留给学生进行写作练习的时间只有临近下课的几分钟，甚至学生只能在课下进行写作练习。

长此以往，学生对于英语写作的概念就是英语考试的最后一道大题，但是在日常学习中却并不常见。比如，很多教师在讲解英语试卷的过程中忽视写作题，只是提一句"把作文写了"，但是对于学生是否真的写了并不在乎，久而久之，学生会产生英语写作不重要的心理，缺少写作练习的情况下也导致学生的英语写作能力越来越差。

（四）教师重视程度低且教学方法陈旧

通过对调查结果进行分析可以发现，目前高中英语写作教学中，除了上述几点问题

以外，还存在教师重视程度低，并且所采用教学方式过于老旧的问题。受到传统教学观念的影响，部分英语教师还没有建立完善的英语写作评价体系，没有根据学生的认知水平及发展需求设定英语写作教学目标。

另外，在实际教学的过程中，很多教师的教学目标过于单一，大多是通过词汇、语法以及阅读教学顺带开展写作教学，并没有专门的写作教学课。就算是进行写作教学活动，所采用的教学方式比较陈旧，通常是将写作方式教给学生，告诉学生写作的基本顺序，然后引导学生尽心大量写作练习，但是对学生写作作品却不做过多点评，导致学生做了诸多无用功。

二、高中英语写作教学问题动因分析

（一）源自母语的干扰

Long 和 Richads 认为"语言迁移问题至少在一个世纪以来都是应用语言学、二语习得和语言研究的核心问题"（Language Transfer）。自 20 世纪 60 年代以来，语言迁移的问题几经兴衰。到如今我们不难发现，对语言迁移问题的研究已经从点到面、从个体到整体、从浅薄到深入。在语言迁移中，母语对第二语言习得的影响成为核心问题。母语对二语习得的影响源自多个方面，其中笔者认为最重要的即是文化、心理和社会因素。

母语对于中国学生英语写作过程的干扰主要体现在四个方面：形态方面的干扰、词汇方面的干扰、句法方面的干扰和语篇方面的干扰。形态方面的干扰主要体现在冠词和格的使用上，比如，"开门"的翻译，很多同学就直接用"open door"，少了一个定冠词 the；"学生安全"也会直接译为"students safety"，缺少所有格的表达。词汇干扰方面，因为文化背景不同，人们会对共同事物有不同的认识或称谓。

但是由于处在不同的文化圈里，所以看似差不多的词汇会出现不对等的现象。简单地说，英汉表达的显著差异就是：汉语随意潇洒，主观色彩十分强烈，英语则是规范严谨、客观具体。高中学生在英语写作中词汇方面的影响主要是词汇的选择，学生在英语用词上，往往不加思考，用自己熟悉的词。如：He can live(stay) in his home.He can better understand me(He can understand me well).句法方面主要体现在主语和 be 动词的遗漏，比如下面两个例子：

（1）对于我来说，获取知识很重要。

To me, get the knowledge is important.

(It's important to acquire knowledge for me.)

（2）她一直很漂亮。

She always beautiful.

(She is always beautiful.)

至于语篇上的干扰，英语语篇中需要通过并列连词、关系代词和关系副词等语法手段和词汇的使用来达到语篇的连贯性和衔接性。与之相比，汉语的连接词数量有限，而且很少使用或几乎不被使用。所以说，中国学生在英语语篇写作的过程中，倾向于不使用连接词和过渡词，导致整篇文章就是许多简单句的堆砌，给人以缺乏连贯和一致的印象。

"母语干扰"还表现在"迁移"方面，负面影响主要来源于负迁移。负迁移也就表示学生在学习英语的过程中受到了母语的严重影响，频繁出现错误，主要有四方面的体现：

其一，生产不足：在学习应该的过程中对英语结构把握不全面。

其二，生产过剩：该问题的出现其实是生产不足的结果，导致学生在写作过程中出现篇章结构层次上的"中国式英语"问题。

其三，生产错误：其包括替代、借用和结构改变等。

其四，误解：主要是指学生对两种语言的文化背景、习惯表达方式、次序等产生误解。

通过上述分析可以发现，学生在学习英语的过程中，最容易受到母语的干扰，生成"中国式英语"。

（二）教师层面因素

对于高中英语教师而言，很多教师需要面对考试带来的巨大压力，想要帮助学生迅速形成写作能力，从而在没有对学生写作思维及知识结构进行搭建的情况下，忽略了写作教学的过程中，对学生进行速成写作能力培养。

另外，有一部分英语教师的教学观点过于老旧，所开展的教学活动难以达到新课改教学要求，学生始终处于被动状态，久而久之，导致学生对英语学习失去兴趣，不利于学生英语核心素养的培养和提升。

（三）学生层面因素

由于高中英语与初中英语不同，所以学生在进行高中英语学习的过程中会出现诸多不适感[14]。比如，一些初中英语学习较好的学生，在步入高中之后英语成绩会呈现出下滑趋势，这时就会对学生的心理造成一定影响，久而久之产生消极学习的态度。

同时，对于高中英语写作学习而言，其所需要写作的内容更加复杂，不能靠词汇及句式堆砌，需要学生对英语语法、句式结构，以及整篇文章的结构进行有效把握。但是，对于初次接触高中英语的学生而言，这些在初中并没有进行系统化学习，所以学起来比较费劲。

最后，学生所掌握的写作知识过于浅显，对句子结构中主谓宾定状补等句子成分的位置及用法总是很头痛，混淆不清，缺乏对文章的整体理解，进而导致其写作能力难以提升。

小结

具体问题具体分析之后，就是寻找行之有效的解决途径。从高中英语写作的问题和成因来看，问题主要来源于母语干扰、教师及学生层面。鉴于此，需要采取有效的教学策略和教学方式，让母语干扰减少到最低，化解教师和学生层面的各类负面影响因素。

第三节　高中英语写作有效教学策略

一、激发高中生英语写作兴趣

（一）结合写作与实际生活

《基础教育课程改革纲要（试行）》明确指出，要将课堂教学更加贴近学生的生活及现代社会的习惯。新课程课堂教学的主要特征体现在三方面：生活性、发展性及生命性。因此，如何加强课堂教学与现实生活之间的联系，成为现在课改主要攻克的难题。

德国现象学家胡塞尔最先提出了"生活世界"的概念，胡塞尔认为我们是生活世界的一部分，现实的生活环境是人类所有的活动及产物依赖的基础，而这种环境是很具体的，它是科学世界和文化世界能够产生的基础和源头。另外有专家持有的观点是，我们有两个家园：一个是现实而具体的生活世界，另一个是科学世界，前者是我们可以感知到的实实在在的存在，后者是人在生活世界中活动的产物，是一种不可以直接感知到的理性世界。

新课程改革注重让课堂教学回归生活。中国的课堂教学长期以来都太过于突出教师的主导地位，学生更多只是被动地接受"填鸭式"教育，课堂教学的本质还是应试教育。

这种方式无视学生的个性需求与创造能力，学生得到的知识是与现实世界分离的无用的，最后的结果就是学生只会"死读书"，丝毫没有实战能力。教学课堂应该是现实生活的延伸，新课改的理念，其实就是要让我们的教学课堂回归生活世界，塑造充满生命力的课堂，在课堂中，学生不仅能学到知识，还能感到浓郁的生活气息，点燃他们对生活的好奇和挑战。

将写作教学与实际生活进行有机融合，促使学生的英语学习欲望及写作欲望得到有效唤起，才是提高学生英语写作能力的可取之法。

英语教师需要将高中英语教学生活化，将一些生动、有趣的生活元素融入写作教学及学习中，以此激发学生的英语写作热情，让学生在明白英语写作的重要性基础上，能够从中获取更多英语写作知识。另外，高中英语教材中的很多写作主题多源自生活，所以英语教师在实际开展写作教学活动时，可以从学生日常生活中较为常见的事物着手，让学生在快乐中写作。例如，在对学生进行人教版高中英语必修 1 Unit 5 *Festivals around the world* 这篇文本教学时恰好过完元旦，英语教师就可以利用该文本布置写作任务，可以让学生在元旦期间记录一下假期的过程，收集一些世界各地的不同节日的视频和图片，可以让学生利用互联网收集相关资料。然后，在正式上课时，要求学生分享自己的假期有趣的经历，对自己收集、掌握的内容进行介绍，并提出自己的看法。在这个过程中，学生之间可能出现矛盾，英语教师就可以引导学生对两个或多个观点进行论证分析。通过这种方式，不仅能够对学生的写作积极性进行充分调动，同时也能够为学生进行写作提供思路及材料。需要特别注意，在这一过程中，英语教师应对学生写作过程中可能出现的问题进行预估，比如词汇量是否充足、内容排版是否合理等，并据此给出指点，使得学生在写作过程中能够下笔如有神。

（二）优化高中英语课堂内容

为了对学生的写作意识进行强化，还需要英语教师能够对高中英语课堂内容进行优化。也就是说，英语教师不仅需要让学生知道英语写作的重要性，同时还需要让学生能够在英语学习过程中不断提升自身的写作能力。

首先，英语教师应该重视高中英语课堂教学中的习作内容，要知道高效英语写作不仅是在书面、教材上，也应该是在学生的学习及生活中，要将写作内容与学生的日常生活及学习挂钩，比如可以让学生在观看某一电影后，写出英语点评等，进而帮助其树立正确的写作意识。

其次，英语教师在日常教学过程中，也应该以身作则，通过对学生言传身教来强化学生对英语写作的认识。例如，在课堂教学过程中，应该多用英语与学生进行沟通，并用流利的英语对自己的思想进行表述，以及抒发自身的情感，以此帮助学生掌握日常用语的正确句式，为学生写作奠定基础。

最后，英语教师要能够在各角色之间有效转化，不仅要如同"导演"一样，对课堂教学进行统领，同时也要能够做好学生的"帮手"一职，要在进行写作教学之前，为学生进行相关知识及信息的输入，以此消除学生对英语写作的恐惧感，促使学生能够在写作中尽情抒发自己的情感。

（三）探究趣味学习路径

为了有效解决高中写作教学中存在的问题，在对学生写作意识进行强化的过程中，还需要高中英语教师能够对学习路径进行深入探究，通过为学生营造一个具有趣味性的学习氛围，有效激发学生对英语写作学习的兴趣，使得学生的写作意识得到培养，为提升其英语写作水平夯实基础。

例如，在进行英语写作教学的过程中，可以为学生创设相应的情境，促使学生能够全身心进入所要写作的主题中，能够更直观、更形象地对写作主题进行理解，进而帮助学生找到英语写作的思路。

又如，英语教师可以组织学生开展英语沙龙比赛、辩论比赛等活动；也可以帮助学生进行教材文本改编，让学生将所学课文改编成课本剧。通过上述活动，不但能够激发学生对英语写作的兴趣，同时也能够加深学生对所学词汇、句式等内容的理解、掌握和运用。

以一个课堂教学案例为例，在对学生进行人教版高中英语必修 2 U n i t 2 *The Olympic Games* 这篇文本教学时，英语教师就可以融入"你演我猜"的小游戏，让一个学生对奥运会上的某个项目进行比画和英语描述，另一个学生猜，在这一过程中，其他学生可以在场外对奥运项目进行补充。通过这个小游戏，不但能够帮助学生对单词以及常用句型进行重温和巩固，也能够对学生的参与度进行充分调动，增强学生对英语写作的兴趣。

总而言之，丰富多变的课堂活动可以大大提升学生的写作兴趣，使其在轻松、愉悦的氛围中不断提高自身写作技巧，最终实现快乐学习的教学目标。

（四）加强学生鼓励

从教育的视角看，教与学是相互配合、相互依存的一个过程，在英语教学中，教师应该注重与学生的互动交流，发挥学生主体作用，让学生可以更好地参与课堂互动。高中英语教师可以结合学生对动手、动口等活动具有很强的表现欲望，同时也比较积极参与集体活动的这些特点，组织开展一些具有特色的英语课外活动，并在活动中对学生进行适当激励，从而提高学生英语学习效率。从心理学的角度看，学生是具有证明自身实力、表现自我潜能、实现自我价值等方面的需求的，而这些需求则会在某种程度上影响到学生的英语学习质量。

因此，在日常教学活动中，英语教师要不断更新自身对学生的认知，满足学生的心理需求，促使学生更好地进行学习。如在小组活动中，教师可以让字写得好的学生在黑板上书写，让动手能力强的学生做海报，让性格活泼的学生进行英语演讲等。通过这样的安排，可以让学生感受到自身价值的实现，提升学习成就感，调动学生的学习热情。

除了从心理上了解学生的需求，适时加以鼓励，高中生在情感上的需求也逐渐增多，因此，英语教师在课堂教学中应该充分考虑学生的情感需求，对学生进行情感激励，从而更好地感化、引导学生。英语教师在日常教学活动中，需要准确把握学生的情绪变化，并坚持因人而异的原则，对学生进行情感鼓励，减轻学生的学习压力，引导学生保持心情愉悦，更好地享受学习、体验学习。

此外，英语教师还可以运用"You are the best、Believe in yourself、You are right"等激励性语言，不要单纯地使用"Good、Perfect"等对学生进行鼓励，要在语言中有提示、有尊重、有赞美、有引导，让学生想说、敢说、能说。

二、夯实学生英语基础知识

（一）注重初中英语与高中英语的衔接

初中英语与高中英语教学相比，不管是内容方面还是教学目标方面，都有着较为明显的差异，对于一些刚接触高中教育的学生而言，高中学习的紧迫感会让他们一时之间无法适应，如果不能做好初中英语与高中英语的衔接处理，可能会对学生的学习效率产生影响。另外，高中与初中不同，高中教学节读更快一些，初中以"听说领先，读写跟上"为主，而高中则以"读写为主，听说为辅"为主，学生不能只靠教师课堂上的 45 分钟，要养成自主学习的习惯，消除自身的依赖性。因此，为了能够提升学生的英语写作能力，更好地开展高中英语写作教学活动，就需要高中英语教师能够注重初中英语与高中英语的衔接问题。具体表现如下：

其一，要将学生作为教学主体，突破观念关。需要英语教师能够对学生的阅读及写作能力进行逐步增强，要摒弃传统教学方式，将课堂交还给学生，遵循学生的身心发展规律，多开展自主学习、合作学习等学习活动，对学生的潜在能力进行深入挖掘，使得学生所学能够真正地被吸收和自用。

其二，以关系为纽带，突破情感关。相关学者研究发现，良好的师生关系有利于提升学生的学习积极性。但是，很多学生由初中升高中之后，不仅是学段的变化，同时心理和生理上也发生了相应变化，如果高中教师不能处理好与学生之间的关系，很容易导致学生对其所教学科产生反感。基于此，也就需要高中英语教师能够与学生搞好关系，对学生的兴趣、喜好、特长等进行充分了解，尊重学生的意愿，多听取学生建议，以此拉近与学生之间的距离；另外，通过处理好与学生之间的关系，也能够找到学生英语写作能力的不足之处，以此帮助学生进行有效改进，促使学生的英语写作能力得到真正提升。

其三，以方法为基础，突破习惯关。初中英语学习较为基础，所以很多学生并没有养成良好的英语学习习惯，甚至对英语写作都不是很重视，这时就需要英语教师能够以方法为基础，帮助学生养成良好的学习习惯，以此为提升学生的英语写作能力奠定基础。比如，英语教师可以引导学生进行记笔记，对重点、难点部分进行详细记录；也可以让学生对好词、好句进行记录，为后期写作提供素材等。

其四，以教材为依托，突破知识关。在进行英语写作教学的过程中，初中英语教师都是针对中考内容进行教学，对于一些中考不考的知识点并不会关注，进而导致学生步入高中英语学习时，很多知识点难以衔接上，使学生的写作能力受到影响。基于此，也就需要高中英语教师能够对学生的学习情况及基础知识掌握情况进行全面了解，进行有针对性的补充，以此确保学生的基础知识更加牢靠，为其后期进行写作学习提供保障口。

其五，以课外为延展，突破能力关。在对学生进行高中英语写作的过程中，高中教材只是英语写作学习的一个载体，其中的词汇量以及信息量并不能满足学生的英语写作需求，基于此，也就需要高中英语教师能够在课外进行延展，对学生的能力进行突破。例如，英语教师可以向学生推荐一些经典的英语版电影，以此丰富学生的英语写作知识储备量，同时也能够为学生进行高效写作提供更多写作素材，扩宽其视野。

（二）改善词汇教学

对于英语词汇和写作的关系，学者们从不同角度展开了研究。马广惠和文秋芳(1999)发现表达词汇量，即产出性词汇量对英语写作能力的直接影响最大，表达词汇量越大，作文分数越高。刘东虹（2003）则认为产出性词汇量对写作质量没有直接影响，只能通过影响文本长度来间接影响写作质量。李晓（2007）对词汇量、词汇深度知识与语言综合能力关系进行了研究，通过多元回归分析得出词汇深度知识比词汇量对写作成绩的贡献大。尽管学者们对于英语词汇和写作的关系有着各自的意见和观点，但不可否认的是英语词汇和写作之间有着很大的关联，因此，改善高中英语的词汇教学对于改进高中英语的写作教学有着很大的促进作用。教师应该帮助学生突破词汇关，尽可能拓展词汇量。建议从以下几个方面着手：

1. 记单词

学生记单词一般都是瞬时记忆，记了很容易忘，这是一个普遍存在的问题。

教师应该多关注学生记忆单词的方法是否正确，并适时地教授一些常用的单词记忆法，指导他们用最适合他们的方式去记忆单词，提高记忆单词的效率。如："multiculture"一词，可以根据音节或读音规则来记，也可根据前缀"multi"加单词"culture"来记下这单词。其次，提醒学生记单词要善于抓重点，并非每一个单词都是同等重要的。高中学业压力大，学生能够自由分配的时间有限，做好词汇的选择很有意义。可以根据课标要求来筛选单词，并创设相应的语境来巩固词汇，以防遗忘。

2. 练单词

选词填空、造句或翻译练习都是常用的操练单词的方式。

一些趣味性的串词或者编故事的游戏也可以多加应用。教师要尽可能多运用各种操练方式，让学生对学习的词汇多加复习，内化吸收词汇，以此加深记忆，后面才能更好地运用到写作中。

3. 加强听读训练

听读训练也是丰富学生词汇量的一个有效途径。每天都可以给学生做一些简单的听力训练，听前做好听前预测；听时及时捕捉信息点，并及时做好笔记；听后可以浏览阅读听力材料，积累一些常用的交际词汇，也可以达到拓展词汇的目的。学生每天坚持做阅读训练也是一种很好的方式。在阅读过程中，学生可以在语境中感受单词的使用，这能更好地帮助他们记牢单词。同时，不同的阅读题材也能丰富学生的题材库，让学生在写作中碰到不同题材的写作时能够更沉着应对。有些阅读文章语篇结构安排布置得很好，也很有学习价值，学生可以通过以上的训练达到拓展词汇量以及提高写作能力的目的。

以下是，笔者通过自己的教学经验，分析总结出的一种打造"高级"词汇的方法，很好地结合了词汇与写作。

a. 弃旧迎新，同义替换

学生在考试的时候，面对的是同样的文章，如若不在词汇上追求多样性和创新，写出来的文章很容易千篇一律，让阅卷老师产生审美疲劳。因此，在平时的写作练习中，学生应该尽量避开常见的方式，使用一些大家都不怎么常用的多样化的表达。比如：

1)"In my opinion,climbing mountain is an enjoyable thing."enjoyable"常用作形容词意为"令人愉快的"；用来替代常见的"interesting"很合适。

2）很多专家参加了这次会议，其中大多数来自美国。

原句：Many experts took part in the conference, and most of them came from the United States.

改为：Many experts attended the conference, most of whom were from the United States.

改后的句子中用"attended"取代了"took part in"短语显得更规范、地道；用"most of whom were from"代替"and most of them"则显得更引人注目。

b.善用省略替代等表达方式

在英语写作中，我们可以采用省略、替代或更换表达方式等手段来避免重复。

比如翻译句子：这本词典非常有用，我过去经常使用的那本词典丢了，我准备再买一本词典。

This dictionary is very useful. The dictionary I used to use is lost. I'm going to buy another dictionary.

This dictionary is very useful. The one I used to use is lost. I'm going to buy another one.

句中"dictionary"出现三次，给人以表达乏味、词汇量匮乏的印象。而②句子中则使用了替代词"the one, another one"分别来表示"the dictionary"和"another"，表达方式新颖，手法灵活，令人眼前一亮。

总之，在高中英语写作教学中，我们应该鼓励学生尽量使用地道、高级词汇，常见词的较高级用法或使用代替词等。设法让文章看起来与众不同，这样才能写出一篇"语"众不同的文章，既能充分展示驾驭语言的能力，又能在高考这样一个重要的时刻得到高分。

（三）改善语法教学

通过调查问卷的研究发现，语法无疑是高中学生英语写作路上的拦路虎。在对学生进行高中英语写作教学的过程中，要想提升学生的写作能力及水平，就需要英语教师能够重视语法教学的重要性，明白语法教学是提升学习写作能力的基本保障，学生只有掌握正确的语法运用技巧才能够确保在写作过程中不会出现常识性错误，进而使得学生的写作能力及水平能够逐步得到提升。因此，在对写作教学方法及方式进行优化和改进的过程中，除了要对词汇教学方式进行改善以外。还需要英语教师能够对语法教学进行改善，以此确保学生在写作过程中能够更好地运用词汇和语句。

学生在英语写作过程中犯的语法错误主要分为整体错误和局部错误两大类。

　　整体错误指影响某个句子总体组织结构的错误，使阅读者如堕云雾，莫名其妙。比如句子连接中缺乏连接词，篇章中人称代词不一致。局部错误是指在整体结构上不影响句子意思的表达，但在某些具体细节方面不符合语法规则。

　　分析结果显示，学生写作中的语法错误很多属于此种类型。这些局部语法错误可以归纳为三大类：过度推广型错误；语法规则不明型错误；规则应用不完整型错误。要想在短时间让学生加深对语法现象的了解，使学生对语法的认识豁然开朗，课题组教师认为可借助以下一些方法：

　　首先，教师可以利用联系、归纳、演绎、图示和对比等多种方法对语法知识进行适当的整合，避免一些繁杂、琐碎的东西，让学生更好地理解消化，比如，可以将主语从句、宾语从句及表语从句联系起来讲解；将定语从句和同位语从句一同加以讲解及区别，将动名词和现在分词进行比较；将过去分词与现在分词进行比较等。这样使学生更加清晰明了语法中的联系，更利于他们融会贯通，最终也将利于他们把正确的语法知识运用于英语写作当中。

　　其次，教师可以抓住机会不时地对一些中英文的表达进行对比，引导学生发现其中的相似和不同之处。例如，汉语中经常出现主语不明和谓语是非动词词性（而非英语中主谓的省略）的情况时，就容易造成误解和语态辨识的困难。如碰到"公园里又建了一个游乐场"这一句子时，学生很容易把做状语的"公园"误作为主语，只要经过分析，学生便能明白这实际上是属于主动形式、被动意义的结构，动作的执行者并没有出现，用英语表达时应采用被动语态。再如当碰到"这个女孩非常可爱"这一句子时，学生很容易将其翻译成一个缺乏谓语的表达，这时教师须向学生强调此类句式必须加上系动词做谓语方能成立。这样下来，长此以往，学生会潜移默化地形成一种所谓的"语感"，这将大大地利于他们的英语写作。

　　再次，语法教学的重点是培养学生实际使用语法的能力。而应用技能的掌握是靠大量地操练和运用而获得的。在语法练习中，教师应多采用学生喜闻乐见的形式，如改错、英汉互译、应用性的写作等，而且采用的句子应多以贴近学生的现实生活和工作为主，与时代、潮流紧密相关，这不仅会提高他们思维的积极性和参与率，还能培养他们注重结构的辨识与运用，在应用中掌握规律的能力，并且这样的练习会让学生觉得很有意义并愿意为之。

　　对于一些具体的语法操练，做单选题是一个不错的选择，学生做完单选题后要及时做好错题归整。教师也可以利用PPT或者网上找一些视频来进行语法讲解。这样可以增加学习的趣味性和积极性，而且让学生有听、看、写等多方面的感官感受，会更容易帮助学生记忆枯燥的语法结构。笔者在复习名词性从句和定语从句时，就选择了一些英语歌曲，把歌词打印出来，挖一些空，让学生一边听歌，一边填空，既轻松又高效。我还会节选一些英语电影的经典片段，让学生在看电影的过程中感受地道的英语表达。

针对学生平时日常学习中常犯的语法错误，要求做好错题集，定期翻阅。对于语法的学习要引导学生多分析、多总结，学会变零散的知识点为知识链，直至形成自己的知识网络。这样既有助于学生掌握相关知识，也有利于个人以后的发展。

总之，英语语法教学和写作教学是紧密联系不可分割的，教师们在平常的教学中注意了语法教学的改善，对英语写作教学也会有极大的促进作用。

三、写长法的使用

在高中英语写作教学中，可采用写长法进行写作练习，以达到巩固基础知识、巩固词汇的目的，教师应注意及时对学生的作业进行点评和讲解。写长法的中心思想在于"以写促写"，具体教学方式如下：

首先，为了确保每一位学生的写作能力都能够得到提升，英语教师要对任务进行合理设置。

其次，在每周周五的时候，英语教师将写作任务布置下去；然后在下周的时候，教师为学生提供 5～10 分钟，要求 1～2 名学生对自己的作文进行分享。

最后，在学生分享完自己的作文之后，英语教师可以让学生对分享同学的作文进行点评，以此活跃学生的写作思维，促使学生的写作经验得到共享，确保每一位学生的写作能力都能够得到提升。

通过一周的作文分享及点评后，学生在写作过程中可能出现的问题都得到了展示，大大降低了学生在日后写作过程中出现错误的概率。另外，在这种较为宽松的写作氛围下，也能够有效减少学生对写作的恐惧感，促使学生逐渐喜欢上写作。

需要特别注意，学生在进行互评的过程中，英语教师还要对学生的点评情况进行严格把控，对于错误点评要及时指出；英语教师要结合学生之间的差异，给出具有针对性的建议；对于那些在作文中巧妙运用词汇的学生，英语教师可以给予表扬，以此增强学生的写作信心及热情，进而促使学生在日后写作过程中能够更加准确、完美地运用词汇将所要表达的表达出来。

四、培养良好的书写习惯和写作习惯

（一）养成良好的书写习惯

教师要多给学生讲高考阅卷的要求和标准，自始至终给学生强调书写的重要性，督促培养学生养成良好的书写习惯，包括字体的选择和练习、卷面的整洁性、标点符号的正确使用等。对多次表扬书写规范美观整洁的学生，可以把他们的书写作品贴在教室外墙上供大家欣赏和学习，营造一种写好字、练好字的学习氛围。学生要勤练、时时练、常常练、直到书写定型，随手一写即是好字，这能够大大地促进写作。

（二）培养良好的写作习惯

除了书写，教师也要多多关注学生的写作习惯，包括学生的审题、构思、框架搭建、语言句式的选择以及思想表达等各个方面，这些对于一篇作文的构成都很重要，学生应当特别关注这些地方，不能疏忽大意。

五、采取差异化教学

差异化教学的雏形来源于美国教育家哈里斯于 19 世纪末在圣路易州创立的"活动分团职"，又称"弹性制度"，它是将学生按能力分班或分组的一种差异化教学形式。20 世纪 60 年代以后，相对于最初的只按能力分班，兴趣爱好等多样化的分层标准使分层教学发挥的作用越发明显。分层教学是一种教师基于对学生学情的分析将学生进行分层，针对不同层次学生的学习需求制定相应的学习目标，并以目标为导向进行分层教学，以期达到教学目标，帮助每个层次的学生都获得发展的一种教学模式。

分层教学成功实施的关键是自始至终坚持分层，教师可以从学生分层、目标分层和教学分层三方面入手。

（一）学生分层

学生是学习的主体，学生分层是成功实施分层教学的第一步。

针对学生主要有隐形分层和显性分层两种分层方法，许多学者对隐形分层持肯定的态度，普遍认为显性分层具有一定的消极性。所谓隐形分层，是指教师在自己心里对学生进行分层，然后进行分层教学，这种分层方法的优势在于它可以比较好地保护学生的自尊心。然而随着学生年龄的增长，心智逐渐成熟，学生本人的主观能动性的重要作用越来越明显，很多时候都是教师"一头热"，学生本人并没有太多想要取得进步的想法。"教学"是一个双向互动的活动，只有教师单方面努力，再辛苦认真的"教学"也不会有成果，在这种情况下显性分层也有它存在的意义。在与学生进行了良好沟通的前提下，高中老

师们不妨采取显性分层，可以将学生分为 A 层、B 层和 C 层，一目了然，也可以使用像"航天层""坦克层"和"潜艇层"这一类有趣味性的名称，在肯定每个人的意义的同时鼓励学生努力学习。

（二）目标分层

目标分层是继学生分层后的另一个分层阶段。目标包含教师的教学目标和学生的学习目标，教师要在学生分层的基础上，结合课标和大纲的要求对学生进行目标分层。

对于 A 层的学生，重点掌握基础知识，如单词的音形义和作文的基本格式，能用简单句完成写作。B 层的学生则侧重于对短语词组和简单时态的正确使用，避免文章出现简单的错误。而对于 C 层的学生，则要求其熟练地掌握整篇文章的布局和亮点句式的使用。目标的制定要遵循最近发展区理论，教师要帮助学生在现有能力的基础上，通过"跳一跳"实现高一级的目标，获得更大的进步。

（三）教学分层

教学分层是分层教学的最后一个阶段，课前、课上、课后都要注意教学分层。

课前时间是打基础的重要时间。在课前布置一些基础性的任务可以让学生在课上更好地跟上教师的教学节奏，更好地掌握学习内容。教师可以让学生在写作课前搜集与写作话题相关的资料或者相关的单词短语，这样既可以锻炼学生的自主学习能力，也可以很好地为写作课做准备。这个过程具有一定的开放性，学生可以根据自己的学习需要搜集资料，有利于学生的自由发挥。

课上时间是学生学习新知识的黄金时间。教师可以根据学生分层相应地制定出不同的学习任务。比如，对于 A 层的学生，教师可以布置单词英汉互译或句子仿写这一类巩固基础的练习题；B 层的学生则可以做一些用词造句这一类稍有难度的练习题；C 层的学生则可以做一些写中心句这一类要求概括性、创新性的练习题。

课后时间是学生内化知识的关键时期。教师应该分层布置作业，分层进行评价。对于同一个写作任务，A 层的学生只要做到写作格式、写作字数和英文书写的达标即可；B 层的学生关注有无简单的语法错误、文章结构和内容是否完整；对于 C 层的学生，则要求尝试使用高级句式，文章条理清晰、内容充实，尝试通过写作表达个人观点。

六、合理运用写作评价

1967 年，美国哈佛大学的评价学专家斯克里分（Sciven）提出了形成性评价的概念。所谓形成性评价，是对学生日常学习过程中的表现、所获得的成果以及所反映出的情感、态度、策略等方面的发展做出的评价，是基于对学生学习过程的持续观察、记录、反思而做出的发展性评价。该评价目的在于激励学生学习，帮助学生有效调控自己的学习过程，使学生在学习过程中获得成就感、增强自信心，同时可以培养其合作精神、交流技能。

2017 年教育部颁发的《普通高中英语课程标准》中指出：基于英语学科核心素养的教学评价应以形成性评价为主，同时以终结性评价为辅；要注重评价的多元化、评价形式的多样化，突出学生在评价中的主体地位，通过评价使学生在英语学习过程中不断认识自我，建立自信，调整学习策略，以此促进学生英语学科核心素养的全面发展。形成性评价主要具有以下几个特点：1. 注重教学过程，而非教学结果；2. 以学生为中心，而非教师为中心；3. 侧重于定性分析而非定量分析；4. 评价的手段和内容比较多样化。形成性评价可以通过以下形式在高中英语写作教学中加以应用：

（一）评价内容多元化

作为一名高中英语教师，应该明白学生每个人的智能是体现在很多方面的，这个是基于美国教育家和心理学家加德纳提出的多元智能理论。在高中英语教学过程中，学生的知识是评价的首要因素，但除此之外，还要全面评价学生的学习态度、学习兴趣以及学习策略的形成和提高。英语学习策略在评价过程中应该尤为被重视，它是提高学生英语学习水平的关键。因此，教师可以通过制定英语写作学习策略评估表来指导学生正确评估自己的写作目标和策略，其中可以包括写作常用的词汇，如连接词、表达观点词等使用的多样性程度；句型，如定语从句、强调句等在作文中出现的频率高低；时态、语法等出现错误的次数等；篇章结构以及行文逻辑表达的清晰度等。学生可以根据老师的评价来合理调整自己的学习方法，进一步提高自己的英语写作能力。

（二）评价主体多元化

形成性评价在整个评价体系中改变了传统的以老师为评价主体的传统评价方式，尤其注重学生的主体地位，包含学生自我评价、同伴互评、教师评价以及师生合作评价等多种评价方式。

1. 学生自我评价

学生自我评价主要是指学生在学习过程中对自己的学习策略、态度和效果的自我监督和调整。教师可以先给学生制定标准，学生再根据老师的标准对自己写的作文进行自我评价，再结合老师的指导，进一步完善自己的作文。这种评价方式有利于学生可以探索出适合于自己的有效学习方法。

2. 同伴互相评价

同伴互评是指学生以小组为单位，根据教师给出的评价标准，对同伴的学习效果进行评价。学生在互评的过程中应特别注意要具体指出所评价作文的优秀或者不足之处，老师在这一过程中可以扮演一个指导者的角色。课堂实践证明，同伴互评不仅可以让学生发现自己作文的错误，也可以避免和同学犯一样的错误，同时也可以学习同伴作品中好的表达方式和逻辑结构，在这一过程中，学生的合作意识、沟通技能也得到了很好的培养。

3. 教师评价

教师评价最好是在学生进行自评以及互评之后实施，应做到客观性、合理性、具体性、激励性。教师在评价时，要具体分析学生学情，分层评价。对于基础好的学生要严格要求，使其英语作文可以精益求精；对于写作水平稍差的学生，要注重对其鼓励，增强学生的写作信心。此外，教师除了关注学生作文的词汇、语法，也要关注作文表达的情感态度和价值观，并适当加以正确的引导。

4. 师生共同评价

在英语写作教学评价中，也可以将学生信赖程度较高的教师评价与突出学生主体地位的学生评价结合在一起，采用师生共同评价的方法，共同促进学生英语写作能力的提高。

（三）评价形式多元化

评价形式除了教师的书面或者口头评价，同伴之间的相互交流反馈之外，教师也可以为学生英语写作建立电子档案袋对学生进行评价，以及通过访谈记录或者观察记录等对学生进行动态评价。

1. 电子档案袋评价

所谓档案袋评价，是指把学生的代表性作品、学生的自评、同伴的互评以及教师评价都保存下来，以此为依据来评价其学习状况。教师可以为学生建立电子档案袋来避免纸质档案袋整理、存放等方面的局限性。

2. 访谈记录评价

访谈记录评价是指英语教师在课下对学生通过聊天访谈的方式了解学生的英语学习情况，从而进行全面评价。这种评价形式内容比较灵活多变，老师可以通过调整自己的聊天内容全方位地了解学生情况，也可以增加师生间的互动和情感交流，师生关系的良性发展也能够促进英语写作教学的开展。

3. 观察记录评价

观察记录不需要学生主动参与和互动，教师是处于旁观者的角度对学生英语学习状态进行观察，除了平时考试成绩以外，教师为了方便和易于查阅，可以通过量表的方式对学生的词汇、语法、学习态度、学习策略进行评价，并定期进行总结之后给学生反馈，使学生意识到自己在日常学习应注意的问题，并可以有意识地进行改进。

实践证明，形成性评价在高中英语写作教学有效运用能够激发学生的写作兴趣，提高学生的写作能力。

七、基于跨文化能力培养的英语写作教学

基于跨文化能力培养的英语写作教学，旨在打破传统的强调词汇、语法、篇章训练和写作技巧训练的英语写作教学方式，将文化意识培养、创设语言环境贯穿整个英语写作教学过程中，以此来培养学生的跨文化思维能力和跨文化语言能力，最终实现地道的语篇输出。而要做到基于跨文化能力培养的英语写作教学，以下几个方面应该得到关注：

（一）转变教学理念

高中英语教师应该主动意识到学生跨文化能力培养的重要性和必要性，适应外语教育的发展，转变传统的教学理念，肩负起培养外语人才的任务。学生在英语写作课堂最终要完成目标语言的输出，这既要求篇章的流畅度，也要求篇章有一定的文化性。词汇、语法、句式等语言基础知识的积累和写作技能技巧的训练能帮助学生实现目标语言输出的流畅度，但是无法满足文化性的要求，限制了中国学生在国际交流中的表现。英语教师在英语写作课堂上要积极引导学生培养跨文化意识，体现语言的社会功能。

（二）培养人文素养、文化意识和文化知识

人文素养的渗透一直是高中英语课堂所缺失的。英语写作课的主要任务一般都是让学生通过大量的训练来达到熟悉英语基础写作的目的。语言技能的培养一直都是英语写作课堂的侧重点，而文化知识、人文知识的渗透和讲解的重要性一直都未得到体现，这导致的直接结果就是学生的大部分写作空有语言而缺乏文化性和逻辑性。

因此，笔者建议高中英语教师应当积极地在英语写作课堂中融入人文素养的培养和提升。学生可以在课余时间利用网络资源或者其他学习平台来弥补传统课堂 45 分钟的授课时长不能同时满足语言技能提升和人文素养培养这两个目标的遗憾。教师可以通过给学生提供优质的人文知识阅读资料和阅读资源，布置相应的阅读和写作任务，鼓励学生多做文学阅读，这是学生提升自身人文素养必不可少的过程，也可以帮助学生了解多元化的世界，培养正确的跨文化态度。

对于文化意识和文化知识，孙有中教授在和 Janet Bennett 博士学术对话中谈到，"只了解具体的文化知识是不够的"，大多数的高中英语教师对于跨文化能力培养的认识有一定的局限性，认为只要在课堂上向学生介绍一些具体的文化知识，比如英美国家的国庆日、各种节日（感恩节、复活节、万圣节、圣诞节等）、风俗习惯等就足够了，而学生对于英语国家的文化认识也就仅限于此了，没有了进一步的延伸和探索[5]。因此，教师们在英语写作课堂上，可以从语言材料的材料选取、阅读、理解、分析、输出等多个环节进行文化知识的渗透，正确指导学生将具体的文化知识和一般文化知识相结合。同时也要培养学生辨别相似的文化的能力，比如，同样是美国文化，在北美及加拿大地区其文化体现却不尽相同；同是亚洲文化，在中国、日本和韩国的体现也是各有特色的。学生在写作过程中，应当认真研读多种文化背景的阅读材料、写作材料，学会区分具体文化知识和一般文化知识，并思考如何将两种文化知识相结合，继而了解文化的真正内涵。如果学生具备了文化知识，促进了跨文化能力的培养，也能够促进英语写作的正确输出。

（三）设计跨文化英语写作教学

一直以来，英语写作教学更多的都是强调语言基础知识，而忽略文化性的表达，这让学生的写作有了很大的局限性，因此，教师在教学活动的设计上可以从以下几个方面加以调整：1.有目的性的教学干预。老师在布置了相关的阅读或写作任务后，不能放任不管，应当适时地进行教学干预，督促引导学生持续思考。2.丰富的写作教学课堂形式。在英语写作课堂中，教师可以引入课堂讨论、小组活动、同伴互评、主题发言、课堂辩论等形式，特别是对不同文化背景下写作主题的讨论，教师应当参与其中，鼓励学生多多发言，平等交流。3.多样化的英语写作教学内容。英语国家历史发展、风土人情、地域特色等方面的内容应当更多地融入已有的写作课堂中，同时中国传统文化、人文特色等内容也要融入其中，使学生能够真正体会到什么是跨文化以及文化传递的双向性；定期阅读英语名著也是一个很好的方式。4.风格各异的英语写作实践。除了一般的高考英语作文写作，还可以让学生试着了解和接触一些其他方式的写作实践，如英语写作技能比赛、英语学术论文写作、商业英语文书写作等。5.创设跨文化写作语境。给学生模拟相对真实的跨文化语境，比如影视欣赏、角色扮演等教学活动都是很好的方式，这可以帮助学生在趣味性中更好地吸收跨文化知识。

总之，在高中英语写作课堂上融入跨文化能力的培养是一个长期的过程，并非一朝一夕就能够有很大的成效，但是，只要坚持下去，学生的英语写作能力将会得到质的提高。

八、开展读写合作教学　扩大学生语言输入与输出

在对高中生进行写作教学的过程中，还需要英语教师能够通过开展读写合作的教学活动，促使学生的语言输入及输出得到扩大，进而实现语言交流与发展的统一。

关于写作教学和阅读教学，二者并不是单独存在的，阅读教学是为学生进行写作奠定基础，简而言之就是有输入才有输出。通过对学生开展阅读教学，学生能够在写作过程中对语言结构和语言功能之间的关系进行更好把握。但是，在传统教学中，英语教师并没有意识到这一点，更多的是关注语言的形式和结构，而忽视了语言的本质。基于此，也就更需要英语教师能够对学生开展有效的读写结合教学，通过以读促写的方式帮助学生理解语言的重要，并对其进行合理运用，进而实现提升学生英语写作能力的目的。

例如，在进行正式写作之前，英语教师可以引导学生进行相似文章阅读，以此完成信息的输入，促使学生获取更多写作内容、结构以及语言方面的材料，进而更好地完成写作内容。同时，在阅读的过程中，英语教师还需要对学生的阅读技巧进行适当指点，应该引导学生关注阅读文本的写作技巧以及文章结构，并将其运用到自身写作中。

通过引导学生进行大量的阅读，还可以快速地帮助学生培养语感，促使学生对英语写作的要求有一个更深层次的了解。而学生在正式进行英语写作之前，因为有了前期的铺垫，学生的写作思路会更加活跃，也就能够写出更加完美的英语文章。同时，有些学生的英语知识储备并不是很丰富，不知道如何在写作中将自己的观点表达出来，而通过大量阅读，学生能够从中找到与自身想法相似的句式，进而促使自身的写作素材得到有效补充，使得自身的写作水平越来越高。

例如，英语教师可以让学生多阅读一些题材的英语资料，根据自身喜好进行摘抄和背诵，又如，学生在阅读完某一主题材料后，英语教师可以让学生在规定时间内进行相似主题写作，然后让学生进行自评、学生之间进行互评，最后由教师对学生的共性问题进行统一指导等。通过上述方式，不但能够促使学生的写作知识储备得到丰富，同时也能够有效提升学生的写作能力。

小结

在新课程改革实践中，广大英语教师已经对英语写作做出了一些积极的创新努力和探索实践。除了对英语写作教学策略的探究，英语教师还开始思考和探索如何将英语核心素养教育目标融入教学设计中，在教学内容、教学实施、教学评价等环节中充分体现，从而让英语写作教学更上一层楼。

第十章　　核心素养下高中生英语思维品质的培养

第一节　高中英语阅读教学中学生思维品质的培养

一、有关概念

（一）核心素养

核心素养亦称"21世纪素养"，是人适应信息时代和知识社会的需要，解决复杂问题和适应不可预测情境的高级能力与人性能力，其关键是创造性思维能力和复杂交往能力。我国界定的"核心素养"是指"学生在接受相应学段的教育过程中逐步形成起来的适应个人终身发展与社会发展的人格品质与关键能力"。

核心素养不仅仅指的是学生在学习上获得的知识和技能，更是指学生在世界观、人生观、价值观以及情感态度方面的综合表现。核心素养是每位同学个人发展以及适应社会发展的需要。近年来，对于核心素养的研究也越来越多，从这也能看出我国教育对其的重视程度，将其作为我国基础教育的培养目标，是需要每一个学科、学段的重视。核心素养培养的就是学生在学习过程中的学习能力、思维品质、文化意识以及情感态度等多方面综合能力。综上所述，核心素养已成为我国目前以及未来很长时间的教育指南。培养学生的核心素养是我国进行立德树人的重要举措，也是追赶世界教育改革的发展趋势，有利于提升我国在国际上的教育竞争力。在本研究中核心素养就是学生能够适应和促进社会发展的能力。

（二）思维品质

《普通高中英语课程标准（2017版）》明确阐明了思维品质的内涵，思维品质是英语学科核心素养的四个关键要素之一，它是英语学科核心素养的心智特性的重要体现，主要指在思维品质的逻辑性、批判性、创新性等方面的表现能力和水平，包括辨别、分析语言以及文化中的具体现象，分析、推理信息之间的逻辑关系，创造性地表达自己的观点等方面的能力，并且具有现阶段运用英语进行思维训练和独立思考的能力。

20世纪50年代初期，西方的一些研究者就已经开始对思维品质进行探索。

美国心理学研究者Guilford（1950）以思维的智力三维框架为基础，着力分析了思维和创造力的关系，并且强调创造性思维的关键是发散思维。斯米尔诺夫（1956）特别强调了思维的个性品质，说明思维品质（智慧品质）主要包括思维的独立性与灵活性、深度与广度等几方面。波果斯洛夫斯基(1979)指出智慧品质体现了人的思维活动的特点，对个性的思维品质起着决定作用，它涵盖了智慧的深刻性、思维的逻辑性和批判性等。

国内一些专家也进行了思维品质内涵方面的探究。邵志芳（2001）对思维品质的概念提出了自己的见解，她认为思维品质由深刻性思维、开放性思维、准确性思维、灵活性思维等几方面构成，其中深刻性思维是一切思维品质的基础。黄远振和兰春寿等（2014）提出思维品质实际上是一个集逻辑性、批判性和创造性思维为一体的三维立体化结构体系。林崇德（2005）明确指出思维品质是个体身上所展现的心智与能力的特征，不同的人思维方式不同。

虽然专家和学者们对思维品质的概念各自有不同的见解，但是可以看出，他们都是在衡量和判断思维品质这一高级的认知活动。从《高中英语新课程标准（2017版）》的要求考虑，本研究将通过英语阅读来训练学生思维品质的逻辑性、批判性和创造性。

（三）阅读教学中的思维品质

《普通高中英语课程标准（2017版）》中明确提出，在阅读课中培养学生的核心素养是重中之重，教师不仅要引导学生根据阅读文本内容打开已有背景知识，而且要引导学生对阅读文本进行深度加工。阅读是高中英语教学的一个非常重要的组成部分，其教学内容不仅包括词汇、语法，还包括一定的思维内涵。根据学生思维发展的特点，阅读教学应该以"本"为基础、逐层递进、创建情境、丰富含义、调整速度并整合建模、激发问题、扩大阅读（叶宁庆，1997）。根据英语教学的内容，阅读课主要包含读前阶段、读中阶段和读后阶段，每个阶段都有相应的阅读教学活动（Farrel,2007）。激发学生的阅读兴趣，引发求知欲是阅读前阶段的核心步骤，英语教师需要引导学生对文本具体内容进行预测，这是读前阶段十分有效的教学方式。阅读的读中阶段，学生通过概括段落大意、填写图表等活动启迪思维，从而达到真正理解文本的目的。阅读后的活动注重学生对所学知识的"输出"，侧重于检查阅读效果及学生是否真正掌握语言知识、文章主旨（施丽华，2002）。

《普通高中英语课程标准（2017版）》给出了新课标下的教学案例中运用了读前、读中和读后阅读教学，说明读前、读中、读后三个阶段在英语阅读教学中可以用于核心素养中思维品质的培养。

（四）阅读思维

伴随我国基础教育改革的发展，阅读思维品质的培养已逐渐成为学科教学的一个重要目标。黄振定指出，"语言的灵活性来源于思维的丰富性，语言的准确性来源于思维的确定性"，这说明语言的特性在某种程度上是由思维品质所决定的。思维是人脑的活动，是人所特有的反映形式。哲学、心理学、社会学和语言学等众多学科从不同角度对思维进行了研究，本研究主要从心理学这一角度来探讨思维。

阅读思维基于辩证唯物主义反映论，对于阅读材料进行加工，以深刻性、灵活性、批判性、敏捷性和独创性的思维活动对阅读内容进行理解与内化，是人脑的高级认知能力，是对阅读材料的间接概括与反映。阅读思维全面反映学生的整体性思维能力，我国心理学家朱智贤教授认为："思维是人脑对客观事物的本质和规律性关系所作出的间接的、概括的反映。"阅读思维注重对阅读材料的深度加工与信息输出，对给定信息予以描述和超越。

（五）英语阅读思维

西方心理学家吉尔福特（J.Guilford）则从思维品质中的创造性思维入手，着重研究了灵活性、发散思维和创造力，并指出发散思维是创造性思维的核心。国内不少学者对思维品质也有相关的研究。朱智贤与林崇德教授认为思维品质是个体思维活动中智力特征的表现，即思维发生或发展过程中所表现出来的个性差异，又可叫作思维的智力品质。

根据《普通高中英语新课程标准 2017 版》，英语阅读思维指思维在逻辑性、批判性、创新性等方面所表现的英语语言能力和水平。英语阅读思维体现英语学科核心素养的心智特征，英语阅读思维的发展有助于提升学生在英语学习过程中的分析和解决问题能力，使他们能够从跨文化视角观察和认识世界，对事物做出正确的价值判断。英语阅读思维的培养目标在于能辨析语言和文化中的具体现象，能梳理、概括信息，能构建新概念，能分析、推断信息的逻辑性，能正确批判各种思想观点，具备初步运用英语进行独立思考和创新思维的能力。

本研究基于《普通高中英语新课程标准 2017 版》，对英语阅读思维品质的定义和培养目标进行科学理解与界定，分别从思维品质的批判性、逻辑性和创新性三个方面出发，以高中英语阅读教学为载体，探究在高中英语阅读教学中培养学生思维品质的教学活动。

二、思维品质的三个维度

思维品质的逻辑性是指人们能够通过分析、综合、逻辑推理、辨别等形式来揭示事物的内在联系并且找到其发展规律，反映现实的思维方式（教育部，2018）。陈晨（2018）指出思维品质的逻辑性包括形式逻辑思维和辩证逻辑思维，形式逻辑思维主要包含比较、分类、抽象等思维形式，而辩证逻辑思维主要包含辩证的分析、综合、判断等思维形式。张锦坤教授通过语言创新思维结构图指出逻辑性思维技能包括分析、演绎、抽象、概括一系列的表现。还有学者指出思维的逻辑性是指人们在论述观点或者表述事实的时候，前后内容是否相关联，段落之间是否条理清楚，所有的论据是否支撑所有论点等；逻辑性思维主要展现能够深入具体内容，正确地区分主要的和次要的信息、实质的事物和表面的现象，明确抓住事物的核心和本质，理清细节之间的关系。

思维品质的批判性（Critical thinking）英文含义出自希腊文"kntikos"，指的是洞察力。在不同文献中又译作反省性思维、思辨能力、审辨式思维等。批判性思维是创造能力的重要前提。Facione（2006）在Delphi调查报告中明确提出了批判性思维是有目的地判断的概念，并且它主要表现为评价和推理。文秋芳（2001）对于批判性思维提出了自己的见解，她认为批判性思维包括三项核心技能：推理、评价及分析的思维技能。黄远振、兰春寿（2014）指出批判性思维技能包括提问、解惑、判断、推理、寻找共同点和区别以及评估预测。郭华（2016）指出，思维的批判性又叫思维的评判性，是积极熟练地应用、支配信念和评估的过程，教师在课堂上要重点培养学生成为critical readers。王习胜（2006）给批判性思维下了一个简单的定义，思维的批判性是人们自觉地对某种理念或行为进行判断、推理的思维过程。梅德明和王蔷（2018）强调批判性思维就是要注重理性思考，敢于提出疑问，而不能无所谓地仅靠主观判断接受所有的信息。

思维品质的创新性（Creative thinking）是指通过独立思考，创造性地发现和解决问题，具有敏捷性、广阔性、流畅性、新颖性等特点（教育部，2018）。刘春雷等（2009）强调，创新性思维品质由发散思维和聚合思维组合而成，发散思维主要指想出各种不同的答案，产生大量的独特的新思想。而聚合思维是指思维从一个方向思考只得到一个答案。黄远振和兰春寿（2014）认为创新性思维品质是语言分析、理解中创新思维的产品，主要表现为联想、想象、隐喻、通感、模仿、创新。彭聘龄（2011）认为，思维的创造性可以说是思维最核心的能力，同时也是多种思维综合的表现，人们从不同的方面思考产生与众不同的新思想，并且具有创新意识的人创新思维比较强，能够根据不同情境和问题提出自己新的观点和想法。梅德明、王蔷（2018）认为具备了逻辑性思维和批判性思维能力的高中生能够在运用语言以及解决问题中具备创新意识。

三、从阅读到思维品质的理论基础

（一）布鲁姆认知目标系统

思维是一种高级的感知过程，在这个感知过程中，人们从各个环节入手提升思维品质。1956年，布鲁姆提出了布鲁姆认知目标分类体系。该体系中的识记、理解、运用、分析、综合及评价被看作是认知学习目标。在此研究基础上，Anderson和Krathwohl将该模式修订为：记忆、理解、运用、分析、评价、创造（见下表10-1），其中，高阶思维这一层面是分析、评价和创造，记忆、理解和运用被划为低阶思维（安德森等，2009），人们能够识记，理解并运用知识是不够的，还必须学会分析、评价、勇于创新、敢于质疑，表达自己的独到见解，在任何情况下具备解决问题的能力。分析、评价、创新、质疑等都属于思维品质的表现形式，基本上涵盖了布鲁姆认知水平框架的六个层级。因此，要达成学生的认知目标就需要培养学生的思维品质，而阅读教学最终目的是实现语言的输出，而语言输出的本质是创造，不是复制或简单模仿。因此，教师可以设置一系列的阅读活动对学生的思维品质进行训练，进而达成学生的认知目标。

表 10-1 Andeson 和 Krathwohl 的认知层级模型

层级	含义
创造Creating	将分散的、无序的预立意义重组，使其成为一个不同于原有模式或结构的新型模式或结构
评价Evaluating	按照规定标准和要求对事物做出正确的判断
分析Analyzing	将所给资料按其构成成分分解，理解各组成部分之间的关联方式
运用Applying	在给定的语境或情形中能够应用和运用所掌握的知识
理解Understanding	从所给的口头、书面或图形等交际信息中获取或确定意义
记忆Remembering	从长期储存的知识积累中提取或重新获得相关的知识

（二）聚焦思维结构的智力理论

林崇德教授（2002）提出了聚焦思维结构的智力理论，其中思维结构模型是该理论的核心，主要包含六种成分。如图所示。

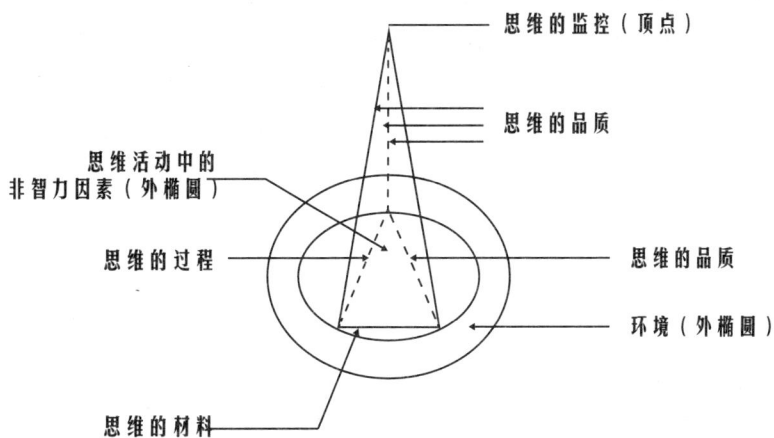

如图就是思维结构模型的六种成分。第一个成分是思维的监控。它是整个思维结构的大主宰，主要作用是搜索恰当的思维材料，监管非认知因素，选取恰当的思维方案，确定思维的最终目的，检查思维结果是否与确定的目的保持一致。如此反复以实现真正的思维目的；第二个成分是思维的过程，它是由确定目标、接收信息、加工编码等六个方面组成一个框架；第三个成分是思维的目的，它主要起着方向的作用，对预期结果进行核对，以此确定是否达到思维的目的；第四个成分是思维的材料，这主要是对外部信息进行内部处理，由包含感觉、知觉和表象的感性材料和包含概念的理性材料组成；第

五个成分是思维活动中的非智力因素，主要源自思维材料和思维目的之间的关系，指人们在认知过程中包括能力、兴趣、性格的心理因素；最后一个成分是思维的品质，它是对思维结果进行评定，主要包括五种形式：灵活性、灵敏性、深刻性、批判性和独创性。

综上所述，注重对学生思维品质的培养，主要是思维品质的三个维度——逻辑性、批判性、创新性，这与林崇德的聚焦思维结构的智力理论提出的思维品质概念不谋而合，并且为本研究思维品质的培养提供了思路。其次，教师在阅读教学过程中也要关注学生的非智力因素，如激发学生学习热情和动机，通过关注学生的阅读情感体验，进而提升思维品质。

四、高中生英语阅读思维品质较低的原因分析

（一）英语课堂教学模式固化单一

近年来，高中英语教师普遍倾向于使用任务型教学法，试图引导学生带着问题去完成阅读任务。这种任务型教学的模式由几个任务设计组成，基本能够满足任务型教学的要求，并填满一堂英语阅读课。但事实上，教师所设计的大部分阅读任务都属于信息查找题，学生很容易就能够从课文中原原本本找到答案，教师花几分钟时间核对答案后便进入下一个教学步骤，此类型的阅读任务并不是在培养学生的阅读能力而是在对学生进行测验。接受访谈的大部分英语教师提到，当前高中阅读课的课时普遍为 2~3 个课时，一堂课的时长为 40 分钟，要在这短短的时间内完成阅读生词教学以及任务型教学流程，学生常常没有足够的时间。这种教学设计虽然让学生对文章的表层含义有了大致的理解，但是却忽略了对篇章结构的整体分析，无法让学生从现实意义的角度探讨这篇文章的深层内涵，更无从谈起思维能力的培养。

（二）学生思维能力培养未受重视

《普通高中英语课程标准（实验）》指出，高中英语教学应该着重培养学生以下几方面能力：在人际交往中得体地使用英语的能力；用英语获取和处理信息的能力；用英语分析问题、解决问题的能力以及批判性思维能力；教师在教学中应发展学生的批判性思维能力和创新精神。访谈过程中，当被问及高中英语阅读课是为了培养学生的什么能力时，几乎所有教师都提到了信息提取能力，却少有教师提及思维能力。这样的情况并不难预见，在当前中国的教育体制下，高考是决定学生命运的非常重要的一次考试，分数的高低常常被直接等同于阅读能力的强弱，高考为中心的教学模式并不少见。由于高考对思维能力并没有明确的要求和体现，所以往往受到高中教师的忽略。其次，部分教师认为学生的英语水平参差不齐，有的学生在语感、词汇方面并未达到一定的水平，若在课堂上对他们进行思维能力的相关训练，反而浪费时间，得到事倍功半的效果。这些

教师认为与其把课时花费在效果并不显著的思维能力培养上，还不如用于培养学生的信息提取能力来得更行之有效。有的教师则认为，培养思维能力是理科学科的任务，语言学习就应该专注培养学生的语言技能。然而，"授之以鱼不如授之以渔"，语言学习不仅是为了培养学生的语言技能，更为了培养其对语言的整体概念，使之日后即使没有教师的指导也能自主学习，从而达到终身学习的目的。

（三）英语课堂语言技能训练的局限性

当前，大部分英语教师是文科专业出身，文科与理科在思维能力的培养上有很大差别。语文、历史、政治等文科科目强调的是识记和背诵，对于一些记忆力比较好的学生来说，他们甚至能够在不理解一个文本内容的前提下就把它背下来。与此相反，数学、物理、化学都是非常强调思辨能力和逻辑思维能力的科目，单单依靠背诵是无法取得高分的。语言学习常常强调模仿，从初中起教师便要求学生跟着示范跟读课文单词，到后来要求学生学用高考满分作文模板练习写作，乃至要求学生模仿英美原声电影学主人公说话的腔调、语气，无一不在要求学生做到一模一样。模仿不失为一个学习外语的有效途径，但在模仿的过程中，许多学生误解了语言学习的本质，一味模仿而不动脑思考。

黄源深教授在分析外语师生缺乏思维能力的问题时提出了一个概念：思辨缺席症，并提出学外语出身的人，稍不注意就容易得上这种思辨缺席症。部分教师承认，他们学生时代受到的外语教育方式对日后他们的从教生涯产生了很大的影响。教师所接受的重模仿轻思考的语言学习方式，很有可能成为他们日后教授给学生的学习方式。从语言习得的方式来看，英语阅读应是思维的过程，而不是影印和复制原文的过程。遗憾的是，教学中教师没有从广度和深度上引导学生思考语言与社会、文化等方面的联系，往往导致学生读了文章之后却不能把握其深刻含义。

五、在阅读教学中提升思维品质的路径

1.教师应加强思维品质的学习与了解，提高思维品质培养意识，进而提升自身专业素养。作为英语核心素养的一个关键要素，思维品质无疑是高中英语教学的重中之重。但是通过对该校教师的访谈了解到他们对思维品质的理解认识不足，且在英语阅读方面的培养也不够重视。所以教师应加强思维品质的学习，注重通过英语阅读教学来培养学生的思维品质。

2.读前阶段激活思维，导入新颖性。在读前阶段教师可以通过视频、图片、文字等多种方式引起学生兴趣，并进行积极预测，让学生积极地思考，从而培养学生思维品质的批判性。如本研究案例中的专家型教师，通过呈现与主题相关的图片激活学生关于主题的背景知识，有利于培养学生推理、判断的思维能力，进而训练学生思维品质的批判

性。在预测过程中，教师设计的问题要也要按照逻辑顺序安排预测，结构严谨，紧紧围绕文章主题，思路清晰，为文本深层次意义的理解奠定基础。教师在教学过程中一定要摆脱死板的教学方式，这样学生才会有兴趣去学习新知识。

3.读中阶段训练思维，创新教学。在阅读中阶段，教师应了解当前学生的思维层次，课上以学生为主体，教学活动紧紧围绕学生展开，由易到难，循序渐进，活动与活动之间要有层次性和关联性。在教学过程中以各种不同的问题引导学生积极思考，提升英语阅读学习的参与度。同时教师要创新课堂教学，例如通过利用思维导图与传统教学相结合，将知识重点进行梳理，便于学生迅速理解和掌握，以此培养学生英语思维。利用互动教学、情景教学等方式让学生在文本信息和原有信息之间建立起符合逻辑的关系，训练了学生的分析、概括和辨别等能力，从而培养了学生思维的逻辑性、批判性、创新性等思维技能。

4.读后阶段拓展思维，学生自主讨论。在读后阶段，教师要善于让学生进行小组讨论，重视课堂的互动，开发学生的思维，对文本问题进行思考、判断、质疑、评价和交流，拓展学生思维的深度和广度，提高学生的参与度与积极性，也有利于培养学生思维品质的批判性。同时根据所读文本让学生写读后感、读后续写、改写、仿写，学生根据所学语篇结构和语言知识，表达自己的想法，通过语言输出这一过程，帮助学生巩固文本信息的同时培养学生的批判性思维和创新性思维。

小结

新课标中提出的英语学科核心素养意味着发展学生思维品质是目前英语教学的主要目标之一。要真正将核心素养的理念落实到课堂阅读教学中，教师需要与时俱进，及时更新教学理念、转变教学方式，在教学过程中要有意识地、自觉地关注学生的思维品质的发展，努力优化教学方式，在进行阅读教学设计时自觉地聚焦学生思维品质的发展。

第二节 高中英语写作教学中学生创造性思维能力的培养

一、高中英语写作教学与学生创造性思维能力

（一）思维和语言的关系

英国教育学家爱德华·德·波诺认为："教育就是教人思维。""思维作为一种能力和品质，是人的智力的核心、智慧的集中体现。"在长期的实践过程中，人类通过对客观事物的反复认识，在头脑中产生概念，然后运用概念做出判断，再运用判断进行推

理，这就形成了人们的思维过程，人的思维活动是靠词、词组、句子和句群等语言形式来表达的。也就是说，思维是人的头脑反映外界事物的认识活动；而语言则是人们相互交流思想的工具。因此，思维和语言之间有着密不可分的关系。人类用语言进行思维，语言在某种程度上决定思维。语言与人类的大脑活动和心理过程有着密切的联系。思维离不开语言。语言和思维——外壳与内壳，这种辩证关系决定着外语教学的过程本该是最能鲜明体现思维的运用和发展的过程。思维是能力的核心，能力是一个结构复杂的系统，从英语学科教学培养能力的角度讲，每一种能力都是由许多成分或基本要素构成的整体。英语能力是由听、说、读、写能力和对语言材料的理解力、判断力、概括力的成分构成的整体。一切能力的构成成分中，思维能力是最基本的，它在各种能力中多占据核心地位，起着主导作用。

美国学者唐纳德•奎恩说："在整个写作中，写作和思维是同时产生的，写作的过程也就是思维的过程。"写作活动的核心就是作者的心理活动。研究显示，写作是一连串的思维过程。作者在大脑长期记忆系统里提取写作数据及写作策略，以解决写作过程里不断涌现的困难及障碍。不会写作，或者对写作感到困难，其实就是不会思维、不会想，想得不好，所以写得不好。如果教师了解学生的写作思维过程，判断到学生真正的写作能力，并能够介入学生思考的过程中，便能根据学生在写作过程里遇到的困难，提供帮助和指引，对症下药，从而改善学生的写作能力。

（二）创造性思维与英语写作教学

素质教育的核心是培养学生的创新能力，要使学生具有创新能力，首先要培养学生的创造性思维能力。创造性思维是指用一种新的方式解决某个问题的思维过程，是具有创见的思维。创造性思维的基本成分是发散思维和集中思维，它需要思维的灵活性、敏捷性和灵感的迸发。创造性思维对于写作来说非常重要，因为写作本质就是创新，写作的创新性主要表现为两个方面：（1）思想主旨方面的独到见解；（2）形式方面的精美奇巧。写作过程是一个创造性思维的过程，它不仅需要运用创造性思维探讨事物的本质规律及其联系，而且还要把思维成果用语言文字表达出来，从而最终实现写作的目的，所以英语写作教学很适宜创造性思维的培养。

（三）当前我国高中英语写作教学状况

长期以来，在我国英语写作教学领域，成果教学法（the product approach）始终居于主导地位。如何有效地进行英语写作教学一直困扰着广大英语教师。"给出题目，提出要求，并让学生在课内或课外规定的时间内完成一篇作文，之后上交给教师批改。"是传统英语写作教学的一种模式。这样的训练模式，往往使大部分学生写作相当被动，缺乏积极主动性和写作的热情，同时使广大教师任务繁重，埋头于批改学生作文的语法和词汇等细节性错误，形成了"学生听到写作心烦，教师见到习作头痛"的现象，更不要说促进学生创造性思维的发展。英语写作是一种具有创造性的语言思维活动，而不是简单地再现语言知识。

要培养学生的创造性思维、创造精神，首先必须转变我们教师的教育观念。在具体学科教学中，我们应当从以传授、继承已有知识为中心，转变为着重培养学生创造性思维、创新精神。现代教学理论认为向学生传授一定的基本理论和基础知识，是学科教学的重要职能，但不是唯一职能。在加强基础知识教学的同时，培养学生的创新意识和创造智能，从来就有不可替代的意义。只有培养学生的创新精神和创造能力，才能使他们拥有一套运用知识的"参照架构"，有效地驾驭、灵活地运用所学知识。形象地说，我们的学科教学的目的不仅是要向学生提供"黄金"，而且要授予学生"点金术"。

（四）在高中英语写作教学中培养学生创造性思维能力的有利条件

1. 英语写作教学过程是创造性思维的运用过程。

培养和锻炼学生的创造性思维是英语写作教学的教学目标之一。发散思维和集中思维是写作教学中教师引导学生经常运用的思维方式，教师要在课堂教学中为学生创造发散思维的情境，鼓励学生多角度、多方位地思考，培养他们的发散思维能力。鼓励发散并不是不要聚合，相反，适时地对学生发散出来的思维成果进行必要的点拨、评价、选择，有助于他们思维独特性的进一步发挥。在教学中，教师也应引导学生对发散思维的成果进行集中思考，聚合出正确的答案。在英语写作教学中将发散思维和集中思维相结合，才能达到提高写作能力和锻炼思维的双重目的。

2. 新的英语写作教学法——写作过程教学法的应用有利于培养学生的创造性思维能力。

长期以来，在英语写作教学中占统治地位的写作结果教学法认为写作与语言知识相关，强调词汇、句法和衔接手段的正确使用。在教学中注重学习、分析、评论各种优秀范文的写作特点和结构模式，写作的形式以模仿为主。这种教学法抹杀了学生的创造性，结果使学生写出来的文章缺乏新意，例证雷同。近年来，引入和逐步推广的写作过程教学法认为写作是个意义创作的过程，它要求教师指导写作的全过程，通过学生的积极参与和教师的监控，实现在整个写作过程中的师生交流。这种教学强调发挥学生的积极性、主动性和创造性，教师注重传授和培养学生在写作时应具备的正确思维方式，演示正确的构思过程。例如：在写作前的构思阶段，教师引导学生从多方面对主题进行思考，通过提问的方式帮助学生形成构思。随着问题深度和难度的逐步增加，学生的认识也逐步深刻。初稿阶段是学生将构思付诸文字的过程，教师应鼓励学生大胆地使用新词和新颖的表达方式。应用新的写作教学法有利于启发学生的思维和培养学生的创造性。

（五）在高中英语写作教学中培养学生创造性思维能力的必要性

1. 创造性思维对于写作过程有着多方面的重要意义。

首先，它有利于获取和分析材料，写作时，我们利用发散思维多方面、多角度地思考问题、收集材料，又利用集中思维对收集到的材料进行分析和研究。其次，它有利于提炼和深化主题，提炼和深化主题的创新思维主要有创造性的概念判断、推理、分析和综合、归纳与演绎。同时，创新思维也有利于形成整体结构，结构就是文章的整体框架，包括开头、结尾、起承转合、过渡照应等。结构的安排与布局谋篇的方法，通常有发散与集中、比较与分类、分析与综合等。只有学生拥有创造性思维能力，才能写出观点新颖、思想深刻、结构合理的文章，写作时才能思路开阔、旁征博引。在写作教学中培养学生的创造性思维能力，具体来说就是培养发散思维、集中思维、想象力、思维的灵活性、敏捷性以及独立发现问题、解决问题的能力。

2. 写作能力综合反映了认识和思考能力以及文字运用能力

现代心理学认为语言也是智力。如哈佛大学心理学教授 Howard·Garder (1983) 在他的著作 *Frames of Mind* 一书中指出：智力的本质是"在一定的社会文化背景下，个体用以解决自己面临的真正难题和生产及创造出社会所需的有效产品的能力"，其中他将语言智力列为第一种智力，因为"语言是最广泛最公平地在人类中得到分享的一种智力"。语言智力实际上就是指读写和言语交流的能力。一个人要想在交际中获得成功，就必须很好地掌握语言的音韵、句法、语法和实效四要素。所以新大纲提出了在英语学习中发展学生智力的新观点。写作活动对于发展认识能力和思维能力有重要意义。写作能力是认识和思考能力以及文字运用能力的综合反映，经常练习写作可以促进学生认识能力与思维能力的提高。因此，英语写作能促进思维能力的提高。

二、在高中英语写作教学中培养学生创造性思维的教学方法

（一）激发学生的英语学习兴趣，培养创造意识

兴趣是一种推动学习的重要心理因素，是一个人力求接触、认识、掌握某种事物和参与某种活动的心理倾向[16]。"从教育心理学的角度来看，学习过程中影响学习效果的最大因素之一是学习者的情感控制。"这里所说的情感因素是指学习者由于某些心理因素所引起的对英语学习的阻力。因此，只有当教学内容引起学生的兴趣时，学生才能集中注意力，才能对语言材料更好地感知、记忆、思维和想象，从而获得更多、更牢固的知识与技能。所以，在教学中，教师要尽量激发学生的兴趣，活跃课堂气氛，让每一个学生的大脑都兴奋起来。与此同时，还要十分注意学生导读后的成就感，即使是很小的进步和新的想法都要加以肯定、表扬，以便进一步激发学生的写作兴趣。

我们认为，英语写作教学是一种指导学生积极发挥主体作用和创造性的过程。要想让每位学生都能主动积极地进行写作，教师在教学过程中就要激发学生的兴趣、启发学生的创造性思维，给学生留下广阔的思维空间。教师还应在教学中不断激发并强化学生的学习兴趣，引导他们逐渐将兴趣转化为稳定的学习动机，树立自信心，锻炼克服困难的意志，认识自己学习的优势与不足，并乐于与他人合作，养成和谐健康向上的品格。教师应引导学生从感兴趣的话题出发，学生感兴趣的题材往往是日常生活中见到过、接触过或者能够想象得到的，如家庭生活、学校生活、熟悉的人物、宠物、旅游与风景等。教学中可以鼓励学生自主地选择主题写作任务，鼓励他们大胆地构思、大胆地创新，从不同的角度和立场来阐述自己的观点、想法。教师也可以鼓励学生参加学校组织的各项活动，如文体活动、环保活动，丰富学生的人生体验，使他们写作时有话可说，同时，也可以引导学生从教材中寻找写作素材。最后，我们还可以走出课堂，在课外阅读和日常生活中积累素材。

（二）教师指导学生进行阅读，增加信息量

读是一种与写关系更密切的输入活动。要想提高写的能力必须坚持大量地阅读，从中吸取知识和技能，扩大词汇量；同时也可用写来检验读的成绩；读过的材料可用来进行缩写、改写或者仿写，也可以作摘录或写评论。马广惠、文秋芳（1999）通过研究发现阅读能力对写作能力有影响作用，因为阅读是写作的基础，正如我国古训说的那样"熟读唐诗三百首，不会作诗也会吟"。

英美国家中许多人也认为"Writing comes from reading"或"Reading is the mother of writing"。学生通过有意识地大量阅读既可复习和巩固已学过的知识又可扩大词汇量，增加背景知识素材，培养语感，从而开阔视野，扩大知识面。但是，由阅读到写作是一个过程，在这个过程中必须调动学生的积极性和联想能力，必须将所学知识与已有材料进行增删取舍，合理地组合。正如心理学家皮亚杰（Piajet）指出的那样，认知发展的过程包括两个阶段："同化"和"顺应"。同化指学习者将新知识通过整理纳入自己的原有系统，顺应指学习者将原有的知识结构进行修正以适应接受新的知识。那么在阅读的基础上，让学生进行大量的写作实践，如写读后感、读书札记或写出文章的提纲（Outline）等显得尤为重要，因为信息的摄入是靠读完成的，而信息的反馈与提取是靠写作完成的。在写作的过程中大脑必须对思维进行加工和提炼，因此在整个学习心理过程中写作是最积极和有效的一环。所以，教师应对学生进行各种形式的写作能力的训练。阅读材料的选择要尽可能注意以下几点：（1）难度适中，梯度分明，符合学生的年龄特点、学生的认知结构，并要有利于教学的循序渐进；（2）体裁多样，题材丰富。这样选择阅读材料有利于开阔学生的视野和激发学生的阅读兴趣；（3）选材要具有知识性、趣味性、现实性和目的性；（4）阅读材料所设计的练习要有利于学生创造性思维能力的培养和提高，要有利于开发学生的智力，比如，英语教材、英语周报和杂志等可提供适合学生阅读的材料，同时，利用新的传播媒体——互联网，教师也可以采集到大量的英语阅读素材。本研究中的阅读材料主要是人教版《全日制普通高级中学（必修）英语第二册（上）》教科书中的综合技能部分。也可根据学生的实际情况，以学生的生活经验和兴趣为出发点，灵活地和有创造性地使用教材，让学生自主选择写作主题，提高教学效果。

（三）运用创造性思维策略，培养学生的创造性思维能力

1. 营造课堂民主气氛、设计开放性的问题，培养学生的发散思维和集中思维。

发散思维也叫作求异思维，是从同一来源中探求不同答案的思维过程和方法，思维从不同的方向进行发散，即向四面八方进行思考；集中思维也叫作求同思维，是从多个来源的材料中探求同一答案的思维过程和方法，思维集中于同一方向，即向同一目标进行思考。要培养学生发散思维的能力，在英语写作教学中就要营造一种开放、民主的气氛，让学生畅所欲言，给学生开放性的问题（Open-ended questions），所谓开放性的问题就是问题的答案并不唯一，一个问题对应着多个答案。课堂上，老师应引导学生尽量从多种角度、多个方面来思考问题，探求问题的多种解决途径。教师在设计写作主题时，可以从多个角度发展学生的发散思维，从而促进学生创造性思维能力的发展。

（1）改写作文

改写可以有多种形式：将一个段落的时间或作者写作角度改变（如第一人称改为第三人称），学生则在其他地方须作相应的变动，也可打乱句子的连接顺序，要求学生按逻辑关系重新组织文章，或用适当的连接词将句子自然连接起来，使之前后呼应。改写还可以将文章的题材改变（如将对话改成短文）。改写是一种多角度多方向的创造，可以是同一内容不同视角，也可以是同一内容不同文体，还可以是同一内容不同组合、不同人称、不同陈述对象等，从而发展学生的发散思维，以此促进学生创造性思维能力的提高。

（2）扩写作文

扩写是在所给段落的前后加上前言或后语，使前后语句联结自然、逻辑合理、首尾呼应。一个事件可能有多种原因，因此也会产生多种结果，所以扩写可以使学生充分发挥想象力和创造性思维能力，锻炼学生活用语言的能力。

（3）图表作文

图表作文是指学生看一幅图或一组图用英语写短文。这时图表提供了一定的语言背景，学生要根据对图表的理解，有效地组织语言进行表达。有时这样可以使学生有较大程度的发挥，如在几幅图表之间加上适当的联想，使之前后连贯。看图说话对于培养学生的观察能力、想象能力和组织语言的能力较有效，也是前几年高考中常见的写作任务。图表内容，可以是数据信息比较、个人简历、活动安排等，这就需要学生进行信息转换，将数字、信息要点用语句表达出来。图表写作是一种半控制的写作，学生表达出来的信息教师可以预见得到，同时学生又可以自由地发挥，从而培养学生的创造性思维能力。

2. 教师鼓励学生进行大胆想象，培养创造性思维。

爱因斯坦说过："想象力比知识更重要，因为知识是有限的，而想象力概括着世界上的一切，推动着进步，并且是知识进化的源泉。"要想创造必须先有创造意识和创新精神，因此，在英语写作教学中要鼓励学生进行大胆的想象和联想，点燃想象思维的火花，引导学生在思考问题时，用自己的一双慧眼去发现问题，找出规律，独立灵活地加以运用，使学生的创造意识和创造性思维得到开发。英语写作教学对于培养学生的创造性思维能力，具有得天独厚的优势。写作知识的积累不是英语作文教学的目的，而是为了提高学生认识生活和表现生活的能力，在写作上进行再创造。如果只知道进行知识积累，缺乏创造性思维，就不可能把知识转化为能力，那样就什么事情也做不好。因此，在教学中培养学生创造意识和创新精神就显得尤为重要。写作教学是创造性思维活动，更是创造性劳动，要用科学发明的创造精神对待作文。要进行这种创造劳动，就必须在英语写作教学中对学生进行创造性意识和创造性思维的培养。

（1）青少年想象的发展特点

随着教学活动的深入，中学生的想象特别是高中生的想象，大多是有意识的、有目的的。想象中的创造性成分在逐渐地增加，到高中阶段，创造性想象在想象中基本上处于优势地位。在全国青少年科技作品展览中，数以千计的科技作品均出自中学生之手；高中学生写作小说的、搞发明创造的大有人在。由此可见中学生随着年龄的增长，其想象的创造成分也日益增多，这些特质就为他们以后创造发明提供了一个重要的基础。中学生的理想，既有现实成分，又具有浪漫色彩。国内外的一些研究发现，在整个中学期间，初中生的理想和高中生的理想是不完全相同的，这里有一个发展的过程。在1979年和1980年，韩进子教授根据两次调查材料，把中学生理想的形成从认识能力角度划分为三种发展水平：一是具体形象理想，二是综合形象理想，三是概括性理想。调查资料表明：中学低年级学生（包括小学高年级）的具体形象理想较多；中年级学生的综合形象理想较多；概括性理想则在中学高年级较多。

（2）通过形式多样的想象性作文，有效地增强和丰富学生的想象力，进而促进学生的创造性思维的发展

①假想作文。也就是假设某种情景，结合自己的生活经验进行联想和补充，展开想象构思作文。《假如记忆可以移植》《假如我有一支神笔》《假如人生可以重来》，或编述故事，或发表见解，也可以是展望未来的主题。

②科幻作文。科幻作文是一种与生活愿望相结合并指向未来的想象作文。如《20年后的我》《我的绿色环保汽车》《我的太空之行》等。

③情景作文。在培养想象训练中，可以让学生在写作中进行扩展性描述、推测性填补、传奇性编创，"补开头""写中间""续结尾"等。

④续写作文，就是根据故事可能发生的变化，利用头脑中原有知识发挥想象，续写故事可能会出现的结局。这种写作技能的培养大大有利于培养学生的想象力和创新意识。

例如，在学完"THE NECKLACE"之后让学生设想 When Mathilde knew Jeanne's necklace was only worth five hundred Francs, but she had ten years of hard work ,what would she do?

If you were Jeanne, what would you do after you know what happened to Mathilde?

（四）教师改变传统的评定学生学习成绩的观念，鼓励学生创造性行为

吉尔福特在《创造性才能》中指出：学生"在观念产生期受到批评的话，结果会减少输出，即使这种批评是建设性的"。这就是说，如果学生的独立思考观点受到鼓励，他就会继续探寻；反之如果出现了错误就受到嘲笑的话，他就会失去寻求新观念的习惯，从而阻碍学生再次进行独立思考创造。

教师在评价学生作文时，不应只是关注学生写作的语法，应更多地关注学生文章的内容和结构，表扬具有创意的同学。因为教学中我们发现，如果我们的评价是针对学生文章的内容和结构的话，学生就会更加注重从整体上把握英语作文；但如果采用片面强调语法的批改方式，学生比较容易受到打击，从而阻碍学生创造性思维能力的发展。

《课程标准》明确指出，"在英语教学中教师应该自始至终关注学生的情感，努力营造宽松、民主、和谐的教学氛围"。所以片面强调学生英语作文中的语法问题，不利于学生在学习中培养积极的情感态度，从而不利于学生创造性思维能力的发展。

小结

《普通高级中学英语课程标准（实验稿）》对英语课程的任务是这样描述的："使学生掌握一定的英语基础知识和听、说、读、写技能，形成一定的综合语言运用能力；

培养学生的观察、记忆、思维、想象能力和创新精神。"因此,英语课程的目的不仅是培养学生的语言能力,而且要培养学生思维能力、想象能力和创造性思维能力。作为英语教学四项基本技能之一,写作是英语教学中不可缺少的一个环节,它能够客观地反映学习者的思维组织能力和语言表达能力,能够反映学习者综合运用语言的能力。因此,本文探讨了如何在高中英语写作教学中培养学生的创造性思维能力,并提出有效的教学方法和建议,希望为广大的教育工作者和一线教师提供借鉴。

第三节　思维导图在高中英语教学中的应用

一、思维导图相关理念

(一)思维导图的类型

思维导图,是将阅读篇章中呈现出的既定事实、文章中所提出的观点和文章中应用到的术语之间的关系用图形的方式展现出来,它在各个方面被广泛应用。使用思维导图能够提高阅读理解能力的观点开始是源于认知学习的理论体系,包括但不限于双重编码理论、信息处理理论和图式理论。研究者口中的思维导图其实有不同的概念,其中一种说法认为思维导图是对篇章中出现的文本信息进行空间呈现,用于辅助学习;还有一种说法认为思维导图实际上是一种高级工具,通过有技巧地对关键词进行复述,能够激活读者原有的知识,起到组织的作用,能够描述整篇文本的结构。综合以上观点,我们可以概括思维导图的共同特性有:(1)由文字(或关键词)组成;(2)对文本中的信息进行空间化描绘,表现不同概念间的关系;(3)显现了文本的整体结构;(4)能够用于不同的文本体裁(记叙文和说明文)。

思维导图的类型:不同类型的思维尽图使用不同的方法呈现文本信息,它们在图形样式和呈现的关系方面不尽相同。

1.故事图/故事结构图(Story Map):故事图(Story Map)常被用于阅读记叙文。故事图要求读者关注故事的关键要素,如人物、时间、场景、故事情节等,并用特定的结构把记叙文中的关键信息视觉化地呈现出来;同时,它能够提炼故事中的重要关系,从而对故事产生更深层次的理解。在阅读前使用故事图,可以激活学生的已有知识,把背景知识与阅读到的新信息进行联结以及明确阅读目的;在阅读中使用故事图,能够引导学生顺利读完文本、帮助他们加强对文本的理解;在阅读后使用故事图,能够帮助学生对重要的观点和信息进行总结。

2.矩形图（Rectangular map）：第二种类型的组织结构图，常用在说明文中，即矩形图。矩形图最早由心理学家谢洛姆·施瓦茨（Schwantz&Fattaleh，1972）提出。通常，矩形图是一张空白表格，并对空白处需要填写的信息进行了限制。矩形图用于描述重要的类别或关系、两个或几个人物、事物、地点、时间等之间的异同等。为了构建一个矩形图，学生需要辨别文本的主要内容，以及重要的关系和类别。矩形图还有另外一个优点，由于矩形图中体现的信息比文本中更加集中、接近，于是它能够呈现垂直和水平的概念间的关系，并从中提炼重要信息，因此，矩形图的主要目的是对概念和平行概念进行比较。研究表明，使用矩形图，能够有效地厘清关系、找到问题的答案、促进对文本中结构和关系理解。

3.语义图（Semantics Maps）：语义图是一种网状型的组织结构图。思维导图（Mind maps）、蜘蛛图（Spider maps）或旭日图（Sunburst charts）都是语义图。语义图的中心位置是一个圆圈，从圆圈向四周延伸出许多直线，看起来就像一个有射线的太阳或星星。语义图呈现的是中心主题以及与之相关的词汇、观点等，同时呈现的还有不同概念间的关系。简言之，语义图把主题置于正中心，相关概念或子概念围绕在四周，与中心主题相连，在头脑风暴活动中，语义图经常被用来在阅读前激发学生的背景知识、评估他们对特定话题的认知结构。

4.概念图（Concept Maps）：概念图会对说明文的阅读产生影响。概念图中包含了概念（通常以圆形或方形的形状呈现）和概念间的关系（通常用直线把两个概念连接起来），直线上写着词汇，称为关系词，指明概念间的关系。早期的概念图中，直线上没有关系词，后来学者们认为这些词十分有必要，因为即使是专业人士也会对图中两个概念的含义产生不同的理解。概念图的另一个特征是它们能够显示概念的垂直关系（或上下级关系）。图形的最上端往往是最宽泛、概括性的概念，依次往下呈现的是不那么宽泛的概念。概念图还能够描绘学生在文本中会遇到的各种关系，例如比较、因果、解释、顺序等，从而帮助更好地理解文本。由于概念图的基本功能是提炼文本的主要内容（或关键词）、用关系词厘清概念间的关系、显示文本的主要框架结构，因此它可以用于任何学科知识的陈述或展示，促进学生对新材料的组织、理解和记忆。

5.树形图（Tree Diagrams）：树形图是表示层级关系的一种结构图，呈现了文本的主要内容（或观点），并为文本中的不同要素建立起关系，例如由概括至具体或由具体至概括等。换言之，树形图表明主要概念与从属概念间的关系。通常，树形图可用来描绘家谱、句子的结构、社会结构、组织机构以及其他各类层级关系的图形。

6.韦恩图（Venn Diagams）：韦恩图是直线型组织结构图的一种。它由两个或两个以上重叠的圆圈组成，通常用于对两个或几个概念进行比较。最初是由英国数学家约翰·韦恩发明，并由此而得名。

二、思维导图与英语阅读

思维导图教学法，顾名思义就是把思维导图理论，特别是思维导图分析理论运用到真实情景下的课堂教学中，继而开展教学活动，其宗旨是：（1）让学生了解不同类型的阅读具有的不同思维导图结构框架；（2）让学生认识到思维导图不仅能用于总结文章内容，还可以用于以后的解题当中；（3）让学生既掌握阅读的图式结构，又能够理解整篇文章的形成过程，帮助学生理解或创作不同类型的思维导图。

本研究者在收集和研究资料后，总结出思维导图教学法应用于英语阅读教学的优点有：思维导图在英语课堂教学中的应用能让学生意识到阅读是一种可以总结出规律的理解型学习活动，而且这种活动切实是可操作的，是可以被用来理解世界的一种有效方式。用于增强学生学习英语的兴趣和信心，提高学生的阅读能力；思维导图教学法可以让学生掌握一个相对固定的思维模式，在已有的模式基础上进行信息的填充就能够增强学生理解语篇和创作语篇的信心。使学生能够充分了解整篇文章的基本观点，理清文章的结构，以便在解题时能够迅速找准信息点；从长远观点来看，思维导图教学法有利于开发学生的创造性思维。当学生掌握不同文章的结构和属于它们的不同类型的思维导图之后，就能灵活运用这些不同类型的思维导图，从而提高阅读速度。

同样，思维导图教学法也不可避免地存在一定的缺点：思维导图的规约性可能致使教师的教学过于规定化和固化。这在由缺乏想象力的教师主导的英语阅读教学活动中表现得淋漓尽致；学生的学习兴趣也很可能因此受到一定程度的影响，在学生的阅读实践中甚至会出现千篇一律的倾向。课堂阅读教学中，如果学生难以识别出英语语篇类型，就会对学生的整体阅读速度产生较大的影响。针对不同类型的阅读篇章，若选取不恰当的思维导图类型，就会影响学生梳理整个文章脉络，从而影响对文章的把握，导致解题错误；思维导图教学法也许会致使课堂教学以语篇为中心（text-centered）这一现象的出现，应用思维导图教学法的教师或许会侧重语篇的反复描述和复制而忽视学生的创造力。在梳理文章、总结归纳相应的思维导图模式后，如果教师不能引导学生将其进一步应用到其他相同类型的文本中，就会限制学生的思维；由于思维导图的种类十分复杂，课堂教学难以展示出学生将来生活中可能遇到的思维导图结构，故思维导图教学法在阅读课教学中都存在一定的局限性。教师对学生进行指导时，无法将所有思维导图模式都进行展示，这就要求教师归纳总结出应用率高的思维导图模式。

三、思维导图与英语写作

在写作教学领域中思维导图的研究多集中在描述性的文章上，可归为三类主体方向：

在英语写作教学中思维导图的功能相关研究、英语写作教学中的思维导图应用方式的探讨和在英语写作教学中思维导图应用的有效性探析。

（一）英语写作教学中思维导图应用的方式探讨

通过研读文献，对于思维导图在英语写作教学中的应用方式层面的研究呈现如下特点：国外关于思维导图的英语写作教学的应用方式的探讨最早可以追溯到 2003 年，相关研究主要集中在写作预习过程中，很少涉及后续写作编辑、测评等过程，主要体现在理论性写作教学模式和写作教学实践中的应用模式，多数研究采用了定量和定性研究的混合方法。定量研究的目的是找出思维导图的使用是否能帮助学生提高写作能力。研究人员会应用思维导图实验设计，根据测试前和后测试分数之间的差异来得出结论。也有仅仅通过课堂观察、学生问卷、教师访谈和文献分析等描述性定性研究来进行的。思维导图的英语写作教学中应用方式主要有直接呈现、间接呈现、自主探讨呈现、实验法、练习法，等等。国外思维导图的英语写作教学中应用方式主要分为直接呈现和间接呈现两个方式。

（二）英语写作教学中思维导图应用的有效性探析

思维导图在英语写作教学中应用的有效性探析研究的特点如下：（1）该研究主要是通过具体实验来实现，主要涵盖思维导图应用对学生学习态度、写作技能、写作能力、思维能力等方面的有效性探析。其中，写作能力方面的有效性探析较多。（2）思维导图在英语写作教学中的有效性探析涉及大学、高中和初中，大多数研究证明思维导图对英语写作教学有积极影响。（3）思维导图在英语写作教学中的有效性研究在不同类型学习者身上效果不同。

1. 学习态度

部分国外学者认为思维导图在英语写作教学中的应用能有效地改善学习者学习态度。Muhammad Fajrul等在 2012—2013 学年度利用思维导图技术来教授十年级学生描述性作文，经过测试，证明思维导图使学生对写作的态度有了明显的改善。

2. 写作技能

英语写作教学中的思维导图对写作技能的有效性探析涉及领域有大学、高中和初中，其中初中最多，高中最少。Hadeel（2014:88-109）探讨一种思维导图程序在培养初中生写作成就技能方面的有效性，并评估这一策略在促进学生对写作技能方面所起的作用。Fujiono（2016:110-123）的结果证明，思维导图能够有效地提高学生的写作成绩，因为思维导图可以帮助学生组织他们的思想，拓宽他们的写作技能。思维导图增强了毕业生的写作技能，并激发了课堂环境。

Hanewald 等（2012:847-853）通过合作创建数字知识地图，在本科生中培养终身学习技能，指出，思维导图的开放性使学生在发展终身学习技能的同时获得了更大的控制权。Hallen 等（2015:45-50）通过为高中英语教学制定新的创新有效的教学策略，使学生能够很容易地理解这门学科，使学生在公共考试中取得好成绩。结果表明，实验组学生在获得知识、理解和应用水平目标方面比对照组的学生好。思维导图对学生写作技能的提升有很大帮助。研究者认为，同样的策略如果应用于其他英语学科的其他分支，也可以带来积极的结果。

3. 写作能力

研究表明，思维导图应用于英语写作教学中对不同类型和不同场景下的学习者效果不同，对写作能力的提高程度也不同，结果证明，在英语写作教学中，思维导图更适合于提高高智商学生和非考试情境下学生的写作能力。Hedge（2000）的实验证明：使用思维导图的学生在编写段落时比使用传统技术的学生表现得更好。思维导图极大地提高了学生的写作能力。此外，利用思维导图技术可以帮助学生在评估情境中培养学生的认知能力和信息恢复能力。Adi(2010:9-15)在72名7年级学生中进行了一项英语写作实验。结果表明，在英语写作教学中，思维导图比建模技术更有效，思维导图更适合于高智商学生提高写作能力。也有证据表明，思维导图可能会影响学生在考试条件下规划和组织写作任务的能力。但在考试时思维导图的有效性难以实现。

综上所述，我们可以看出，思维导图已在全球教学领域得到了广泛使用，对英语写作教学中的思维导图的研究主要集中在对功能、方式和效果方面的探讨。这些研究成果在一定程度上可以帮助推进我国今后的教育改革尤其是写作教学。

四、思维导图应用于高中英语教学的优化策略

（一）学生方面

1. 借思维导图，勤练写作

大部分学生表示，写作时思维难以打开，很难顺利写出一篇英语作文，而借助思维导图线条、图像和色彩等元素，可以有效激发和整理思维，不失为一种高效的非线性的思考工具。然而它作为一种激发思维的学习方式，对于思维较难发散的学生来讲，思维导图便如同"巧妇难为无米之炊"。因为大脑中并没有一定的知识基础，所以，写前无法进行关键词的填充，这与学生自身的知识储备与概括能力有关。因此在刚接触思维导图时不要因为绘制不出来而沮丧或放弃，要坚持练习，所谓熟能生巧，一旦学会后，使用起来便会游刃有余。在刚开始学习使用思维导图时，一定会有许多不适应的地方，这时最需要的是耐心。学习一样新东西必然会遇到一些困难，一定要做到慢慢地、深入地

去了解它的内涵和用途，只有将其摸透，才能更好地发挥它的作用。并在使用过程中要抓住它的特点，摸清楚其绘制原则，来提高写作能力。

2. 提自主性，抓绘制重点

目前很多学生缺乏自主学习意识，自主学习能力较差，学生还依赖着教师的督促，课下对教师传授的知识也很少进行复习、总结。在当代教育体制的改革要求下，对于学生自主性的培养就显得尤为重要，让学生处于学习过程中的主体地位，不再只是听从教师的讲授，而是要发挥学生主观能动性，使学生从"学会"变成"会学"。思维导图的使用过程中非常重视学生自主性的发挥，学生只有发挥主观能动性才会对思维导图产生兴趣，逐渐便能掌握思维导图的绘制。不过值得注意的是，学生不能把精力都放在所谓的规则、纸张、特点等上，教师要担任指引者的角色，引导学生在学习使用思维导图的过程中一定要抓住重点，把如何绘制出契合写作话题的思维导图放在主体地位，而不是放在如何画出色泽鲜艳或华而不实的思维导图上，否则就成了喧宾夺主、本末倒置。

（二）教师方面

1. 深入了解思维导图，提高教学运用能力

教师对于思维导图的认识不够充分，会严重影响思维导图的运用。在高中英语写作教学实践中的应用，教师自身缺少相对应的专业知识，从而在实践教学过程中，能力不足[17]。为避免这种现象的发生，需要进一步加强教师对于思维导图相关知识的学习工作，让教师对思维导图有充分的认识，从而能够做到创新，在实践过程中，也能够积极地去运用，并积累经验，从而更好地做到思维导图在高中英语写作教学中的实践。首先老师应该积极地去学习相关知识，通过线上丰富的网络资源来进行学习或者是参加线下的教师培训活动，等等，对自身能力进行提高；其次，当教师拥有了相对完整的知识之后，要能将理论知识运用到实践中去，在实践过程中，不断地去运用思维导图的知识，才能真正提高运用思维导图进行教学的能力。

2. 加强思维导图应用，提升学生绘制水平。

加强对学生科学绘制思维导图的指导，提高学生科学绘制思维导图的能力和绘制水平，最重要的是教师需要帮助学生对思维导图进行全方位的深入了解，让学生正确地对思维导图进行认识。教师可以对学生绘制的思维导图进行针对性的指导和点评，也可以选择组织比赛的形式对学生绘制的思维导图进行公开展示，在展示过程当中尽可能地让学生自主对思维导图进行点评，让学生开动智慧挖掘出其他同学和自己绘制的思维导图中的优缺点，需要进行补充，有效地提高学生的积极性。同时教师在对学生进行思维导图绘制教学过程中，不仅需要向学生传授绘制相关方面的知识，更为重要的是需要让学生学会绘制的方法，指导学生的学习策略和学习手段。教师应当充分发挥自身的指导作

用和引导作用，让学生学会自主学习和自主思考，而不是简单地进行专业化知识的灌输。

教师在指导学生的学习策略过程中，一方面需要考虑学生自身的认知规律，另一方面需要将理论结合实践，具体情况具体分析。首先，教师需要明确思维导图这种学习方法在哪些学生身上适合。其次才是对学生进行指导。教师在进行指导过程当中，需要将相关的专业化理论知识进行通俗化教学，利用实际案例对学生进行指导，让学生在通俗易懂的语境下了解思维导图的概念，深刻认知和学习思维导图。教师在对学生进行思维导图绘制指导过程中，需要时刻认识到绘制思维导图只是辅助学生学习的一种手段，而不是学生学习必须掌握的一种方法。国外在相关方面的教学过程中，教师并没有专门地将思维导图相关知识传授给学生，而是在讲课过程中利用了思维导图这一方法和思想，学生在对教师行为进行模仿和不断地受到教师风格熏陶之后，自主地形成了绘制思维导图的意识。因此国内教师在进行教学过程中可以结合实际教学情况将思维导图意识融入自身的教学体系当中，对学生进行潜移默化的影响，借此来对学生进行思维导图绘制的培训和指导。

同时教师在进行指导过程中，不需要过度拘泥于原先的思维导图绘制方法，而是可以选择与学生共同探索，摸索出适合学生自身的思维导图风格。总而言之，教师在进行学生思维导图指导过程中，需要充分发挥自身的引导作用而不是知识传授作用，扩展学生的思维，让学生自主形成学习思维导图绘制的习惯，同时根据学生和教师的共同探索，掌握适合学生自身的绘制思路，摸索出一套适合自己认知的方法和技巧。最后，教师可以向学生推荐一些相关方面的资料和书籍。笔者在进行实践教学研究过程中，对实习学校的教师图书奖和学生的借书记录进行了翻看，发现学校并没有关于思维导图方面的资料。因此教师在进行思维导图教学之前，可以事先了解、翻看一些专业化资料，从其中寻找到适合学生阅读和理解的书籍，将这些书籍进行进一步的研究和学习，然后将这些书籍推荐给学生，培养学生自主学习的能力和意识。

3.克服教学惰性，保持教学热情

教师的工作是神圣的，也是充满挑战的，不仅要向人类社会未来的栋梁之材传授专业知识、解答相关疑惑，更是要帮助人类社会培养更多优秀的人才。但是在当前绝大多数的学校中，许多教师感觉工作方面的压力过大，而自身的劳动付出和薪酬福利难以匹配，另外许多教师由于需要对学生试卷或者作业进行审阅批复，又或者需要进行学生问题的研究或教案的准备，每天下班后都需要进行长时间的加班工作，老师的劳累程度在社会工作当中属于较高的一类，许多教师经常需要高负荷运转，教师常常感到身心俱疲。因此对工作也渐渐失去兴趣，缺乏工作热情和创新力。思维导图作为一种新兴的教学方法，对教师来说又是新的挑战，教师惰性驱使着他们对其"视而不见"，驱使着他们不能将其更好地应用到教学中。所以，教师需要深刻地认识到自身工作的伟大和神圣，尽可能地克服自身的教学惰性，不断提高自身的工作能力和教学能力，学习更多先进的教育理念和教学方法，将这些理念和方法运用到自身的实践当中。

（三）其他方面

1. 加强对教师思维导图培训的力度

随着时代的不断发展和进步，社会对教师的专业化教学水平和教学质量有了更高的要求，如果教师在教学生涯中始终一成不变地坚持旧的思想和旧的理念，就很难为国家为社会培养出优秀的人才，其也会被逐渐地淘汰。随着现代化技术的不断发展和信息化社会的全方面发展，教师有了更多接受培训的渠道，因此教师自身和校方需要重视教师的培训工作，有效地提高教师的专业化水平。而有关思维导图培训方面，首先，教师需要接受思维导图基本素养方面的培训，对思维导图的内涵和导图的绘制方法以及相关软件的应用进行充分的了解，学习在实践教学中需要遵循的原则，了解导图的设计方法和构图种类，明确导图不同种类的不同功能；其次，教师也需要接受一些有关思维导图绘制教学技能的培训，其中包括讲授技能、绘制技能和修改加工技能，等等。教师在对相关方面进行学习和了解之后，需要结合自身教学的实践，将理论进行融合，在实践过程中进行大胆的尝试，还需要注意的是，教育部门在组织教师进行培训的时候，一定要做好监督工作，监督培训的质量。让老师在培训过程中真正有所学，以满足教师的需求，对于教育的发展有着真正的促进，对于教师水平有着真正的提高。

2. 定期进行教研，促进教师发展

教师进行教研工作可以有效地推动教师专业化水平持续性增长。因此学校可以定期地召集教师开展思维导图相关方面的教研活动，进一步提高教师在实践教学过程中对思维导图的应用能力和教学能力。教师是一切教研活动和教学活动的主体，因此只有教师发自内心地主动参与相关教研活动，才能确保教研活动的有效性。因此，首先，学校需要组织学校的英语老师，成立专门的教学研究小组，让教研小组承担教学研究的基本任务，将思维导图教学相关方面的研讨任务纳入教研小组的基本任务当中。其次，教研小组可以定期地安排教师进行公开课的教学，评选优秀公开课，组织其他教师进行互听互议，让教师可以相互学习，为教师提供一个相互交流的渠道，让教师在相互交流过程中推动互相之间的成长，实现教师共同学习、共同进步。有效地提高教师的思维导图教学能力。让教师在相互沟通交流过程中认识到自身的不足，学习其他教师的优点，形成教师与教师之间的优势和不足互补的教研环境。而进行公开课学习，也可以对教师进行一定的监督，让教师在日常工作中更加重视相关方面的学习和尝试，提高教师的专业化水平。最后，教研小组可以建设一个展示平台（比如公众微信号），鼓励教师在平台上上

传优质课堂视频或写作课堂范例，让教师们相互学习和探讨。

3.搭建校际之间交流与合作平台

思维导图在高中语文、数学、英语等各学科中的应用都有些研究，为了更好使思维导图在学校内和学校间大范围地进行使用和推广，学校除了在校内建设交流平台，同时，需要进一步推动校际之间的合作，通过构建专业化的合作平台，邀请其他学校或校外教育机构进行合作，将各自对于思维导图应用方面的资料和专业化教学教案上传共享，相互学习。同时组织教师进行学习浏览，进一步提高学校教师对思维导图的理解和认知程度，同时催生出各种新型教学模式，充分整合不同学校和教育机构之间的智力资源，推动思维导图在日常写作教学过程中的实践应用。具体可以进行以下步骤：首先，加强学校与学校之间的合作沟通，推动学校与学校之间形成教育资源共享机制；其次，学校需要重视与校外专业化教育培训机构之间的合作联系，进行相关方面成果的共享和相互学习。主要原因是由于部分校外专业化培训机构在进行培训教育过程中会使用思维导图的方法辅助学生学习，因此思维导图方法在校外专业化培训机构中有一定程度的应用，机构在此方面也会有一定的心得。同时学校和机构的终极目的便是对学生进行更好的教育，推动学生成人成才，因此学校和校外机构在教育目的方向上有着一致性，奠定了学校和校外专业教育机构之间的合作基础。

4.利用专业研究团队推广思维导图

"思维导图在我国教育领域中的研究分为三个阶段，即：个体应用初期阶段、群体化应用阶段和区域化发展阶段"（杨艳艳，2018）。当前绝大多数地区的学校，在思维导图教育应用中没有达到区域化发展阶段，只有部分一线城市和大城市学校在教育过程中引入了思维导图，将思维导图应用由实验转入常规教学当中。同时当前在学生教育过程中，应用思维导图的教学模式并未完全成熟，仍处于摸索阶段，超八成的教师和学生认为思维导图对于知识的教授和学习没有实质性帮助。所以说应侧重于培养相关的专业人员，提升综合水平，深入研究思维导图的应用前景和意义，加强宣传力度，提升思维导图在教学活动中的知名度，提高应用率。相关专业人员可以借助举办活动、讲座等形式推广思维导图，使教师和学生可以更加全面地了解思维导图，进而接受思维导图，习惯使用思维导图解决问题。另外，专业人员的推广活动应该综合考虑地区的特点，不同区域由于经济发展等情况的限制，对于思维导图的接受程度不同，可以针对性地对思维导图进行推广和普及，使得思维导图的接受度在某区域内最大化。

小结

思维导图在英语教学中的应用范围广阔、应用方式灵活、应用前景广阔，可以极好地简化教师的教学方式，也可以帮助学生更加便捷地理解文本、理清写作。在今后的教学中，教师和学生都应有意识地运用思维导图，融会贯通于英语教学的方方面面，收获更多的应用成果。

第十一章　核心素养下高中生英语学习能力的培养

第一节　英语学科核心素养下高中生英语学习能力培养的理论依据

2017 年颁布的普通高中英语课程标准，其中的"学习能力"指的就是"自主学习能力"。如何在高中英语教学中培养学生的学习能力，在倡导学科核心素养的当下显得尤为重要。众所周知，学习能力不仅有助于学生学习效率和效果的提升，还可以帮助学生在今后的人生中实现终身学习。

一、自主学习能力的定义

关于"自主学习"这一名词对应的英文翻译有很多，如 autonomous learning, self-instructed learning, self-directed learning, self-access learning，每个英语名词都对应着不同的独立的观点。相对于 autonomy/autonomous learning（自主学习）之强调"能力"，self-instructed learning（自我指导式学习）侧重学习过程；self-directed learning（自我导向式学习）关注"态度"；而 self-access learning（自获资源式学习）则仅强调学习内容和途径（李颖，2013）。

按照 Holec（1981）对 autonomous learning 的观点，自主学习是对自己的学习愿意负责的一种能力。从学习者角度看，具备自主学习能力意味着获得确定学习的目标、内容、材料和方法，确定学习的时间、地点和进度，以及对学习进行评估的能力。Dickinson（1987）对 self-instruction 的定义是：学习者在没有教师直接控制的场景下学习，可以是独自学习，也可以是和他人一起学习。Holec（1981）和 Candy（1991）等人描述了自我导向性语言学习者的特征：拥有自己的学习风格，用宽容开朗的方式接近目标语言，能运用高技术来应付语言，并愿意在真实环境中使用目标语言，同时具有测试和修订与目标语言相关的备择策略的能力。而 self-access learning 与学习的内容和途径有关，和"具有自主性的学习者"没有必然的因果关系。

国内的"自主学习"其实更贴切地应该是指 self-instructed learning。徐锦芬（2004）根据国内外对自主学习的讨论并结合我国英语教学的特点，认为在我国英语教学环境下大学生英语自主学习能力应该涵盖五个方面的内容：(1)了解教师的教学目的与要求；(2)确立学习目标与制订学习计划；(3)有效使用学习策略；(4)监控学习策略的使用情况；(5)监控与评估英语学习过程。笔者拟采用这五个方面来作为调查问卷设计的维度。2020 年，徐锦芬经过持续研究，提出了外语类专业学生自主学习能力的构成，即自我规划能力、自我探索有效学习策略能力、自我情绪管理能力和多元互动学习能力。林莉兰（2016）阐述具备自主学习能力的学生除了能够响应课堂教学外，还要对自己的学习承担以下责任：（1）学什么、为什么学和怎样学的决策能力；（2）实施计划的能力；（3）反思及评估学习过程的能力。

自主学习能力至今没有统一的定义，其定义不仅受到时代制约，还因研究目的、环境及对象的不同而各有侧重（徐锦芬，2020）。随着时代的发展和科技的进步，自主学习的内涵也拓展延伸到了信息技术领域，学生是否具备一定的数字素养（华维芬，2020）也应得到关注和重视。

二、国外自主学习能力研究

自主学习这一概念起源于国外，研究历史已有 30 余年。关于自主学习，国外学者们多关注以下几个方面：首先，关于自主学习概念方面的研究。国外学者深入探讨了自主学习概念的理论背景，并且详细分析了学习者的态度、信念、策略和角色等与学习者自主有关的各种因素以及如何在实践中促进学习者自主（如 Holec，1981；Dickinson，1987）。以上这些作为铺垫，为自主学习后续的研究提供了理论框架和指导。

其次，影响自主学习能力的因素研究。自主学习强调学生主体性原则，学生的角色是学习者和探索者，而教师的角色是引导者和激励者。这样的角色转变受到学习动机、学习态度、教师监督等的影响。Spratt、Humphreys 和 Chan 发现动机是促进学习者自主的一个重要因素，缺少动机会阻止和妨碍自主的实施；Cotterall（1995）的研究发现学习者的信念对于顺利进行自主学习十分重要；Voller（1997，引自 Aoki，1999）指出，教师可以通过充当促进者、咨询者和信息资源的角色来培养学习者自主性。

最后，如何促进学习者自主能力发展的研究。Cotterall（2000）提出了在短期内如何促进学习者自主的课程设置的五条原则：（1）弄清学生学习这门课的目的，并帮助其改进；（2）要让学生对学习的过程有一个清楚了解，变被动为主动；（3）让学生学一些他们用得着或将来有用的内容；（4）选择教一些有助于学生完成学习任务的学习策略；（5）鼓励学生对学习过程多进行反思。作者对这五条原则进行了详细的解释并介绍了如何将其运用到实践以及收到的效果。

Gardner 和 Miller（1999）在其专著中详细探讨了有关自主学习中心的创建、实施等一系列从理论到实践的问题，以帮助提高学习者的自主学习能力。国外自主学习的研究，既有理论探讨也有实证研究，而且更加注重实践。从实证研究的类型来看，非常丰富。研究的视角多样化，涉及自主学习的方方面面，包括概念的探讨、影响自主学习能力的因素研究及实践中如何去促进学习者自主能力的发展。通过以上可以发现国外自主学习的研究已经从理论走向实践，标志着自主学习这一领域的研究已开始逐步走向成熟。

三、国内自主学习能力研究

按照上文同样的方法，以"自主学习能力"为关键词检索，经筛选，共有 94 篇相关文献。通过梳理文献，笔者发现：从理论视角来看，有基于实践社群理论描述学生自主学习能力情况的（秦丽莉等，2018），有基于班杜拉的社会学习理论研究服务学习对大学生语言自主学习能力影响的（李川，李玲玲，2015），有从复杂理论的视角出发探讨性别角色和英语自主学习能力相关性的（张瑞，2014），有从元认知视角下阐述有效提高学生自主学习能力方法的（项丽丽，丁惠浩，2013），有从性格因素切入，探索运用相关技术使科技英语口译学生自主学习能力培养最大化的（刘芹，吴丝，2012），还有基于以问题为核心的教学模式研究培养学生自主学习能力的有效途径的（王新，2007）。从论文数量上来看，基于不同理论视角下的自主学习能力研究还是比较少的。

从研究对象来看，绝大多数研究集中于大学生，其中，张现彬等人（2013）针对独立学院学生的自主学习能力进行了调查，王晏（2020）、何莲珍等人（2011）研究了如何培养非英语专业学生的自主学习能力。也有学者在高中开展了相关研究,如王娟(2018)进行了高中生课外英语自主阅读的实证研究，谢燕媚（2018，2016）对高中生的自主学习能力进行了调查并分析了自主学习能力的结构，李路路（2015）探究了高中生英语自主学习能力、学习动机与成绩之间的关系。可以看出，自主学习能力是构成学生英语学习的必要发展条件，与每个学段学生的学习效果息息相关。

从研究方法来看，除了常用的问卷调查法以外，林莉兰（2015）采用了行动研究，郭艳玲和孙晓朝（2010）使用了个案调查，王志茹等人（2015）和尚建国、寇金南（2015）等不少学者还对学生进行访谈来了解详细情况。以上均属于定性研究的范畴。从年代上来看，早期以非实证研究为主（如思辨研究、教学改革报告），2008 年后实证研究成为主流趋势，但是 2012 年以来实证和非实证研究均呈下降趋势。

从研究内容来看，主要分为以下几类：（1）网络信息技术下的英语自主学习能力研究（如顾世民，2007；张现彬等，2013；侯晓虹，2013）；（2）教师自主信念与行为对学生英语自主学习能力的影响研究（如黄敏，2018；林莉兰，2015；安琦，2011）；（3）将评价或反馈与英语自主学习能力相结合的研究（如王捷，2015；韦晓保，2012；郭继荣，戴炜栋，2011）；（4）学习者可控因素（学习动机、自我效能感、学习策略、成就目标定向、成就归因）与英语自主学习能力的相关性或影响研究（如李珩，2016；谭霞，张正厚，2015；尚建国，寇金南，2015）。由以上可知，关于自主学习能力的研究具有一定的广度和深度。在研究过程中，有不少学者尝试构建新的教学模式（如徐锦芬等，2010）或结合具体课型（如刘繁，2016）来探讨提高学生英语自主学习能力的有效方法和途径。笔者拟尝试在混合式学习模式下探究培养高中生英语自主学习能力的途径和方法。

有关"自主学习"的研究在中国发展也有 20 余年，成果颇丰。"学习能力"作为高中英语学科四大核心素养之一，体现了自主学习能力在高中生英语学习中的重要地位。其实，学生的自主学习能力培养普遍存在于英语课程教学之中，教师需要因地制宜，根据具体的情况采用适合的方法来切实有效地培养学生的英语自主学习能力。

四、学习能力的理论依据

（一）建构主义

建构主义学习理论是由瑞士心理学家让·皮亚杰（Jean Piaget）和苏联心理学家列夫·维果茨基（Lev Vygotsky）从认知发展的广泛研究演变而来的。建构主义认为学习不是简单地从外到内的信息输入过程，而是学习者主动的知识建构过程。由于学习者背景各异，他们往往从自己独特的知识背景出发，通过新知识的学习与原有知识经验相互作用，在原有知识或经验的基础上建构对新知识的理解。建构主义强调的是学习者的主动建构，这种建构既包括学习者对新信息意义的建构，同时又包括对自己原有经验的改造与重组。学习者获得知识的多少取决于学习者根据原有经验、心理结构和信念去建构有关知识的能力，而不取决于学习者记忆和背诵教师讲授内容的能力，强调学生的积极主动性。

建构主义心理学强调的学习过程应以学习者为中心，尊重学生的个体差异，注重互动的学习方式，本质上就是要发挥学生的主体性，个性学习、合作学习以及学习者自主都是建构主义的重要原则。由此可见，20 世纪 90 年代以来自主学习研究在国外的兴起与建构主义理论的发展是密切相关的。利用建构主义学习理论，教师可以让学生通过线上讨论实施发现式学习，训练学生批判性思维，也可以实施基于问题的学习项目。这些活动可以是课堂教学的补充（混合式学习模式），也可以是单独进行的线上教学（如疫情防控期间，全国的大中小学都转为线上教学）。这些类型的活动需要教师适当给予帮助，以使在线教学有效进行。

以建构主义为基础开展的外语教学需要注意以下几个方面：

（1）建构主义教师不仅仅是讲授者，更是指导者和帮助者，他们给学生提供自我探索和试错的机会。教学不应该被视为由教师向学生传递知识的过程，而是学生根据外在信息，通过自己已有的知识，主动建构自己知识的过程；

（2）教师应该了解学生原有的知识，基于学生原有的知识创造学习环境，使学生能有效融合新旧两种知识；

（3）在创设的学习环境下，教师应该让学生参与到学习活动中来，促成他们对新知识的掌握。在这个过程中，教师要帮助学生解决他们所关注的问题，而不是教师和教育制度关注的问题；

（4）教师应给予学生充足的时间便于学生主动建构新知识，联系新旧知识，反思学习过程，并考虑为何新的理解会改变自己对问题的看法。

（二）认知主义

认知心理学分为早期认知心理学和现代认知心理学两大类。早期认知心理学多建立在动物心理学的研究基础上，是较为简单的知觉水平的认知，对实际教学的意义不大。现代认知心理学理论众多，如发现学习理论、意义学习理论、信息加工理论对外语教学领域的影响甚广。

认知学习理论认为学习过程是学习者根据自己的需要和兴趣，利用过去所掌握的知识、经验，对外界的学习刺激做出主动的、有选择的信息加工的过程。学习者头脑中原有的知识结构对将要获得的知识起着决定作用，新知识的获得以旧知识为基础，原有知识结构不断同化新知识。对于学习者来说，头脑中的"原有知识结构"不断变化，知识水平不断上升，这样学习本身就具有了层次性，学习者的认知水平也具有了阶段性。在不同的认知发展阶段，学习者所能完成的学习任务具有显著的差异性。为此，学习任务的选择要依据学习者的认知发展水平。另外，认知学习理论重视学习主体——学习者的主观能动性，认为只有发挥学习主体的主观能动性，使其积极主动地投入学习，充分调动自己的内在动机——好奇的内驱力、胜任的内驱力、互惠的内驱力，才能实现学习目标。从以上所述可知，认知理论强调在设计学习任务时，要能够让学习者获得有意义的知识，并且尽量使新的信息和记忆中已有的信息发生联系。

以上关于认知主义的观点意味着教师的主要任务包括：

（1）教师要明白学生具有个体差异性，他们各自带到学习情境中的学习经验不尽相同，会影响学习结果；

（2）教师要通过有效的方式来组织新的信息，便于学生融合已有的知识、能力和经验；

（3）教师要帮助学生通过反馈练习，使新的信息在学生的认知结构中既快又好地同化和/或储存。混合式学习模式的设计来源，一些也可以追溯到认知主义，比如：强调学生的个性化学习，这与上面的第一条相符合；学生在自主操作中获得有意义的知识，与上面的第二条相符合；利用在线系统设置的交互程序快速地回应和反馈，这与第三条相符合。由此可知，认知主义是混合式学习模式的重要理论基础之一，对认知主义的深入了解可以辅助高中英语教学设计的多个环节。同时，认知主义也是自主学习能力的重要理论渊源之一。

以认知主义为基础开展的外语教学需要注意以下几个方面：

（1）在学习过程中，教师要强调学生的积极参与，引导学生自我监控、自我规划和自我完善；

（2）教师要教给学生必要的处理信息的方式方法，如写摘要、列提纲、优先级排序等；

（3）教师要创造适合的学习环境，鼓励和帮助学生建立起新旧知识之间的联系，如联想、举例子、做对比、找因果等。

（三）人本主义

人本主义心理学的代表人物是马斯洛（Maslow）和罗杰斯（Rogers）。前者的自我实现的观点对外语教学有很大影响。因为这种理论强调个人发展愿望（自我实现）的重要性，而这种自我实现的愿望会产生巨大的动机，因而它比客观知识本身更重要。后者同样认为人类自我实现的倾向是成长的主要动机。他号召将营造有利于学习环境作为教育的目标。这一目标的实现主要取决于师生间的关系。当学生受到巨大鼓舞并动力十足时，有助于自主学习的自由的氛围便形成了。因为自主学习强调学生个人参与，是学生在学而不是老师在教。

人本主义者认为学习包括以下四个要素：

（1）学习是学生个人从情感和认知两方面全身心投入的过程，具有参与性；

（2）学习是学生自己发现、获得、掌握和领会知识，具有自我发起性；

（3）学习会改变学生的行为和态度，乃至个性，具有渗透性；

（4）学习具有自我评价性。学生最清楚学习是否满足了他们的需求，是否回答了他们的疑问，是否解答了他们原来不清楚的地方。由此可见，人本主义强调的是调动学生的积极性和主动性，学习是学生不断探索、主动发展的过程。

根据Penny、Perlow and Ruscitto（1996）的研究，以人本主义为基础的教育有以下五个基本原则：

（1）学生的学习应该是自我指导的。学生应该有权选择他们想学的内容。相信人本主义心理学的教师认为，学生如果学习他们需要的和想学的内容，他们就会有动机。

（2）学校应该培养想学习并知道怎样学的学生。教育的目标应该是培养学生学习的愿望以及教会他们怎样学习。学生应该自我产生学习动机愿望。

（3）唯一有意义的评价形式是自我评价。人本主义教育者认为分数是无意义的，只有自我评价才是有意义的。评分只是鼓励学生为分数而努力而不是为了自我实现。此外，人本主义教育家反对客观测试，因为它们只能测试学生的记忆能力，不能给教师和学生提供足够的反馈。

（4）知识和情感在学习过程中都很重要。人本主义教育家认为知识和情感在学习过程中都很重要。与传统的教育者不同，人本主义教师并不将认知和情感分开。

（5）学生在无威胁的环境中学得最好。人本主义教育者坚持认为学校需要给学生提供一个无威胁的环境，这样他们才能在学习时有安全感。一旦学生有了安全感，学习就更容易、更有意义。

将以上五个原则进行归纳总结，我们可以得到人本主义心理学的基本框架，包括学生、教师以及学校三个方面。学生应该自我指导、具有自我动机和进行自我评价；教师要重视知识学习和情感体验有机融合；学校要为培养学生的学习意愿和教会学生如何学习提供无威胁的环境。人本主义教育倡导以学习者为中心，突出学习过程和自我实现的价值，强调持之以恒地开展自我评价和自发主动学习。这些观点符合自主学习的理念，由此可知，人本主义学习理论为自主学习的发展提供了可靠的理论依据。

小结

本节介绍了学习能力有关概念和研究最新情况，并着重分析了学习能力研究的三种理论依据。在教学实践中，教师应当从学生角度出发，淡化教师课堂中心作用，把教师作为学生英语学习的引导者和激励者，着重培养学生的英语自主学习能力，为学生的未来发展奠定基础。

第二节　交互式英语教学对高中学生学习兴趣的培养

语言教学和学习的方式必须服从于语言学习的最终目的，即使用语言表达、传递信息进行交际的目的，这就决定了语言学习必须在使用语言过程中进行，有效的语言教学不应该违背这个过程，应适应语言教学需要，不应阻碍学习，而应该有助于学习并促进学习。这也就是《英语课程标准》提出的培养学生综合语言运用能力的高中英语教学的总目标。要实现这个目标，促进英语教学质量的提高，改变"费时低效"，使外语教学为改革开放服务，促进社会主义市场经济建设，高中英语教学就应该把握课堂教学这块沃土，精心耕耘，真正落实以学生为中心。通过培养学生对英语的学习兴趣，以树立自信为突破口，并培养学生形成一定的学习策略，而使自己能积极主动地投入学习，发挥自己的英语学习潜力，最终达到成功学习。要落实以学生为中心的理念，在英语教学中学生的参与是主要的，教师要根据学生的个体差异的不同，选择和处理好教学材料和教学内容，以真实材料为基础，设计适当的交互性英语学习任务，为学生提供合作的、交互的课堂。

交互式英语课堂教学是英语教学发展的趋势，本章将从交互式英语教学的概念界定、交互课堂中的几种关系、课堂交互的理论意义，以及交互式英语课堂教学体现《英语课程标准》的基本理念几方面进行一些探索，以期为交互式英语教学的实施做一些观念上的准备。

一、交互式英语课堂教学的概念

Wells(1981)认为，语言的交互（linguistic interaction）是一种合作的活动（collaborative activity），涉及信息的发出者和接受者以及语境（context）三者之间的三角关系的建构。Rivers（1997）指出受互（interaction）不单是指信息的接收，也不单指信息的发出，而应该是一个合作的过程，交互出现的前提是对交流行动（communicative act）的兴趣。也就是在交互双方中，当说话者表达的内容能引发听者的好奇心，听者愿意听时，才能达成交互。"Communication derives essentially from interaction"同时他认为"Interaction must be considered as the key to teaching English for communication"（Rivers 1997）。

笔者认为，语言的交互（通常被译成"互动"）就是指在一定的环境中两个或更多的人互相进行思想交流、传递信息并对双方产生影响的过程，交互是交际产生的基础，是培养语言运用能力的语言教学核心。在英语课堂教学中的交互通常就是教师与学生之间、学生与学生之间，以及在提供的语言材料与文章作者之间的理解、交流和沟通。

交互式英语课堂教学（interactive English classroom）就是指在课堂教学（classroom）的环境中，通过教师、学生和语言材料等各因素之间的交互，而使学生在广泛参与合作中，使用英语进行交流和学习，达成有效外语学习的过程。

交互式英语课堂教学是通过课堂交互（classroom interaction）来实现的。交互活动是英语课堂教学的基本形式，Allwright（1984,Ellis 1994:565）指出"Interaction is the fundamental fact of the classroom pedagogy"因为"Everything that happens in the classroom happens through a process of live person-to-person interaction"。在有学生广泛参与的课堂里面，各种交互活动无处无时不在。"The classroom is seen as a place where there is ongoing and dynamic interaction between the learner's instructional goals, learner's purposes, classroom tasks and activities, the teacher's instructional activities and behaviors, student behaviors in competing assigned tasks, and learning outcomes"（Richards.J.C,1990）.各种课堂交互的意义在于提供学生众多的学习和运用英语的机会。

二、交互式英语课堂教学中的几种交互关系

张正东教授20世纪80年代就曾提出，外语教学的发展趋势是立体化。90年代初他提出的"外语立体教学法"在全国反响强烈。张正东外语立体教学法把外语教学看成一个由"五要素构成的系统：它是由学生、目的语、教学环境（教师、母语、教学条件、教学价值观等）为三维，而以经济发展为底、以跨文化交际为顶的系统"。教学环境中的教师在这个系统中起着重要的作用，"教师作为这个立体系统的协调者，不再是'主导'作用，他的指导作用集中体现于协调学生、教材和环境的交互作用，增进他们之间的凝聚力而保持外语教学的内稳态"。借用张老的观点，笔者认为：在课堂教学中的"三维"可以主要把握学生、目的语（英语）和教师。在语言课堂教学中有这样三种角色如表八所示：

表八: Classroom role relationships

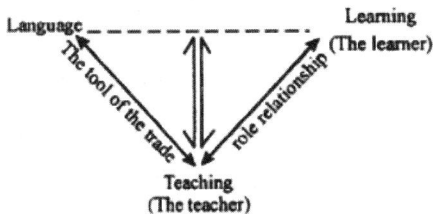

学生（learner）及学生的学习（learning）、教师（teacher）与教学（teaching）、目的语言（英语）及英语材料是英语课堂教学中的三个最主要的因素。英语及材料是学生语言输入的源头，是教师教学的工具（tool of the trade），是教学活动的载体；学生的需要、英语水平、学习特点等决定了语言材料的选用。学生是课堂教学的中心，课堂教学中学生需要获得（input）必要的知识，需要练习和提高他们的语言技能；基于此，教师的定位主要是协调者、促进学习者，同时也是知识的传授者、评价者、合作者等角色。所以在课堂教学中三者是互相依赖、互相支持、互相作用的交互（interactive）关系。笔者认为，主要体现了以下四种交互关系：

（一）教师与语言及语言材料之间的交互关系

在教师和语言及英语教学材料的选用和处理上也存在某种交互。英语教材（教学材料）是语言学习的一种载体，是英语课程的核心，它集中反映出英语教学内容的各个层面。在我国的外语教学中，长期以来存在着"一纲一本"的现象，全国各地区，无论英语基础高低、英语教学条件好坏，几年一成不变地统一使用一套教材。在我国的具体情况下，在一定时期起到了统一协调、积极推进的作用，为外语教学做出了贡献。但同时显示出不能满足时代发展对各地区、各层次学校和学生的要求，对外语教学产生很大的影响。我国新课程改革提出了"一纲多本"的观念，《课标》进一步对教师选取教学内容和材料提出要求，在教材开发和使用中"给学生提供贴近学生实际，贴近学生生活，贴近时代的内容、健康和丰富的课程资源"，要有利于学生发展综合语言运用能力。也就是说，在教学中，教师应该根据学生的认知和情感的需要提供和处理好合适的（appropriate）材料和内容，以促进学生在课堂中获得进步，达到教学目的。教师不是被动地使用教材，而必须基于学生的不同和一定语言材料"沟通"以决定取舍。

（二）教师与学生之间的交互关系

在教师和学生之间，传统关系是教和学的关系，也就是教师传授学生被动吸收的单向交流关系，缺乏互动交流，影响教学的效果和学生的外语学得。在交互式外语教学中，应该是一种双向的、互动的关系。Malamha—Thomas（1987:7）用下图（表九）来显示教师与学生之间的交互。

表九: Teacher and Students Interaction

它显示了老师是基于学生而采取行动（action）的，对教师的教学，学生会做出适当的反应（reaction），这种反应又帮助教师调整自己的教学，从而采取下一个教学行为。这种交互的不断影响，可以对双方进行促进和调整。所以，教师角色的定位不得不从"教师中心"转向"学生中心"，教师由知识的传授者转变为"不仅是知识传授者，更应该是促进学习者，也是评价者、监督者、合作者、参与者等"，这种变化体现了语言教学的新要求；而对应的学生的角色应从被动的语言接受者转变为参与者、语言的使用者、理解者、模仿者、交际者等。也只有学生的参与才更能体现学生的主体地位，学生靠参与课堂，自己通过大量地听、说、读、写活动的输入和输出接触到大量的真实英语（authentic English），在真实或虚拟（real or artificial）的交际情景中、活动中使用英语，进而学得外语；同时通过参与，促进教师改变观念、改进教学，适合学生的学习。

（三）学生与语言及学习材料之间的交互关系

在学生学习和语言材料之间，传统观念认为，它们之间可能没有交互关系，原因是教学材料是由老师指定的，学生只能吸收消化教师给予的材料。随着学习方式的变革，以及学生学习策略的培养，学生学习途径呈现出多样化的特点，特别是 Internet 和 IT 技术的发展，学生在网络中可以很容易进行学习，这种以网络为学习途径的交互对学生英语学习同样有很大的促进作用。现在，教师、教材不再是学生知识和能力的唯二源泉，学生和材料间可能存在交互活动，只要学生对内容有兴趣，他就有可能主动地去接触语言材料，并从中受益。

（四）学生与学生之间的交互关系

英语课堂交互中，学生与同伴之间的交互同样重要，英语课堂教学要体现以学生为中心的理念，关键在于学生能广泛地参与到课堂的交互中来，使学生有机会运用目的语进行交流和做事，在运用英语中学习英语，形成有效的交际策略。以达到培养学生学习兴趣，树立自信心，发展自主能力和培养合作精神，最终培养学生综合英语运用能力。在教学中，仅靠教师和学生单一地互动是不够的，同伴间的交流可以缓解焦虑情绪，减少学生在全班"丢面子"的机会，可以为全部学生开口讲英语提供机会，在很大程度上满足了学生自主学习、自主选择说话内容和方式，有利于学生学习兴趣、自信心等积极情感、合作精神、交际策略的培养。

在英语课堂教学中，这几种交互关系通过和以下几种交互组织形式（见第四章第三节）的综合运用，体现了英语课堂教学的交互特征。教师与学生的交互主要通过全班教学（lockstep）的形式加以体现，在整个课堂教学活动中，教师的指导、对教学效果的评价和检查都能体现这种交互。学生和语言材料之间的交互主要体现在学生自主活动（individualwork），这是学生参与交互的基础，学生只有在自主学习的基础上才能产生思想的火花，和别人才能就某一问题进行交流互动，学生的自主学习或个人活动是习得英语的前提。学生同伴之间的交互关系主要体现在对子活动(pairwork)和小组活动(group work)，它是课堂交互的主要关系，对激发学生学习兴趣、培养学习情感，以及提高学生运用语言进行交际的能力起着关键的作用。教师从学生实际出发，通过和材料与教学资源之间的"沟通"可以在教学方法的选用，任务活动的设计及实施上更有针对性，可以保证和促进课堂交互。

表十： The relationship between plans and outcomes (cited in Ellis 1994: 574)

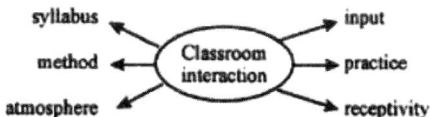

三、课堂交互对英语成功学习的影响

正如 Allwright& Baily(1991)(转引自 Ellis 1994:574) 在上表 (表 11-1) 中描述的那样，教师在编写教案准备新课时，总会按照教学大纲 (syllabus) 的要求计划一堂课的内容。

一定会考虑使用某种教学方法 (method)，并努力营造一种适合学生学习的课堂教学氛围 (atmosphere)，这种教学决策都会在课堂教学的交互中得到某些结果 (outcomes)。教学计划的达成和教学目标的实现需要通过交互中学生和教师合作共同完成 (co-produced)。课堂交互 (classroom interaction) 提供了学生增加输入 (input)、操练 (practice) 英语的机会，同时 It also creates in the learners a 'state of receptivity',defined as 'an active openness,a willingness to encounter the language and the culture'(Ellis 1994:574)。课堂交互在学生英语成功学习方面的意义在于：

（一）为学生提供了在课堂上运用英语交流的机会

在教师设置的一定的语境中，或在为完成某种任务而设置的情景中，通过师生之间、学生之间的交流互动，克服了大部分班级班额过大，而导致部分学生没有机会交流使用英语的弊端。从而增加了学生用英语进行交际的广度和深度，体现了学生的主动性，有利于发挥学生学习积极性，促进英语的习得。

（二）体现了外语语言教学的特点

在我国，由于缺乏英语 /外语环境，学生用母语 (汉语) 工作和生活是最普遍的，这就决定了学生很难在真实的语境中进行交流，学习英语 /外语只能在模拟的 /人为语境 (artificial environment) 中学的英语 /外语 (张正东，2000)。这样交互性课堂教学就显得重要了。通常情况下，学英语 /外语的过程就是指不断地输入英语、贮备和输出的循环过程。输出指使用英语进行表达或做事，输入的多少和语言贮备的多少在某种程度上说决定了输出的质量。Rivers (1997) 指出 "Through interaction,students can increase their language store as they listen to or read the authentic material, or even the output of their fellow students in discussions, skits joint problem-solving tasks, or dialogue journals"。在教学中教师常常忽略学生同伴在学生英语中的影响。同时学生在使用语言进行交际的过程中不断练习、回忆、巩固自己所学语言知识和技能 "In interaction,students can use all they possess of the language -all they have learned"。

（三）对培养学生学习兴趣、学习情感以及树立自信心有促进作用

交互式课堂可以为学生营造一个生动活泼的学习氛围，可以为学生创造一个开放、创造性使用外语进行交流的机会，在学习任务的完成过程中，师生之间相互尊重、互

相信任，通过师生间的相互合作，学生间的互相交流达成一定的学习成就，从而激发学生学习兴趣提高自信心。再者，达成交互本身就充满兴趣，如果教师对任务或安排的学习活动没有兴趣，学生可能就不会积极地去完成。"There is no interest, there may be a perfunctory exchange of words, but communication of personal messages does not take place"（Rivers1997:F44）交互双方或多方如果不能平等、互相尊重，也不会发生思想和信息的交流，课堂也许就会变得很沉闷，学生的主动性和创造性就会被束缚，"交互"可能就会仅停留在表面的问答上。

四、交互式英语课堂教学体现了英语新课程理念

既然课堂交互在学生英语学习中起着重要的作用，英语学习的最终目的又是综合英语运用能力的培养，"发展运用英语进行交际的能力"。在当前中学外语教学的形势下，为实现英语教学的目标，促进课堂教学中各方面因素真正地交互是必要的也是重要的。交互式英语课堂教学的理念和新课程改革、英语《课标》的理念是相通的，对高中英语的教学有很强的指导意义。

（一）交互式英语课堂教学明确了学生的中心（learner-centered）地位

学生是一切教学活动的主体，教师需要考虑学生年龄、学习背景、学习风格、语言学习的目标以及社会和政治环境等因素对他们学习动机的影响。教师只有在了解学生兴趣、分析了学生需要的基础上，针对不同学生目标和动机决定英语课（course）的类型。在教学中，教师根据实际情况，以恰当的方式选取或呈现教学材料（material），这样使学生的目标（objective）能得以实现。教学方法（approach）和课的安排（design），教学过程才会有趣（Rivers,1997）。也就是说，英语教学一切活动都要以学生的个体差异和需要为出发点，体现了新课程改革所贯彻的素质教育理念。

（二）交互式英语课堂教学强调教师的教学工作要有创新性和独到性

在教学中，教师要有自己的教学风格、教学技巧和独特的个性特征。教师和学生一样都是课堂交互中独立的个体，当教师以自己都能感受到的最舒适的方式进行教学和交互时，必然能调动学生参与交互学习。很难相信作为交互活动的设计者自己都不满意的活动学生能喜欢。在教学实践中，有的教师喜欢设计戏剧表演的教学方式，并直接指导学生进行演出；而有些教师却喜欢间接进行指导，只提供一些鼓励；有些教师善于设计各种学生喜欢的活动和任务，在这些活动使用过程中不断摸索，形成自己独特的吸引和调动学生的教学方法和技巧。在《普通高中英语课程标准（实验）》的教学建议中提出"教师要不断提高专业化水平，与新课程同步发展""要积极而有创造性地探索能促进学生全面发展的行之有效的教学方法，努力使自己成为具有创新精神的研究型教师"。

（三）交互式英语课堂教学体现了"教学有法，法无定法"的理念

在教学实践中，有很多教师总是一直在寻找最好的教学方法（或帮助学生学习的方法），而事实上"教学有法，法无定法"说明了教学方法并不是一成不变的道理。Rivers（1997）认为在交互式英语课堂教学中，比一味寻找最好教学技巧和特别有效教学路子（approach）更为重要的是"There must be cultivated relationships that encourage initiation of interactive activities from either side"。只有让师生双方都知道参与课堂的技巧和意义，课堂交互才不会停留在表面。"Students need to participate in activities that engage their interest and intention."这样课堂交互就会自然（natural），才会令人期待（desirable），学生的语言才会自然脱口而出（slip out and pour out）。

所以教师应当从学生实际出发来寻找合适的路子（approach）、恰当的教学材料，安排最适宜的教学过程，在交互性教学中，教师应该是灵活的（flexible），随着环境的变化他们能运用各种技巧。当然，要做到灵活地运用各种技巧的前提是老师通过教学实践已经摸索出很多有效的技巧和方法。

综上所述，交互式英语课堂教学体现了英语新课程的基本理念，在学生学习兴趣的激发和培养、自信心的形成等方面起着重要的作用，是外语教学发展的方向。综合高中学生由于基础差，大部分学生英语学习兴趣不高，且学习兴趣不能很好地保持。要完成高中英语教学的目标，在学生英语知识、技能、学习情感、交际策略和跨文化意识方面达到课程要求，综合高中英语教学面临巨大的挑战。要实施交互式英语课堂教学，关键在教师，综高英语教师要从综高学生的实际出发，结合英语新课程要求，既实实在在又有创造性地开展英语教学。笔者认为，以任务型活动为载体，在课堂教学中实施多种交互组织形式，采用恰当的组织策略可以最大限度地调动学生积极性，激发和培养学生兴趣，发挥学生学习潜力，提高教学质量，落实新课程目标。

五、实施交互式英语课堂教学的问题及解决策略

（一）转变英语课堂教学观念是首要问题

要切实以素质教育的理念和英语新课程标准的要求为指导，把英语教学的目标和任务定位到最终"培养学生的综合语言运用能力"[8]。在教学实践中要"根据高中学生认知特点和学习发展需要，在进一步发展学生基本语言运用能力的同时，着重提高学生用英语获取信息、处理信息、分析和解决问题的能力；逐步培养学生用英语进行思维和表达的能力；为学生进一步学习和发展创造必要的条件（高中英语课标 2003:2）。"没有正确观念的指导，就不能真正落实以学生为中心、落实英语教学的目标的理念，而使高中英语教学仍停留在"穿新鞋，走老路""费时低效""一壶永远烧不开的温水"的状

态（转自罗先达等 2003）。

（二）客观分析课堂纪律问题的原因，正确对待和处理交互式课堂教学中的纪律问题

这里的课堂纪律问题主要是指前面提到的，在交互过程中学生分心、干一些与任务活动无关的事情，如聊天、互相打闹、起哄甚至其他违反班级和学校规定的事情，而使教室闹哄哄，影响教学的行为。次序良好，合作，充满尊重和信任，快乐、愉快的课堂氛围是交互式课堂教学进行的必要条件，也是成功英语教学的方向和成果。在英语课堂教学中，期待一个班所有学生整堂课都精力充沛、注意力集中是不现实的，也是不可能的。由于班级内学生个体差异的存在，所以课堂偶尔出现一些课堂纪律问题是正常的。但值得注意的是，在交互式课堂中，由于学生自己活动的时间和机会的增加，的确也增加了学生分散注意力和精力不集中的机会。

研究表明，课堂纪律问题的产生主要来自两方面。一方面是教师的原因，如：上课准备不充分，草草上场；教师言行不一致；教师常采用惩戒或恐吓行为：教师常常提高嗓门对学生吼叫；上课总是很沉闷、无趣；教师不公平对待学生，特别是看不起差生；对待学生的学习总是持否定态度；教师常常违反有关规定。另一方面，对于学生，如：学生对学科不感兴趣，会使他们态度消沉，注意力容易分散；有些同学出现影响课堂的行为的目的是引起老师的注意和重视：由于英语课的时间安排不当容易造成纪律问题，如一天中过早和过晚，则学生会比较疲倦，中午吃饭前容易让学生分心，午饭后，学生又会昏昏欲睡；两个调皮学生在一起也容易产生纪律问题等。针对不同原因 Hamer（1991）提出了解决策略，总原则是：任何处理或惩戒（punishment）都不要在学生精神和身体上给学生造成危险和伤害。（1）教师要及时采取措施；（2）如果违规的影响或行为较大，教师要马上停下来，提醒学生；（3）通过调整学生座位将两个或几个学生分开；（4）及时调整活动，使活动能吸引学生注意力；（5）特别爱违纪的学生下课要及时和学生沟通，及时教育；（6）对表现特别差的学生，要通报学校有关部门，让他们做一定的处理。

Davies& Pearse（2002:128）认为，通过以下方式，可以减少学生注意力不集中，增加学生参与课堂的积极性：

Plan lessons, and include varied activities and interactions that keep the learners busy.

Use topics and activities that you think will be interesting and enjoyable for the learners.

Motivate the learners by focusing on what they do satisfactorily or well more than on what they do badly.

Try to create a sense of community in the group.

Be fair to the learners, never favoring some over others.

Show that you respect and are interested in all the learners as people, irrespective of good they are at English.

这样通过教师的努力，必将极大地减少学生注意力不集中，聊天吹牛，出现闹哄哄，扰乱课堂的情况，而保证课堂交互的进行。

（三）培养学生明白教师交互活动的指令，促进交互式课堂教学

交互式课堂教学需要课堂教学的语言以目的语言—英语为主，这样才能达到尽可能让学生多暴露（exposure）在英语的环境中从而真正增加英语输入、输出。让学生听懂教师的课堂语言是基础，在英语课堂中，教师语言主要有两种（Rivers1997）：一种主要是关于教学内容的英语，如语法内容、词汇、文化现象；另一种是学生教师交互所用的语言，如"Speak louder,please""What do you mean?""Now let's turn to page..."。在交互语言中，指令（instruction）语言占重要部分。

培养学生明白，甚至会使用交互中的语言对于保持交互的进行、培养交互策略，以及节约交互时间、维护课堂外语环境、保护学生自尊心、培养学生自信心等方面起着重要的作用。

例如：当说话人需要边思考，赢得说话时间时就可以说"As I was saying before""Well this is a difficult question to say"；承认自己不足，请求帮助时说"I am sorry,I don't know how to say""How do you say"：回避对同伴不尊重，维护对方和自己的面子时"Could you please""May I ask you a question?""Excuse me,but would you mind repeating..."；因不清楚，请求对方说话说慢点时说"I beg your pardon""would you speak slowly"，等等。这样通过对交际策略语言的运用，会使英语的交互更有连贯性，会使交互理解更顺畅。在教师对活动或任务布置时，指令英语要遵循以下原则（王笃勤，2002）：

（1）语言尽可能地简练明了，容易理解；

（2）指令交代的时间不可太短，亦不可太长，以保持学生清楚为原则；

（3）解释活动时要给以演示；

（4）为确保学生清楚活动的内容与方式，教师可抽查提问学生，看学生是否明白；

（5）必要时可用母语布置任务活动；

（6）对于同类活动，教师应该时常变换指令。

顾曰国（1999:250）还指出，在发出指令时要确定所有的学生的注意力都集中在教师那里。他还认为，交代指令要做到以下几点：（1）注意新旧知识的连接；（2）让学生知道活动开始的时间和活动时间；（3）交代活动的方式，目的，步骤；（4）介绍反馈的要求；（5）监控学生活动；（6）终止指令要清楚，同时教师要对学生的活动做出适当的评价；（7）最后要给学生提问的时间。值得注意的是，反馈对学生表现的评价，教师对学生的良好表现的口头表扬，非语言的如微笑、点头、摇头和叹息等都属于反馈的范畴。调查表明，表扬有助于激发学生兴趣，批评有时虽会使学生为了避免批评而努力，但常常它会让人失去兴趣，所以要谨慎使用。可以变通为微笑，点头或不肯定地回应"maybe,perhaps"表示不太赞同。高中学生由于年龄的增长，对表扬也有一定的区分能力，教师非真实的表扬也会影响或挫伤学生的自尊心[9]。适当的表扬和批评可以使学生有成就感，可以激发学生参与活动的动机。（见教学案例二，全班教学阶段活动）

综上所述，结合综合高中英语教学实践，本章对实施交互式课堂教学、培养综合高中学生学习兴趣，进行了重在教学实践的探索和研究。从实施交互式教学的基础和保证、实施途径—任务型活动、组织形式和策略以及促进课堂交互的策略几方面进行了比较详细的研究。教学实践表明，在满足学生兴趣和需要基础上，通过有效的交互组织形式，采取恰当的交互策略，在完成任务活动途径下可以很好地激发学生积极参与英语课堂交互。

笔者所任教的班级由于采用交互式英语教学，学生的英语学习积极性都有很大提高，尽管有很多同学由于基础差，学习成绩进步还不明显，但学生学习的热情和努力却让笔者深感欣慰。当然，由于综合高中学生的特点，培养学生学习兴趣、提高学生英语学习成绩还有很多挑战。

小结

笔者坚信，只要教师能尊重和关爱学生，认真设计课堂任务，精心组织课堂教学采取恰当的策略和方法，通过和学生的交流和沟通，让学生通过参与课堂、体会参与的成功和快乐等，是很容易让学生树立正确的学习观。通过对学生交互英语的培养，学生也能在交互中尽可能使用英语。随着对新课程、新教材的推广，以及新的高考方式的改革，广大教师的观念的转变也会跟上，实施交互式课堂教学的优点会得到更多的体现。

第三节　高中英语教学中学生自主学习能力的培养

一、自主学习研究

（一）自主学习的内涵

陈水清（2000）认为"自主学习"就是学生自己主导自己的学习，并对自己的学习目标、过程和效果等方面进行自我设计，自我管理、自我调节、我检测、自我评价的自我建构过程。单从名字上理解，自主学习要求把学生本身确立为学习的核心。学生必须独立完成问题研究的全过程，最后达到实现学习目标这一效果。但这与传统的被动学习方式截然相反，只要我们掌握科学理念，运用科学的方法，就能把它和传统的学习方式结合起来。在《基础教育课程改革纲要（试行）》发布之后，人们可以从中洞悉纲要精神，那就是鼓励学生自主学习，改变之前被动接受学习的情况，拒绝填鸭式教育，但也不意味着对接受式的学习方式完全摒弃和否定，任何存在的事物都有其合理性。

自主学习的内涵和特点如下：

第一，自为性。自为顾名思义就是指学生自发的行为，而不是受外界因素影响之后做出的行为，其是独立性更高层次的体现。自为性的诞生与好奇心关系很大，只有先出现好奇心，引发主体对事物探索求知的欲望，自为性才会形成。学习主体对未知事物的求知过程其实就是自我探索、选择、建构、创造知识的过程。所以自为性并不是一个独立的内容，其中还包含四个层次的结构关系，主要包括学习的自我选择性、自我探索性和自我构建性以及自我创造性。自主学习的持续进行离不开自为性的推动。

第二，自律性。即进行学习的人需要对自己有较强的约束性和规范性，通过在学习者本身的思想上就加强对自己学习上的要求，才能在实际的学习过程中投入。这在学习者的学习过程中表现更为严格。行为上严格律己，主动积极地学习新知识，毫不懈怠。自律学习也就是一种主动、积极的学习。自律性是自主学习的前提条件。

第三，自立性。自立性与独立相似但又不完全相同，更多强调个人意志不受他人影响，能独自提出想法并实施。学习的不可替代性体现为每个人的知识认知体系存在差异。学习主体思考问题、解决问题的方式都应该独特并适应自身，同时对于外界传来的信息要有辨别判断能力。自主学习最有效的途径就是建立在自立性上。

（二）自主学习的目标

自主学习不仅是对学生来说转变地位的新理念，同时也对教育的一方有了更高层次的要求。学校里的教育是施教者最主要的阵地，但不能忽略家庭教育和社会教育的作用，科学正确地开展家庭、社会教育对学生自主学习能力的培养十分有好处。总结来看，自主学习需要达到以下目标：

其一，引导学生愿意学，并且沉浸其中。老师有效地引导可以使得学生生成学习动机，同时更积极地进行学习，达到愿意学、学得开心的目的，最终逐渐摆脱厌学情绪，大大减少逃学旷课行为。

其二，帮助学生掌握学习的正确方法使学生更有效率地学习。在教学过程中，教师可以给学生传授节省时间的最优学习方法。新的发展时代接受教育的一方也必须不断的掌握新技能和多样的学习方法来提升自己，转变无目的的学习，如此一来学生的自主发展也会更快地实现。自主学习教改实验最主要的研究内容就是学习手段和技术的革新。

其三，引导学生养成自控性。学生需要认识的远远不止客观知识，还有他们自己本身。认识自身的目的是更好地控制自己，对自己进行有效的激励，在面对困难挫折能调节自身心态，最终养成良好的心理品质。

其四，引导学生的适应性。这种适应性要求学生能够主动接受环境的改变，使自己与其尽快磨合。鼓励学生培养爱好，最终转变为特长技能。同时给予学生面对知识的选择权，包括选择学习知识内容和方法在内。

其五，环境与氛围要与自学匹配。学生自学需要一定的媒介和平台，需要施教者能够根据学生需求创造良好的空间，形成良性循环。

从学生自主学习的几个目标中，前三项主要是分为三个层次，从引导学生乐于学习到学生会学习，并产生自控与自我约束能力，体现施教者的引导目的；第四项引导学生的适应性主要是强调学生对于外部环境的应对能力，处于任何环境下都能具有良好的学习状态；最后一项则强调施教者的营造能力，能够给学生更适宜的学习空间和学习平台。

二、高中英语课程标准对自主学习的要求

目前高中英语课程标准采用的是新版《2017普通高中英语课程标准（实验稿）》（下称《新课标》），其中对于学生英语自主学习能力有较多的描述，重视程度较高，并提出了多层次的要求。

首先，在高中英语教学基本理念方面，《新课标》认为高中英语教学应当"优化学习方式，提高自主学习能力"。在学生的学习过程中，需要根据不同的体验和观察以及探究想法来积极主动地选择学习方法进行学习，这样才可以激发学习者的自主学习的潜能，进而可以更好地形成自我的学习策略，提升其学习能力。这种教学理念的提出主要

是引导传统英语教学理念的转变，让学生在施教者引导下探究自身的学习潜力，主动获取学习资源。

其次，在高中英语教学课程目标方面，新课标提出需要在学生进行义务教育的英语学习的水平之后再进行高中英语学习，才能进一步发挥出学习者的自主学习和合作能力，进而可以使其形成更好的学习策略。在高中培养学生自身的综合语言能力的过程中，可以让学生自主进行尝试自我探究之后进行自我发现，实现主动实现的学习方式，这样才能形成有学生自身特色的英语学习的具体过程和具体操作方法。

再次，从新课标等级描述方面，在《新课标》对于高中英语学习等级描述共有九个等级，不同级别学生的语言技能和语言知识以及情感态度和学习策略以及其未来的文化意识等方面是有很大的差距的，这需要从不同的角度进行描述。具体来看，对于自主学习方面的描述主要集中在五级到九级。五级以下对于自主学习描述较少，表11-2为《新课标》中各个等级对于自主学习的要求概况。

表 11-2《新课标》中对于自主学习的要求

等级	描述
五级	有较明确的英语学习动机和积极主动的学习态度。 能对自己的学习进行评价。
六级	有较强的自主学习意识。 能主动利用多种教育资源进行学习。 能初步对学习过程和结果进行自我评价，调整学习目标和策略。
七级	有明确和持续的学习动机和自主学习意识。 能主动扩展和利用学习资源，从多渠道获取信息。 能利用所获得的信息进行清楚和有条理的表达。 具有较强的自我评价和自我调控能力，基本形成适合自己的学习策略。
八级	有较强的自信心和自主学习能力。 能自主策划、组织和实施各种语言实践活动。 根据需要对所获得的信息进行整理、归纳和分析。 能自觉评价学习效果，形成有效的英语学习策略。
九级	能独立、自主地规划并实施学习任务。 能自主开辟学习渠道，丰富学习资源。

从高中英语教学课标等级描述来看，对于学生自主学习能力的强调是从五级开始，并逐渐深化，在一级到四级中并未提及，表达学生英语自主学习并非一蹴而就，需要一定的基础和功底。在不断训练和强化中，学生逐渐从主动学习、端正态度转为自主学习，最终养成良好习惯，超越应试教育的传统层次。

三、高中英语自主学习能力现状及问题

在传统教学中，教师尤其注重学生对所学知识的理解和掌握程度，缺乏对学生学习兴趣的关注，学生自主学习能力欠缺。然而，高中英语传统教学也存在一定的局限性，学生的学习方式单一，学生过于被动。

近几年，在《新课标》以及教学大纲指导下，英语教学在以下几个方面进行改革：

其一，教师在课堂上能够有效地组织学生"自学"，引导学生明确自身的学习任务，激发学生探究欲望。

其二，教师在保证基本知识点、语法、词汇讲授之外，尽可能压缩讲授时间，每堂课至少给学生留有 10 分钟的自主摸索、小组讨论时间。

其三，在基础知识和习题布置中强调"问题任务化""任务活动化"，给学生自学一定的目标性。

其四，以课堂为依托，构建小组评价机制，每月对小组评价与自我评价，形成一定激励机制。

其五，开展不定期英语自主学习活动。

其六，课后、自习时间布置学生自主学习目标，并配合反馈机制，实现学生自主学习的效率。

对于广大师生来说，自主学习还是个新理念，一线教师在摸索中尝试，并未形成固定的形式以及制度化的实施步骤。

四、学生自主学习中存在的问题

（一）自主学习引导中教师理念陈旧

其一，英语自主学习没有形成固定模式

很多中学目前在英语自主学习理念推行中还主要依靠一线教师的"灵性"，无论是自主学习资料的提供，讨论教学、自学评价等都靠教师自行拿捏。如果一段时间教学任务重，往往就可能压缩学生课堂自主学习时间，将重点放在课后自主学习的引导。如果教学任务轻，教师则倾向于课堂引导与课后引导结合的方式。因此目前来看，英语自主学习引导还是围绕着正常教学计划进行，并体现出一定的实施弹性，没有形成固定的模式。学生在整体体验过程中也并非处于主导地位，整体自主学习引导模式过于随意，缺乏后续的评价与改进机制。

其二，英语自主学习活动开展频率不高

目前，部分一线教师在自主学习引导模式开展中除了依靠课堂与课后模式，还需要自主学习活动的辅助，这种辅助活动主要在自习时间开展，由一线教师或是班级干部组织。针对目前教学中出现的一些开放性问题进行自主学习。在活动开展初期，教师引导目标明确，学生自主学习热情高涨。施教者主要选取一个贯穿知识体系的相关知识点让学生自主整理、总结和讨论，最终形成结论。如总结常用的"be+形容词+about"结构、"in+其他词+of"结构，或是对"表情绪、感觉、质量、数量"等词汇的总结。通过学生自主学习的总结，基本能够完成预计的目标，并结合后续学生之间的自主交流，取得良好的效果。但在实施后期，由于多方面因素影响，英语自主学习活动开展的频率越来越低，在学生英语自主学习模式中的意义趋弱。同时，在英语自主学习活动开展后期，不仅自主学习活动开展频率偏弱，活动的目标性也趋弱，从以往确定的词汇、句型整理、总结变为"对自己本周的学习表现进行评价""梳理当周所学的知识、进行复习"等，自主学习目标则相对模糊，导致最终收效一般。

（二）自主学习资源缺乏或不足

英语自主学习的前提除了需要学生具有学习兴趣之外，还需要具备一定的外部资源、条件，这是保证学生自主学习效率的关键之一。而施教者能够提供优良的资源，则也会影响学生对英语自主学习的兴趣以及后续的学习效率。但是目前来看，一线施教者能够提供给学生的自主学习资源十分有限。部分中学本身的图书馆、阅览室中学生可利用的资源十分有限，同时浏览过程还存在一些缺点，或是随意浏览网站，或是获取的资源质量不高，施教者在其中的引导程度一般。因此，部分中学目前缺乏整体环境和氛围。

（三）自主学习评价机制不完善

教学评价对学习的整个过程来说都是至关重要的，不仅可以对教学过程产生的内容进行评价，还可以对教学结果做出科学判断和价值控制，给教学改革提供了方向。另外，课堂教学出现问题往往无法被立刻发现，而教学评价就可以满足这一需求发现问题并提供解决方向。教学目的想要实现离不开科学正确的评价体系，课堂教学质量的提高也与评价体系息息相关，因此我们可以看到评价体系的重要性。以往的评价体系已经不能满足新时代的需要，尽管也有其优点，但也存在着相当程度的局限，改变刻不容缓。目前教学活动的评价方式比较单一，只有考试，这一评价不能说完全错误，但也在一定程度上不利于学生学习的积极性和自主性的培养。甚至就连教学内容也无法继续有序地开展，严重阻碍了教育进程。

五、提高学生自主学习能力的对策

（一）转换师生角色，构建自主学习理念

在中西方都有对自学这一概念的定义，但是中西方还是始终存在不同。比如，在中国对于自学的定义就是学生不通过老师而进行独立学习，而在西方却有不同的定义。具体指的是学生在教师的辅导之后慢慢形成的一种能力。鼓励学习者自主学习的同时更要注重老师的作用，老师的地位不仅不能下降，而要有所上升。只把老师看作教学的主体是一种狭隘的观点，老师在一定程度上还担任着监督者和鼓励者等角色。把学生当作教学核心的确十分必要，所以教师在精通教学内容的前提下，更要对学生有所了解，关注师生之间的交流，对学生面临的困难进行帮助，以及针对性地给学生全方位制定学习策略。如此看来，自主学习的理念无非是对施教者和被施教者地位主次的划分。所以仅仅有一方转变教育观念是远远不够的，必须双方达成共识，自主性才有可能真正培养出来。

（二）营造宽松环境，提倡课堂互动

英语教师在给学生传授知识的同时，不能忽略外在环境。只有情景交融才能让学生对于知识接受得更加高效，一些干扰性的环境甚至会极大降低学生学习英语的效率[20]。因此，在课堂上创造一些特定的情形就显得至关重要。比如在课堂互动方面，教师不仅采取课堂提问的方式给学生增加参与度，还将学生划分为数个小组进行对话练习，学生的积极性明显被调动起来。这些对话基本是以日常生活为核心，偶尔掺杂着一些兴趣爱好等其他方面，有时也会采取一些即兴对话。也会让各个小组进行一分钟短剧的表演，短剧的剧本基本采用课本上的内容。一些表演甚至带有竞争意味，学生慢慢就被这种氛围感染，转而更加认真地投入学习。课堂互动渐渐由原来的单向传授知识，转变为教师与学生互动，符合新时期的教学要求。另外针对个别学生的消极和焦虑，教师也应当用自身的愉悦心情带动学生走出这种不良情绪。渐渐地学生就会培养出学习英语的自信，转而提高学习英语的效率。另外在培养学生自主学习的过程中最容易忽略团队协作精神，所以要在团队合作方面进行专门的训练来加强学生的团队合作精神。由此，学生在学习中遇到的困难就会迎刃而解。

（三）提供学生合作学习的机会，搭建自主学习的桥梁

Brown（2006:97-98）提出小组合作学习的优点有：使得学生习得新的知识和巩固已有的知识；锻炼学生的英语口语能力；帮助增进学生之间的友谊、营造良好的学习氛围。教师在具体的教育实践中应当尽可能地通过课堂学习活动为学生创造合作学习的机会，使其在同伴合作的过程中学习的兴趣与积极性得到有效激发，学生对教师的教学意图和学习的目标也会更加明确。在小组或同伴的相互监督和评价下，学生可以发现自己

的缺漏和不足，从而更好改正缺点，调整自己的学习方式与学习习惯，以此有效增强学习效果，促进学生全面发展、终身学习。

（四）鼓励学生制订学习计划，增强学生自主学习的责任感

凡事预则立，不预则废。学生必须充分认识到订定学习的计划对实现学习目标的重要性。高中生课程种类、课堂作业繁多，一份清晰的学习计划有利于帮助学生合理规划时间，明确不同学习阶段所要完成的学习任务，有利于增强学习效果。在此次课题研究中，笔者发现学生在制订学习计划方面表现极不理想。为此，教师在日常教学工作中要引导学生根据自己的实际情况，合理编制学习计划，同时予以适当指导，让学生明确每节课应该达到的学习目标，从而使学生针对学习的目标制订相应的学习计划，并要求学生遵守自己的学习承诺，严格、自主地完成学习计划，这不仅有利于锻炼学生的逻辑思维能力，对增强学生自主学习的责任意识方面也大有裨益。

小结

根据高中英语课程标准对自主学习的要求，教师与学生需要共同努力，积极改善自主学习能力培养现状，采用各种措施推进英语学科自主学习能力建设，为学生的未来发展奠定基础。

附件 2

年 度	2020 年
编 号	

深圳市教育科学规划 2020 年度

课题申请·评审书

课题名称	指向核心素养的高中英语单元教学设计实践研究
申请人	厉广海
单位名称	深圳市翠园中学
课题类别	重大招标课题（　）名师课题（　）教师成长课题（√） 青年课题（　）　（只能选一项打"√"）
课题级别	重点（　）一般（√）（仅名师课题、教师成长课题勾选 打（"√"）
课题领域	教学（√）课程（）德育（）管理（）队伍建设（）其他（） （只能选一项打"√"）
是否接受调剂	接受（是）　不接受（　）
所属系统	高校（　）中小学幼（√）教科研管理（　）
填表日期	2020 年 6 月

深圳市教育科学规划领导小组办公室
2020 年 3 月

申请者的承诺：

我承诺对本人填写的各项内容的真实性负责，保证没有知识产权争议。如获准立项，我承诺以本表为有约束力的协议，遵守深圳市教育科学规划领导小组办公室的有关规定，按计划认真开展研究工作，取得预期研究成果。深圳市教育科学规划领导小组办公室有权使用本表所有数据和资料。

申请者（签字）：

2020 年 6 月 1 日

填 表 说 明

一、请使用计算机如实准确填写各项内容。

二、本表报送 1 份原件，1 份《课题设计论证》活页。分别用 A4 纸双面印制，每份于左侧装订成册。

三、封面左上方框申请人不填。其他栏目申请人如实填写。申请者签字处，由申请者本人签字。

四、"课题名称"请参照课题指南选定或自行拟制，做到准确明白。

五、"课题类别"请用"√"勾选"重大招标课题"、"名师课题"、"教师成长课题"或者"青年课题"。

六、"课题领域"请用"√"勾选：教学类，课程类，德育类，学校管理类，队伍建设类，其他类。

七、"是否接受调剂"是由于资助项目有限，申报资助课题的可能要被调剂作为非资助课题立项。请用"√"勾选。

八、"申请人"原则上只能填一人，申请人即为课题主持人。

九、"预期成果"必含研究报告和论文，其它可选：专著、论文集、课件、其他多选不限。

十、"所属系统"指申请人所在单位的性质。请用"√"勾选：高校、中小学、D.教科研管理。

十一、本表须经课题申请人所在单位主要领导审核，签署明确意见，同意提供经费配套及研究便利，承担信誉保证并加盖公章后方可上报。

十二、深圳市教育科学规划领导小组办公室联系地址：深圳市罗湖区泥岗西路1068号深圳市教育科学研究院，联系电话：82672152。

一、基本信息

课题名称	指向核心素养的高中英语单元教学设计实践研究						
主题词	核心素养		高中英语		单元设计		实践研究
主持人姓名	厉广海	性别	男	民族	汉	出生日期	1971年11月
行政职务	学生处主任	专业职称		中学高级		最后学历	硕士
最后学位	硕士	研究专长		课堂教学研究			
所属区	罗湖区	所属系统				中小学	
通讯地址	罗湖区东门北路1016号深圳市翠园中学高中部					邮政编码	518003
成员	姓名	工作单位	性别	年龄	学历/学位	学科	研究任务
成员	厉雅璇	南山区太子湾学校	女	25	硕士	英语	调研报告、开题、结题
成员	殷笑竹	深圳市翠园中学	女	34	硕士	英语	成果管理、经验推广、调研报告、结题
成员	何美容	盐田区云海学校	女	34	硕士	英语	单元设计课程实验
成员	邹膨鲜	深圳市翠园中学	女	34	硕士	英语	单元设计课程设计
成员	王文燕	深圳市翠园中学	女	44	硕士	英语	单元设计理论研究、调研报告、结题
成员	涂雪明	深圳市翠园中学	男	38	硕士	英语	单元设计课程实验
成员	陈亚兰	深圳市翠园中学	女	45	硕士	英语	单元设计实践研究
预期成果	研究报告、论文、（专著、课例、课件）				预计完成时间		2022年6月

二、主持人和课题组主要成员的代表性研究成果

成 果 名 称	著作者	成果形式	发表刊物或出版单位	发表出版时间
《将心理授权理论引入高三英语习题课的探究和启示》	邹膨鲜	论文	英语学习	2015年第一期
《基于心理授权理论改进高三英语习题课教学》	邹膨鲜	论文全国一等奖	教育部中国人生科学学会教师发展专业委员会	2017年3月
《用信息技术激活高中英语阅读课堂，激发写作产出的模式探究》	邹膨鲜	论文	《罗湖教育》	2017年第7期 28-30页
《用信息技术激活高中英语阅读课堂，激发写作产出的模式探究》	邹膨鲜	论文全国一等奖	上海外语教育出版社	2018年
《高三英语一轮语法复习探究--阅读填空中的分词微技能训练》	涂雪明	论文一等奖	深圳市教育科学研究院	2016年1月
《试论高中英语变式型填空题的解题策略》	厉广海	论文	《科学大众》	2007年11月
《运用多媒体，培养学生自主探索学习能力》	厉广海	论文	《英语大课堂》	2005年11月
《透视新课程改革中的诸多转变》	厉广海	论文	《英语大课堂》	2005年2月
《自主、探究、合作：新课程的主旋律》	厉广海	论文	《英语大课堂》	2004年11月
《反思：新课程的必然要求》	厉广海	论文	《小学教育科研论坛》	2004年4月
《英语教学中自主探索学习及能力培养初探》	厉广海	论文	《初中教学研究》	2005年11月
《新课程背景下的教学行为案例透视》	厉广海	论文	《初中教学研究》	2004年7月
《洗课与有效教学》	厉广海	论文	《英语周报》	2007年9月
《对新课改的几点思考》	厉广海	论文	《英语周报》	2006年7月
《导与练》	厉广海	教辅书	陕西人民教育出版社	2006年12月
《激活，让课堂活起来》	厉广海	论文	《教育导刊》	2004年2月
《阅读课设计之管见》	厉广海	论文	《英语周报》	2007年2月
《现代教育的核心之一：培养创新精神和实践能力》	厉广海	论文	《中国教育报》	2002年7月
《实施讲练工程，努力提高教学质量》	厉广海	论文	《英语之友》	1998年9月
《英语语感及其培养》	厉广海	论文	《英语之友》	1998年8月
《浅谈高中英语有效教学》	王文燕	论文	《学英语》	2013年7月
《词块教学法在高中英语写作教学中的运用》	王文燕	2012年生骨干教师培训优秀论文奖	广东第二师范学院培训处	2013年5月

三、主持人和课题组主要成员主持或参与过的课题（相关证书、证明复印件，可以附件形式附在申请材料之后）

主持人	课题名称	课题类别	批准时间	批准单位	完成情况
厉广海	《初中英语教学中学生自主探索学习能力的培养研究》。	市十五规划课题	2003年12月	徐州市教育科学研究所	已结题
厉广海	《一门外语基础过关的理论与实践研究》，课题批准号FHB011260。	教育部全国教育科学"十五"规划课题	2004年2月10日	全国教育科学规划领导小组办公室	已结题
厉广海	《新课程背景下促进高中英语课堂有效教学的行动研究》	市十一五规划课题	2006年12月	徐州市教育科学规划办公室	已结题
邹膨鲜	参与冯晓林省名师工作室课题《在高中英语课堂教学中提高学生自主学习能力研究》	省规划课题	2016年	广东省教科院	研究中
邹膨鲜	参与严一些市中小学德育示范性课题《课程引领，活动渗透》并在2016年获市中小学德育与品德素养培养示范性课题课题一等奖。	市中小学德育示范性课题	2015年6月	深圳市教育科学研究院	已结题
邹膨鲜	参与韩冬青校长主持的课题《普通高中学校内部治理结构改革的探索与实践》，课题批准号FFB160595。	教育部全国教育科学"十三五"规划课题	2016年	全国教育科学规划领导小组办公室	研究中
陈亚兰	《高中英语研究型科组构建》	罗湖区教育系统软科学学科研课题	2008年9月	罗湖区教育研究中心	已结题

四、课题设计论证

请按如下几部分填写（可附页）。

1. 课题提出背景，拟解决的核心问题，该问题所属理论范畴
2. 国内外研究现状述评；
3. 本课题研究的主要内容（含核心概念界定、研究目标和内容）；
4. 研究思路、技术路线和重要观点；
5. 依托理论、研究方法、研究阶段和实施步骤；
6. 预期成果成效。

一、课题提出背景，拟解决的核心问题，该问题所属理论范畴

传统以课时为教学时间单位的教学设计容易产生"只见树木不见森林"的问题，不利于知识体系和学科观念的整体构建。随着高中新课标的颁布和新一轮基础教育课程教学改革的启动，教学目标从知识点的了解、理解与记忆，转变为学科核心素养的培育。为落实课程育人的目标，教师必须提升教学设计的站位，从关注单一的知识点、单节课时转变为有结构的单元整体教学设计，构建单元整体教学是从知识到素养的桥梁。基于学科核心素养建构教学单元，进行单元教学的整体设计，是课堂教学转型的核心。只有这样，才能彻底改变学科知识点的碎片化教学，真正实现教学设计与素养目标的有效对接。

新目标召唤新教学，新教学需要新设计。如何开展指向学科核心素养的单元整体教学设计？如何依据课程标准、教材、学情确定大单元？如何设计一个大单元的学习方案？如何在大单元学习中介入真实情境与任务？如何设计指向核心素养的学习评价？更好地研究课程育人功能，把握课程内涵价值，实现从单一的教案撰写向基于单元的整体性、结构性的教学设计转变，以"单元"为案例，解析单元整体教学的设计与实施。

本课题通过实践案例拟研究指向核心素养的单元整体教学设计与实施。指向英语核心素养的单元设计立足高中英语必修课程的课堂教学，探讨从"核心素养—课程标准—单元设计—课时计划"的教学设计链环，重点研究"单元"的确定以及"单元设计"的关键技术。

二、国内外研究现状述评

国外研究现状

单元教学设计的研究追本溯源其实是单元教学的研究。19世纪末，单元教学在欧美新教育运动中初见萌芽。它主张，学习的内容应该具有完整性，不能将教材分

割成一节一节的形式，而应按照学习内容的特点，割裂成较大的单元，这样符合学生的心理特点，容易掌握，有利于培养学生学习能力。1926 年，美国教育学家莫里森出版了《中学教学实践》，书中介绍了"单元教学法"，他认为对教师而言，需要做到这两个方面：（1）选择并整理适合学生系统学习且具有相似性的教学内容；（2）设计一些能提高学习能力、激发学习兴趣的教学活动。为了有条不紊地开展教学，他将理论细化成具体的五步：了解和测试（通过课堂前测、课堂讨论、课后作业多方面形式了解学生现有的知识状态）、讲解（课堂教学不是为了传授知识，而是旨在激发学生兴趣）、内化（学生用自己的学习方式将自学和课堂传授的知识消化和吸收）、总结（要求学生独立思考，梳理本单元知识内容，建构思维导图）、复述（学生用自己的转述新内容给其他人）。但是，书中没有对教师如何整合内容、如何设计教学活动作具体描述，

随后，"新教育运动"的倡导人—比利时教育家德克乐利提出了教学整体化的原则，即集中一段时间，将内容相似的章节挑选出来，重新编排章节内容，合理安排章节顺序，以新的单元内容确立教学目标，设计教学活动。杜威主张实用主义的单元教学，其学生克伯屈在此基础上提出单元教学的具体实施步骤。在 20 世纪 90 年代，弗雷齐和鲁德尼茨基提出了整体教学法，他们突出教育对学生德智体美全面发展的积极作用。加涅（R.M.Gagne）认为（1992）："教学设计是一个结合各教学要素的动态优化过程"。肯普（J.E.Kemp）认为（1994）："教学设计是有效地规划、开发、评价与管理教学过程以使之能确保学生取得良好业绩表现的系统方法"。梅瑞尔（M·David Merrill）（1996）对教学设计定义成："教学是一门科学，而教学设计是建立在教学科学这一坚实基础上的技术，因而教学设计也可以被认为是科学型的技术。

国内研究现状

核心素养研究在当前国际教育研究中呈现愈演愈热的趋势，在中国新一轮的课程深化改革也是主要方向。

单元教学思想在五四运动后逐步传入到中国，梁启超提出的"分组比较教学法"是我国单元教学理论产生的开始。他认为教学需要综合考虑各个方面的因素，文章也不能逐一教授，需要恰当的分组，或两个星期一组，或三个星期一组。在新文化运动的历史背景下，杜威宣传的实用主义单元教学理论填补了国内理论的空白，一时兴起了以先进的理论为指导思想重新编写课本的热潮。

在中国知网输入关键词"单元教学设计"共搜索出 1047 条相关论文、课题研究，学科门类涉及几乎所有学科，这些研究成果都可以作为本课题研究的理论支撑和研

究路径借鉴。

著名学者钟启泉教授在"学会'单元设计'"一文中指出，单元设计通常遵循"ADDIE模型"，即分析（Analysis）、设计（Design）、开发（Development）、实施（Implement）、评价（Evaluation）而展开[1]. 笔者在该研究的基础上，同时参照吕世虎教授提出的单元教学设计实施步骤[2]，把单元教学设计的整个过程细分为六个方面：（1）确定教学内容；（2）分析教学要素；（3）编制教学目标；（4）设计教学流程；（5）实施教学；（6）教学反思。

邱婧玲教授在教学设计理论体系综述中强调，教学设计应侧重于对学生学习经验和学习环境的设计和开发，以创设一种高效率的、具有强烈吸引力的教学。

肖建芳教授强调探索、实施单元整合式教学，不仅是为提升课堂教学效率和质量，而且旨在打破英语教学的传统模式，使英语课堂教学更能顺应语言的认知规律。更好地落实英语教学的根本属性和核心任务。深化基础教育人才培养模式的改革，通过课堂教学努力培养学生的创新精神和实践能力。

崔允漷教授强调，指向学科核心素养的教学即让学科教育"回家"，为此，教师需要做到以下6个方面：建立学科素养目标体系，明确"家在何处"；把深度学习设计出来，让真实学习真正发生；采用大单元备课，提升教学设计的站位；将教材内容进行教学化处理，以实现教学内容的有趣、有用、有意义；探索与新目标匹配的学科典型学习方式；实施教学评一致的教学，让核心素养"落地"。教师备课从知识点到单元，标志着教师备课的站位提升了，而什么样的站位决定什么样的眼界或格局。以知识点为站位，看到的目标只是了解、理解、记忆；以单元为站位，看到的目标才是学科育人的关键能力、必备品格与价值观念。因此，指向学科核心素养的教学必须要提升教师的教学设计站位，立足单元，上接学科核心素养，下连知识点的目标或要求。

大单元设计主要涉及下列四个问题：一是如何依据学科核心素养（即课程标准）、教材、课时、学情与资源等，确定一个学期的单元名称与数量，以及每个单元的课时数？二是如何分课时设计一个单元的完整的学习方案？三是如何在一个单元学习中介入真实情境或任务？四是如何设计反思支架以引领或支持学生反思？以大单元设计的教案（新的学习方案）是一个完整的学习故事，包含六个要素：一是单元名称与课时，即为何、要花几课时学习此单元？二是单元目标，即期望学会什么？三是评价任务，即何以知道已经学会了？四是学习过程，即需要经历怎样的学习？五是作业与检测，即真的学会了吗？六是学后反思，即需要通过怎样的反思来管理自己的学习？从某种程度上讲，素养不是直接教出来的，而是学生自己悟出来的，但如何让学生正确地悟或反思，这是需要教师设计的。

三、本课题研究的主要内容（含核心概念界定、研究目标和内容）

1. 核心素养

OECD（经合组织）在 1997 年提出核心素养概念：A competence is more than just knowledge or skills. It involves the ability to meet complex demands, by drawing on and mobilising psychosocial resources (including skills and attitudes) in a particular context. "核心素养超越知识与技能。它通过统筹利用心理社会学资源（包括技巧与态度）达到具备处理复杂问题的能力。"

此后，该理念在全世界快速发展，国家教育部在 2014 年印发《关于全面深化课程改革落实立德树人根本任务的意见》中，首次提出"核心素养体系概念"。中国学生的核心素养是指学生应具备的、能够适应终身发展和社会发展需要的必备品格和关键能力。

2. 英语学科核心素养

英语学科核心素养主要由两部分组成：其一是必备品格，包括文化品格和思维品质；其二是关键能力，包括语言能力和学习能力。

文化品格是指对中外文化的理解和对优秀文化的认同，是学生在全球化背景下表现出的知识素质、人文修养和行为取向。思维品质是指人的思维个性特征，反映在其思维的逻辑性、批判性、创新性等方面所表现的水平和特点。语言能力是指在社会情境中，以听、说、读、看、写等方式理解和表达意义、意图和情感态度的能力。学习能力是指学生积极运用和主动调适英语学习策略，拓宽英语学习渠道，提升英语学习效率的意识和能力。上述概念的描述较为具体，对于英语教学具有指导性的意义。

3. 单元

单元不是指单纯的学习内容单位，是课程单位和学习单位，应包含"学习内容、学习目标、学习方法、学习评价"等。

4. 单元设计

既是课程开发的基础单位，也是课时计划的背景条件。是课时计划的指引，是"核心素养——课程标准——单元设计——课时计划"链环的中观层面的设计，其决定性的环节是指向核心素养，整合不同的教学方略。设计的重点是"目标的设计（明晰教学目标）、方法的设计（聚焦知识建构）与评价的设计（有效反馈信息）"。

5. 研究界定和重点

本研究限于高中必修课程的英语学习。

单元教学设计是落实学科核心素养的有效路径，在设计技术上，我们要打破课时设计的思维定势，站在学科本质和学科教育价值的高度去深刻理解和创新设计，基于课标，从学生出发，以学习为中心，进行宏观而系统的思考。运用单元设计的策略和途径落实好英语学科核心素养。研究中指向学生英语核心素养的培养和关键能力的形成，主要以主题为引领，以活动为重点，培养指向学科核心素养发展的英语学习活动观，将活动作为课堂教学的基本组织形式和培养学生英语学科核心素养的有效路径。从活动观出发，按照内容要求规定的主题语境，设计基本学习单元，构建学习活动场域，学习语言知识和文化知识，发展语言技能，运用学习策略。主题语境、语篇类型、语言知识、文化知识、语言技能和学习策略这六个要素相互关联、整合互动，共同促进英语学科核心素养的形成和发展。（《普通高中英语课程标准》（2017年版）P.109）

因此，本课题研究重点是：围绕课程标准设计教学实施单元；制定单元学习目标，分解制定课时学习目标，设计、实施课堂教学；同时，依据单元学习目标进行教学评价设计。

6.课题研究的目标和具体内容

6.1 研究目标

指向英语核心素养的培养，依据英语课程标准，解读教材结构，设计英语教学单元，研究单元的目标设计、学习设计、评价设计等关键技术，组织课堂实施，达成课程目标和学业要求。

6.2 具体内容

重点是"单元的确定"和"单元设计的关键技术"，结合国内外相关课题研究，开展下列研究：

一是单元的确定。主要考虑怎么从英语课程标准规定的内容单位走向学习单位。梳理教材中典型学习任务，设计以"形成知识体系"为中心任务的学习单元和以"培养语用能力"为主体的项目研究单元。

二是单元设计的关键技术。主要从技术层面上考虑单元目标的分解和学习内容的处理。主要包括：单元目标怎么确立，怎么从课标分解到单元目标，怎么从单元目标走向课时目标；怎么处理教材，如重组内容，实现知识结构化等；怎样实施课堂教学，如创设学习情境，实现知识条件化、情境化等；怎样实施评价，如何依据"单元"教学目标和"课时"教学目标，开展学习评价研究，形成评价规约。

三是继续发展以"探究行为"为核心学习行为的英语课堂架构技术，发展以"问题链"为主的思维载体设计技术，开发以"活动"为主的英语课程资源。

四是形成系列单元设计和课堂研究案例，编制评价任务，评价核心素养的形成，提炼单元设计的基本策略。

四、研究思路、技术路线和重要观点

课题研究中，倡导 "单元设计" 成为集体备课的中心议题，着力避免教师游离于教育活动的基本链环之外；鼓励教师独立备课时，加强对教材文本的研读，鼓励在指向学生学习的活动设计中彰显教师个性和智慧。以提升英语学科的教研品质，促进教师自身英语教学素养的提高。

课题研究的关键环节有三点：一是指向英语核心素养，基于课程标准，结合学习内容确定单元，制定单元教学目标分解制定课时目标；二是把握英语教学的基本特质，设计 "思维载体——问题链" 及 "资源载体——活动场域"，组织课堂教学；三是以评价促进学习，在课堂教学过程中，以课时目标为参照，注意采用 "评估" 技术，采用 "形成性评价" 和 "诊断性评价" 相结合的策略；单元模块结束后，依据单元目标，考虑采用 "任务设置" 的方式进行表现性评价或选择 "典型习题" 进行终端测量。

五、依托理论、研究方法、研究阶段和实施步骤

本研究以行动研究法为主，同时采用文献分析法、调查分析法和个案研究法。

1. 文献分析法

课题研究主要通过以下两种方式进行文献的收集。首先，通过权威电子数据库中国知网检索、查阅与核心素养和单元教学设计相关的论著，浏览查找与高中英语教学、单元教学设计研究相关的文章。通过对这些文献资料的阅读、整理、分析和比较，了解关于单元教学设计的相关理论和研究方法，同时了解学生的心理特征、思维特点、学习习惯等方面的信息，有助于单元教学的设计。

2. 调查分析法

课题组通过访谈、交流、问卷、论坛等方式与学生进行沟通和学习需求分析，调查了解学生的学习兴趣、学习习惯、学习态度、新知等方面基本情况，寻找目前的困境和寻求出路。采用无结构访谈法访谈一些资历较深的中年教师和研究受众，深入课堂，仔细观察目前实际课堂教学设计现状，及时发现教学过程中现象；课后与教师深入讨论英语学科素养和单元教学设计的重要观点，将交流心得融入到教学设计中。

3. 个案研究法

以翠园中学 2019 级重点班学生为研究对象，对他们的学习需求和接受单元教学设计教学的前、中、后学习情况进行分析和研究，摸排学情并分析教材，确定和优化单元教学设计目标、内容实施教学，以期为进一步的研究及经验推广提供更广阔的空间。

4. 行动研究法

组织课题组教师参加业务培训和提升活动，采用"实践 -- 思考 -- 分析 -- 再实践 -- 总结"的思路，改进我们的研究实践活动，解决研究中的问题。通过行动研究以提高教师教学研究水平、改进实际工作、解决实际问题。促进教学行为与科学研究相结合、行动过程与研究相结合，其研究的环境就是自然、真实、动态的工作情境。每一次活动我们全程关注每一个实施细节，使之形成完整的动态活动过程。

本研究中重点有三个方面：（一）是围绕课程标准设计教学实施单元；（二）是制定单元学习目标，分解制定课时学习目标，设计、实施课堂教学；（三）是依据单元学习目标进行教学评价设计。

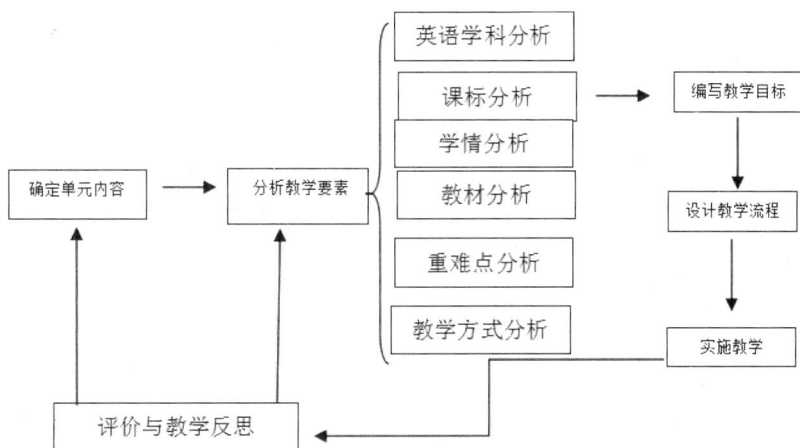

六、研究阶段、实施步骤和预期成果成效

为确保课题本课题研究顺利完成，经过课题实践前的调查，结合各校情、教情和学情，经课题组成员商讨，确定实施三个阶段。

1. 准备阶段 (2020 年 6 月—2020 年 12 月)

确定研究内容和方向，搜索整理文献，组建课题组，撰写调研报告，开题论证。

①采用文献综述法，对世界各国有关"指向核心素养的高中英语单元教学设计实践研究"的论题进行广泛研究，了解有关于与该论题有关的理论。为前期的资料搜集和整理，理论基础知识的准备

②探讨并编制学生学情问卷调查表，进行学生需求分析。

③采用问卷调查法，对调查问卷进行分析研究，了解学校剖析教学设计现状并形成研究报告，为深入研究打下坚实基础。

2. 实施阶段 (2021 年 1 月 ---2021 年 12 月)

对 2019 级高中英语教材进行单元教学设计重组，积累研究数据和材料，并进行

阶段性小结，随时得出初步的研究成果。

研究人员根据实际情况，不断反思和检验实施策略的效果，及时发现新问题，调整和改进措施，在研究中行动，在行动中反思，在反思中实践，在实践中提炼。在内容、方式、方法、策略等方面不断筛选、调整、优化，最终找到最佳的有效策略。

撰写中期研究报告，迎接课题中期检查。

3. 结题阶段（2022 年 1 月 ——2022 年 6 月）

形成科研成果，编纂出版专著；整理科研成果档案，撰写结题报告，请专家对课题研究成果进行论证和鉴定，申请结题。

五、完成课题的基础性条件

1. 已取得相关研究成果的社会评价(引用、转载、获奖及被采纳情况)及实践效果;

2. 主要参加者的学术背景和研究经验、组成结构（如职务、专业、年龄等）;

3. 完成课题的保障条件（如研究资料、实验仪器设备、配套经费、研究时间及所在单位条件等）;

4. 主要参考文献（限填 10 项）。

（限 1500 字内）

课题研究的可行性分析:

1. 完成课题的有力条件，学术背景和研究经验、组成结构优势

研究团队有研究的实力。其中高级教师 3 人，省市优秀教师、骨干教师 4 人，硕士研究生 5 人。研究的教师在教育、教学、管理方面都有 10 年以上的教育经历。在研究的领导、策划、管理和业务等完全得到保障。如：主持人厉广海担任学生处主任，对研究团队和研究对象非常熟悉，教学经验丰富，引领课题前行；曾获得全国优质课大赛一等奖，获得名教师称号。邹膨鲜担任翠园中学校办主任，北京师范大学研究生毕业；出身名门并对教科研有极强的热情和实践能力，教科研成果出众。研究成员陈亚兰和王文燕老师是深圳市优秀班主任，硕士研究生，资深备课组长；曾培养出众多弟子进入北大、中山、浙大、武大、南大等名校学习，教学研究水平区内外闻名。殷笑竹、涂雪明、何美容、厉雅璇老师等团队成员在理论架构和实践中都有实力，担任重点班班主任和英语备课组长，硕士研究生毕业，在学校中充当中流砥柱，教育教学管理经验丰富。

2. 课题研究的环境优势

翠园中学作为罗湖区的龙头中学，一直以来得到了区里的高度重视，不管是教

研教学活动的开展还是教师的专业培训，区领导都给予了极大的关注，这使得课题的开展具有极大的政策引导优势。

另外，学校领导的高度重视，已经具备了基本的资金作为课题研究的保障。韩冬青校长始终鼓励全校教师积极投身到科研活动中去，学校也给予了科研方面很大的投入，为课题的顺利研究奠定了物质基础。

三是我校全体教师教学、教研工作经过长时间的运作形成了一套完备的体系，翠园中学教师的专业水平和敬业精神受到好评。

3. 主要参考文献

[1] 钟启泉.基于核心素养的课程发展:挑战与课题 [J].全球教育展望,2016,45(1):3-25.

[2] 张华.论核心素养的内涵 [J].全球教育展望,2016,45(4):10-24.

[3] 陈彩虹,赵琴,汪茂华,等.基于核心素养的单元教学设计———全国第十届有效教学理论与实践研讨会综述 [J].全球教育展望,2016,45(1):121-128.

[4] 马兰.整体化有序设计单元教学探讨 [J].课程·教材·教法,2012(2):23-31.

[5] 《普通高中英语课程标准》（2017年版）P.109.

[6] 余胜泉,杨晓娟,何克抗.基于建构主义的教学设计模式 [J].电化教育研究,2000(12):7-13.

[7] 王丽华.系统教学设计理论和模式研究 [D].杭州:浙江师范大学,2003.

[8] 杨光.从教学设计角度谈学习需要的分析 [J].新课程:教研,2010(6):107-108.

六、预期研究成果

主 要 阶 段 性 成 果				
序号	研究阶段（起止时间）	阶段成果名称	成果形式	负责人
1	准备阶段(2020年6月—2020年12月)	学情问卷调查表、研究报告	文本	厉广海
2	实施阶段(2021年1月—2021年12月)	中期报告、论文、课件	文本	陈亚兰 涂雪明 何美容 厉雅璇
3	结题阶段(2022年1月—2022年6月)	专著、结题报告	文本	厉广海 王文燕 殷笑竹

最终研究成果（必含研究报告、论文）				
序号	完成时间	最终成果名称	成果形式	负责人
1	2020年12月	学情问卷调查表、研究报告	文本	厉广海
2	2021年12月	中期报告、论文、课件	文本	邹膨鲜 陈亚兰 涂雪明 何美容 厉雅璇
3	2022年6月	专著、结题报告	文本	厉广海 王文燕 殷笑竹

七、经费概算及经费管理

序号	经费开支科目	金额（元）	序号	经费开支科目	金额（元）
1	资料费	5000	6	专家咨询费	5000
2	数据采集费	5000	7	劳务费	5000
3	差旅费	5000	8	印刷费	10000
4	会议费	1000	9	其他	3000
5	设备费	1000	合计		40000

承诺遵守财务规章制度，如实填报经费管理单位名称、通讯地址、邮政编码、联系电话、开户银行、账号，严格监督课题经费的合理有效使用，保证课题经费单独立户，专款专用，不挤占和挪用课题经费，在课题结题时提供课题经费使用明细单（负责人所在单位财务部门填写此项）。并承诺如课题研究经费不足时，单位会给予经费支持，保证课题研究正常进行。

单位公章：　　　　　　　　负责人签单：

年　　月　　日

八、推荐人意见

重大招标课题申请人如不具有高级专业技术职务的申请人，须由两名具有高级专业技术职务的同行专家推荐。推荐人须如实介绍课题负责人的科研态度、专业水平、科研能力和科研条件，并说明该课题取得预期成果的可能性。其它类课题申请人，不作职称要求。

第一推荐人姓名　　　　　　专业职务　　　　　　研究专长

工作单位　　　　　　推荐人签章（须本人亲笔签名或本人印章）

第二推荐人姓名　　　　　　专业职务　　　　　　研究专长

工作单位　　　　　　推荐人签章（须本人亲笔签名或本人印章）

九、课题主持人所在单位意见

本单位保证课题负责人之申请书所填写的内容完全属实，课题负责人和参加者的业务能力适合承担该课题的研究工作；本单位能够提供完成课题所需的时间和条件；本单位同意承担课题的管理职责和信誉保证。

公　　　章：

负责人签章：

年　　月　　日

十、课题主持人所属教育科研业务主管部门意见

　　本单位了解深圳市教育科学规划领导小组办公室的有关管理规定，保证课题申报的真实性，认可课题申报人及其所在单位的申报资格，同意承担课题的管理职责和提供支持，同意上报深圳市教育科学规划领导小组办公室。

公　　章：

负责人签章：

年　　月　　日

十一、评审组复评阅意见

评审专家签章	评审专家签章：				
					年　　月　　日

得分	评委1	评委2	评委3	评委4	评委5

| 总得分 | | (总得分为去掉一个最高分和一个最低分后的总得分) | | | |

十二、深圳市教育科学规划领导小组办公室审批意见

公　　章：

负责人签章：

年　　月　　日

综合评审结果	重大课题立项		年度课题立项	重点	一般
	市财政拨款　万元研究经费		合议评定由市财政拨款　万元研究经费		
单位财务帐号信息	户名				
	开户行				
	帐号				
单位财务主管姓名和联系电话					

十三、主持人和课题组主要成员课题研究相关证书、证明复印件张贴处

参考文献

[1] 林才回.核心素养视域下的高中英语单元整体教学设计构想 [J].福建教育,2019(45).

[2] 吴志青.基于英语学科核心素养的高中英语单元整体教学设计研究 [D].天水师范学院,2019.

[3] 肖梅.指向学科核心素养的高中英语阅读教学实践 [J].英语教师,2019,019(11).

[4] 武应明.学科核心素养指向下的高中英语词汇教学创新与实践研究 [C]//2020年教育创新网络研讨会论文集.2020.

[5] 鲍夏伶.指向核心素养发展的单元整体教学目标的制订和思考 [J].中学课程辅导（教学研究）,2019,013(30).

[6] 田美红.基于核心素养下高中英语单元导入的教学探索与实践 [J].文理导航（上旬）,2018,000(10).

[7] 李亮.核心素养背景下教—学—评一体化设计与实践——以高中英语项目式教学为例 [J].中小学教师培训,2018,000(10).

[8] 赵文萍.核心素养指向下的高中英语单元教学模式初探 [J].教师 (30).

[9] 高璇.基于核心素养的高中英语单元整体教学 [J].校园英语 (16).

[10] 李攀攀.探究基于核心素养的高中英语单元整体教学策略 [J].文学少年 (19).

[11] 赵文萍.核心素养下的高中英语单元整体教学反思 [J].高考 (4).

[12] 吴永翠.核心素养背景下高中英语单元整体教学设计探索 [J].试题与研究：教学论坛 (10).

[13] 张素芳.指向核心素养的高中英语单元主题教学研究 [J].成才之路 (26).

[14] 李婧.高中英语单元整体读写教学中的评价设计与实践.

[15] 李雪艳.创客教育理念下高中英语单元主题教学设计应用研究 [D].2019.

[16] 林小燕.项目式学习融入单元整体教学的实践与思考 [J].中小学英语教学与研究 (10).

[17] 赵钰莲."逆向设计"提升高中英语教师单元整体教学设计能力的行动研究 [J].基础外语教育,2020(5).

[18] 吴雪峰.指向核心素养培育的高中英语深度教学实践——以高考阅读 \"七选五\"专题复习课为例 [J].福建基础教育研究,2019,000(4).

[19] 王秀珍,谭明.基于核心素养的英语单元整体教学探究 [J].教育进

展,2020,10(3).

[20] 柯晶. 新课标视域下指向核心素养的高中英语阅读教学实践与探索以
Unit6Nurturingnature 阅读语篇 TheSkyRailway 为例 [J]. 英语教师,20(21).